北京高等教育精品教材
北京高等学校优质本科教材课件

高等院校物流专业"互联网+"创新规划教材

现代物流信息技术

（第4版）

王道平　邵　瑞　主编

内 容 简 介

本书全面系统地介绍了现代物流信息技术的基础知识及其在物流领域的应用。全书共分 8 章，内容包括物流信息技术概述、条码技术、射频识别技术、全球卫星定位系统、地理信息系统、EDI 技术、物联网与物流和前沿物流信息技术。

本书提供了大量与物流信息技术及其应用有关的案例和补充阅读材料，内容丰富，侧重于实用性和操作性。书中各章的章首都有教学要点，章末有小结和形式多样的习题，便于读者理解和巩固各章学习内容。

本书可作为高等院校物流管理和物流工程等专业本科生的教材，也可作为物流企业管理决策者和企事业单位物流主管人员的参考书籍。

图书在版编目(CIP)数据

现代物流信息技术 / 王道平，邵瑞主编. —4 版. —北京：北京大学出版社，2023.9
高等院校物流专业"互联网+"创新规划教材
ISBN 978-7-301-34271-8

Ⅰ.①现… Ⅱ.①王… ②邵… Ⅲ.①物流—信息技术—高等学校—教材 Ⅳ.①F253.9

中国国家版本馆 CIP 数据核字（2023）第 141781 号

书　　　名	现代物流信息技术（第 4 版） XIANDAI WULIU XINXI JISHU（DI-SI BAN）
著作责任者	王道平　邵　瑞　主编
策划编辑	郑　双
责任编辑	郑　双
数字编辑	金常伟
标准书号	ISBN 978-7-301-34271-8
出版发行	北京大学出版社
地　　　址	北京市海淀区成府路 205 号　100871
网　　　址	http://www.pup.cn　新浪微博：@北京大学出版社
电子信箱	编辑部：pup6@pup.cn　总编室：zpup@pup.cn
电　　　话	邮购部 010-62752015　发行部 010-62750672　编辑部 010-62750667
印　刷　者	北京市科星印刷有限责任公司
经　销　者	新华书店
	787 毫米×1092 毫米　16 开本　15.25 印张　363 千字 2010 年 4 月第 1 版　2014 年 3 月第 2 版　2020 年 1 月第 3 版 2023 年 9 月第 4 版　2024 年 9 月第 2 次印刷
定　　　价	48.00 元

未经许可，不得以任何方式复制或抄袭本书之部分或全部内容。
版权所有，侵权必究
举报电话：010-62752024　电子信箱：fd@pup.pku.edu.cn
图书如有印装质量问题，请与出版部联系，电话：010-62756370

第 4 版前言

党的二十大报告中指出，要"建设高效顺畅的流通体系"。流通体系是现代化产业体系的重要组成部分，建设高效顺畅的流通体系是构建新发展格局的必然要求。近几年，在抗击新冠疫情过程中，流通业为保持经济运转、保障医疗物资配送、保障群众基本生活、推进复工复产发挥了重要的作用，使全社会更加深刻地认识到高效顺畅的流通体系对于经济社会正常运转的关键作用。

随着现代物流理论和实践在我国的迅猛发展，物流信息化技术的应用不断扩大，应用水平也不断提高，现代物流正在朝着智能化、网络化、数字化的方向发展，社会需要大量既掌握物流基础理论知识，又具备实践操作技能的物流人才。流通一头连着生产，另一头连着消费，在国民经济中发挥着基础性作用。高效顺畅的流通体系能够在更大范围把生产和消费联系起来，扩大交易范围，推动分工深化，提高生产效率，促进财富创造。

在多年物流管理专业的教学实践中，发现很多学生反映学到的知识不少，但大多是理论型的基础知识，缺乏实践应用，临近毕业也不知道自己未来能做些什么，对就业前景比较迷茫。究其原因，首先是大部分本科生不可能一毕业就进入管理层，而是要在基层锻炼，大学所学的经济管理类知识能用到的不多；其次是学生动手技能缺乏，不知道如何将理论知识灵活地应用到实践中去；最后是教师在教学过程中缺乏物流技术类知识的系统讲授和相应的实践环节。现代物流技术理论和方法的掌握和应用可以让学生学有所获，使学生所学在工作中能迅速得以应用，因此物流技术类教材所承担的角色非常重要。

本书在上一版教材的基础上对各章节内容进行了修改和扩充，并对上一版教材中大部分案例进行了更新，使读者能够学到更多物流信息技术方面的前沿知识，体会物流信息技术在前沿的应用。

本书共分 8 章。第 1 章介绍物流信息技术的基础理论知识，包括物流信息和物流信息技术的基本概念、物流信息技术涵盖的内容和物流信息化的现状与发展趋势等；第 2 章介绍条码技术的基础知识，包括条码的产生与发展过程、分类、特点，以及物流条码在编码时遵守的规则及其在物流各个领域的应用现状和前景，着重介绍了二维条码的概念、种类及其在物流中的发展和应用情况；第 3 章介绍射频识别技术的基本理论知识，包括射频识别技术的概念、特点、基本原理和工作流程、主要技术标准体系和频率标准，以及射频识别技术在现代物流中的应用；第 4 章介绍全球卫星定位系统(GPS)的相关知识，包括 GPS 的发展历程，GPS 的特点、分类、构成和工作原理，GPS 在物流中的应用，以及网络 GPS 的概念、特点、组成和工作流程；第 5 章介绍地理信息系统(GIS)的相关知识，包括 GIS 的基本概念、组成、功能、原理、工作流程，以及 GIS 空间分析技术及其在物流中的应用；第 6 章介绍 EDI 技术的相关知识，重点讲述了 EDI 系统的工作原理，介绍了物流 EDI 系统的应用等；第 7 章介绍物联网与物流的相关知识，主要介绍物联网的概念、发展历程、体系结构及物联网安全，并介绍了物联网在物流中的应用；第 8 章介绍前沿物流信息技术，主要包括数据挖掘、大数据、人工智能、云计算等技术在物流中的应用,以及智慧物流等。本书提供了大量的实际案例(包括导入案例、阅读案例、案例分析和拓展案例 4 种类型)和形式多样的练习题,以供学生阅读和训练使用,便于学生巩固所学知识,并灵活应用。

本书的建议课堂教学总学时为 40 学时,具体分配如下:第 1 章,4 学时;第 2 章,4 学时;第 3 章,6 学时;第 4 章,6 学时;第 5 章,6 学时;第 6 章,6 学时;第 7 章,4 学时;第 8 章,4 学时。

本书结合编者多年的教学实践,力求为学生打开物流信息技术理论与应用之门,尽可能追求较强的可读性和引导性,做到好读易教。本书具有以下特点。

(1) 为体现本课程实践性和应用性强的特点,本书提供了 4 类案例供学生分析、研读,以加深和拓宽学生的视野,使其能灵活运用所学的物流信息技术的相关知识。

(2) 紧密结合本课程教学的基本要求,本书内容完整系统、重点突出;所用资料力求能更新、更准确地解读问题点。本书注重将物流信息技术的基本理论和物流实际业务相结合,强调知识的应用性和讲述的清晰性,具有较强的针对性。

本书由北京科技大学王道平和邵瑞担任主编,负责提出写作方案和写作提纲、组织编写和最后统稿,参加编写的有李明芳、王婷婷、刘清泉、刘奕麟、林宇欣、党龙腾、邓皓月等。

在本书编写过程中,编者参考了大量的相关书籍和资料,在此向其作者表示衷心的感谢!在本书出版过程中,得到了北京科技大学"十四五"规划教材项目的资助和北京大学出版社的大力支持,在此一并表示衷心的感谢!

本书第 1 版于 2011 年被评为"北京高等教育精品教材";本书第 3 版于 2020 年被评为"北京高等学校优质本科教材课件(重点)"。

由于编者水平所限,加之时间仓促,书中难免存在不足之处,敬请广大读者批评指正。

编　者

2023 年 6 月

于北京科技大学

【资源索引】

目 录

第1章 物流信息技术概述 ... 1
1.1 物流信息 ... 3
1.1.1 数据和信息 ... 3
1.1.2 物流信息概述 ... 5
1.1.3 物流信息化的任务和现状 ... 9
1.2 物流信息技术 ... 11
1.2.1 物流信息技术的概念 ... 11
1.2.2 物流信息技术的内容 ... 11
1.2.3 物流信息技术应用现状和发展趋势 ... 12
1.3 物流信息系统 ... 17
1.3.1 物流信息系统的结构和功能 ... 17
1.3.2 物流信息系统的发展趋势 ... 19
本章小结 ... 19
习题 ... 20

第2章 条码技术 ... 23
2.1 条码技术概述 ... 25
2.1.1 条码的构成和基本术语 ... 25
2.1.2 条码的分类 ... 27
2.1.3 条码技术的产生与发展 ... 32
2.1.4 条码技术的特点 ... 33
2.2 物流条码技术 ... 34
2.2.1 物流条码的概念和特征 ... 34
2.2.2 物流条码的标准体系 ... 35
2.2.3 物流条码的识读 ... 41
2.3 二维条码技术 ... 43
2.3.1 二维条码概述 ... 43
2.3.2 PDF417条码 ... 45
2.3.3 QR条码 ... 46
2.3.4 二维条码的发展和应用 ... 48
2.4 条码技术在物流领域的应用 ... 50
2.4.1 条码技术在生产管理中的应用 ... 50
2.4.2 条码技术在运输管理中的应用 ... 50
2.4.3 条码技术在仓储管理中的应用 ... 51
2.4.4 条码技术在配送管理中的应用 ... 52
本章小结 ... 52
习题 ... 52

第3章 射频识别技术 ... 57
3.1 RFID技术概述 ... 59
3.1.1 射频技术和RFID技术的概念 ... 59
3.1.2 RFID技术的发展过程 ... 59
3.1.3 RFID的特点 ... 60
3.1.4 RFID技术和条码识别技术的区别 ... 62
3.2 RFID系统概述 ... 64
3.2.1 RFID系统的基本部件 ... 64
3.2.2 RFID系统的基本原理 ... 66
3.2.3 RFID系统的工作流程 ... 67
3.2.4 RFID系统的分类 ... 67
3.3 RFID的主要技术标准体系和频率标准 ... 71
3.3.1 RFID的主要技术标准体系 ... 71
3.3.2 RFID的频率标准 ... 74
3.4 RFID在物流管理中的应用 ... 76
3.4.1 RFID环境下的仓储管理 ... 76
3.4.2 RFID环境下的运输管理 ... 78
3.4.3 RFID环境下的配送管理 ... 79
本章小结 ... 80
习题 ... 81

第4章 全球卫星定位系统 ... 85
4.1 GPS概述 ... 88

4.1.1 常见卫星导航系统的发展
历程 88
4.1.2 GPS 的特点和功能 91
4.1.3 GPS 的分类 93
4.2 GPS 的构成和定位方式 94
4.2.1 GPS 的构成 94
4.2.2 GPS 的定位原理 96
4.2.3 GPS 的定位方式 98
4.3 网络 GPS 的概念及作用 100
4.3.1 网络 GPS 的概念和特点 100
4.3.2 网络 GPS 的组成 101
4.3.3 网络 GPS 的工作流程 102
4.3.4 网络 GPS 对物流所起的
作用 102
4.4 GPS 在物流中的应用 104
4.4.1 GPS 在物流管理中的应用 104
4.4.2 GPS 在货物配送中的应用 105
4.4.3 GPS 在物流三方中的应用 106
本章小结 106
习题 107

第 5 章 地理信息系统 111

5.1 GIS 概述 114
5.1.1 GIS 的概念与发展历程 114
5.1.2 GIS 的特点与分类 117
5.1.3 GIS 的组成 118
5.2 GIS 的功能原理与工作流程 121
5.2.1 GIS 的基本功能 121
5.2.2 GIS 的基本原理 123
5.2.3 GIS 的工作流程 125
5.3 GIS 空间分析技术 128
5.3.1 GIS 空间分析的概念 128
5.3.2 典型的 GIS 空间分析技术 129
5.4 GIS 的应用及发展趋势 132
5.4.1 GIS 的主要应用领域 132
5.4.2 GIS 在物流领域的应用 134
5.4.3 GIS 的发展趋势 138
本章小结 140
习题 141

第 6 章 EDI 技术 144

6.1 EDI 概述 146
6.1.1 EDI 的产生与发展 146
6.1.2 EDI 的定义与特点 149
6.1.3 EDI 的分类与作用 151
6.1.4 EDI 数据标准 153
6.2 EDI 系统概述 156
6.2.1 EDI 系统的构成要素 156
6.2.2 EDI 系统的特点与结构 159
6.2.3 EDI 系统的工作原理实现 161
6.3 EDI 在物流中的应用 163
6.3.1 物流 EDI 系统构建技术及
工具 163
6.3.2 物流企业的 EDI 模型 164
6.3.3 EDI 在物流中的应用 165
本章小结 167
习题 168

第 7 章 物联网与物流 171

7.1 物联网概述 173
7.1.1 物联网的定义 173
7.1.2 物联网的特征 174
7.1.3 物联网的发展历程 175
7.1.4 物联网的基本结构 175
7.2 物联网安全 177
7.2.1 物联网安全概述 177
7.2.2 物联网安全的特点 178
7.2.3 物联网安全的层次结构 179
7.3 物联网在物流中的应用 182
7.3.1 物联网在仓储中的应用 182
7.3.2 物联网在运输中的应用 183
7.3.3 物联网在配送中的应用 184
7.4 物联网应用的发展现状及展望 186
7.4.1 物联网在物流中的发展
现状 186
7.4.2 物联网在物流中的应用
趋势 188
7.4.3 物联网在物流中的应用
挑战 189

本章小结 190
习题 190

第8章 前沿物流信息技术 194

8.1 数据挖掘技术在物流中的应用 195
    8.1.1 数据挖掘概述 196
    8.1.2 数据挖掘在物流中的应用 198

8.2 大数据在物流中的应用 199
    8.2.1 大数据概述 200
    8.2.2 大数据技术的基本思想 203
    8.2.3 大数据时代对物流企业的
          影响 205

8.3 人工智能在物流中的应用 207
    8.3.1 人工智能概述 207
    8.3.2 人工智能的发展历程 209

    8.3.3 人工智能的应用领域 211
    8.3.4 物流中的人工智能 213

8.4 云计算在物流中的应用 214
    8.4.1 云计算的概念和分类 214
    8.4.2 云计算的体系结构 219
    8.4.3 物流中的云计算 222

8.5 智慧物流 222
    8.5.1 智慧物流概述和发展现状 223
    8.5.2 云计算和大数据在智慧物流
          中的应用 226
    8.5.3 人工智能技术在智慧物流中
          的应用 228

本章小结 229
习题 229

参考文献 234

第1章 物流信息技术概述

【本章教学要点】

知识要点	掌握程度	相关知识
数据和信息的概念	熟悉	数据的定义，信息的定义和特征，数据和信息的关系
物流信息的概念	掌握	狭义和广义两方面
物流信息的内容	了解	物流的特点，物流信息的特点、分类和作用
物流信息技术的概念	熟悉	物流信息技术的定义和分类
物流信息技术的内容	掌握	从基础技术、信息采集技术、信息交换技术、地理分析和动态跟踪技术、企业资源信息技术5个方面进行理解
物流信息系统的结构和功能	熟悉	物流信息系统的结构层次及功能应用
物流信息技术的发展趋势	了解	物流信息技术今后的发展方向

大宗商品供应链物流云平台的建设

1. 影响大宗商品物流运作效率的主要原因

当前,物流与供应链管理的信息化正处于快速发展的时期,但是大宗商品物流的整个市场运作效率还比较低,尤其是物流标准化操作流程还未形成。比如,目前长途车辆的轮候时间基本上维持在3~5天,其中包含了货物等待和配送时间,严重限制了车辆的使用效率。

大宗商品物流行业在发展过程中缺乏相应的市场集中化发展,中间环节相对比较复杂,从货主到最后的承运司机,出现了多重的转包环节,从而形成行业中的通病——无法管控到终端的司机。

物流与供应链信息化行业的运输群体及各环节配套群体没有进行基础的数据化,没有进行大数据的整合。运力组织的低效导致了整个大宗商品的物流与供应链信息化的低效,削弱了品牌竞争力及对外形象。

2. 提高大宗商品物流运作效率的措施

针对上述存在的问题,通过建立大宗商品供应链物流云平台,从而提高大宗商品运销环节的效率,提升物流的集约化。

(1) 供应链上下游数据共享。

依靠云计算的处理能力、标准的作业流程、灵活的业务覆盖、精确的环节控制、智能的决策支持及深入的信息共享来完成物流行业各环节所需要的信息化要求,为货主、承运商、专线公司、司机、仓储服务商及收货人提供成本低、成熟度高的物流管理云平台。

(2) 智能技术、硬件融合。

全面渗透智能技术与自主开发硬件融合,秉承云物流概念,对大宗商品物流全闭环进行智慧解析,通过分析提高运输与配送效率,减少物流成本,更有效地满足客户服务要求。

(3) 大数据统计分析。

将业务流程在系统中实现,提高了发货方及客户信息化的程度,使车辆装货速度快,等待时间短。在统计报表模块中提供了按车牌号统计、按客户名称统计、按发货单位统计、按产品名称统计等多种统计类型。提供称重等数据查询(包含称重数据查询、皮重查询、计划查询)。

(4) 全面自动化。

通过与企业内部系统连接,实现数据无缝对接,包括货物自动化验收、销售系统软件随着业务的需要进行自动化配置、功能模块随时增减,系统扩展性强。对于货物销售数据、库存数据、财务结算数据等数据及时流转。

(5) App协作。

通过手机App的4G/5G网络访问系统,实现货主、承运商、专线公司、司机、仓储服务商及收货人的完美协作,方便查看实时的物流信息。

3. 大宗商品供应链物流云平台的效益

大宗商品供应链物流云平台实施后,物流运作的效率和效益有了以下明显的改善。

(1) 提升企业工作效率。

电子化的提货单、计量单,减少了大量人工填写的工作,使整个车辆出入厂装货过程的时间能明显缩短,提升了设备利用率且不容易造成人工误差。

(2) 降低劳动强度。

通过自动化识别核验、采集、控制设备,运货车辆可有序进行日常工作,减少了人为参与,工作人员只需做日常的巡检工作，从而降低了工作人员的劳动强度，避免了由于人为参与所造成的经济损失。同时，实现了车辆、客户、收货方的完美协作，降低了管理风险，提高了管理质量和客户满意度。

(3) 减少人为参与，实现数据采集不落地。

目前大宗商品销售环节的人工操作较多，容易导致众多弊端的发生；通过系统平台及厂区自动化的建立将原来需要大量人工干预的环节由智能化的信息软件系统来代替，实现车辆自动识别进出厂、过磅、装车等，采集相关数据完全不落地，直接传输至平台，规范了工作流程，杜绝了由于人工操作所导致的诸多弊端，既节约了人工成本又提高了整个流程的运行效率、减小了出现误差的概率。

(资料来源：http://www.chinawuliu.com.cn/xsyj/202108/02/555993.shtml. [2023-06-22].)

讨论题
(1) 大宗商品供应链物流云平台运用了哪些物流信息技术？
(2) 简述大宗商品供应链物流云平台带来的效益。

在经济全球化的大环境下，信息发挥着越来越重要的作用。物流过程中会产生大量的信息，其对物流系统化和一体化运作管理至关重要。通过应用物流信息技术能准确及时地获取、处理和传递物流各环节的信息，达到对各环节和整个物流系统的及时管理、准确管理和科学管理。本章主要介绍信息、物流信息和物流信息技术的基本概念，物流信息化的任务和现状、物流信息技术的内容和发展趋势，以及物流信息系统的结构、功能和发展趋势等内容。

1.1 物流信息

物流信息是反映物流各种活动内容的知识、资料、图像、数据和文件的总称。物流标准化是指以物流为一个系统，制定系统内部设施、机械装备和专用工具等的技术标准，包装、仓储、装卸和运输等各类作业标准以及作为现代物流突出特征的物流信息标准，并形成全国以及和国际接轨的标准化体系。

1.1.1 数据和信息

1. 数据

数据是对客观事物的性质、状态和相互关系等进行记载的物理符号或是这些物理符号的组合，是事实或观察的结果，是对客观事物的逻辑归纳，是用于表示客观事物的未经加工的原始素材，包含数值数据和非数值数据。

数据可以是连续的值，如声音、图像，称为模拟数据；也可以是离散的值，如符号和文字，称为数字数据。在计算机系统中，数据以二进制信息单元 0 和 1 的形式表示。在计算机科学中，数据是指所有能输入计算机并被计算机程序处理的符号的介质的总称，是用于输入计算机进行处理的，具有一定意义的数字、字母、符号和模拟量等的通称。现在计算机存储和处理的对象十分广泛，表示这些对象的数据也随之变得越来越复杂。

数据的表现形式还不能完全表达其内容，需要经过解释，数据和关于数据的解释是不可分的。例如，62 是一个数据，可以是一个同学某门课的成绩，也可以是某个人的体重，还可以是某高校管理科学与工程系 2022 级本科生的人数。数据的解释是指对数据含义的说明，数据的含义称为数据的语义，数据及其语义是不可分的。

随着信息技术的发展，越来越多的人开始关注数据，渐渐衍生出大数据(Big Data)的概念。大数据是指无法在一定时间范围内用常规软件工具进行捕捉、管理和处理的数据集合，是需要新处理模式才能具有更强的决策力、洞察力和流程优化能力的海量、高增长率和多样化的信息资产。

2. 信息

【1-1 名人简介】

信息在自然界和人类社会中普遍存在，几千年前人类就能生产、加工、处理、传播和利用各种信息，但是最早把信息作为科学的概念进行认真研究是在 20 世纪 20 年代初期。到目前为止，学界对于信息没有统一的定义，学者们从不同的侧面对信息的概念给予了不同的解释。信息论的创始人克劳德·艾尔伍德·香农(Claude Elwood Shannon)在 1948 年发表了《通信的数学理论》，提出从通信角度看，信息就是通信的内容的观点，并进一步说明通信的目的就是减少或消除通信者的不确定性。控制论的创始人诺伯特·维纳(Norbert Wiener)于 1950 年在《人有人的用处：控制论与社会》中指出：信息这个名称的内容就是对外界进行调节，并使调节为外界所了解时而与外界交换来的东西。随着科学技术的发展，信息的概念也在不断地更新换代，并且与材料、能源一起被称为现代社会的三大支柱。本书对信息的定义采用大多数学者普遍承认的观点：信息是指能够反映事物内涵的知识、资料、情报、图像、数据、文件、语言和声音等。信息是事物的内容、形式和其发展变化的反映。根据这个定义，可以从以下两个方面来理解信息。

(1) 信息反映客观世界各种事物的特征。客观世界中的事物总在不停地运动和变化，呈现出不同的特征。信息反映这些特征，因此信息的范围很广，如气温变化属于自然信息，遗传密码属于生物信息，企业报表属于管理信息等。

(2) 信息可以形成知识。所谓知识，就是反映各种事物的信息进入人们大脑，对神经细胞产生作用后留下的痕迹，是客观世界规律性的总结。千百年来，人们正是通过获得信息来认识世界和改造世界的。

信息一般划分为本体论信息和认识论信息两种最基本的类型。前者从纯客观的立场来定义信息，后者从认识主体的立场来定义信息。一个事物的本体论信息，就是这个事物的运动状态及其变化方式。认识主体关于某个事物的认识论信息，就是认识主体对事物运动的状态及其变化方式所能感受到的内容，包括这种状态和方式的形式、内容和效用。信息具有以下主要特征。

(1) 存储性。信息是可以存储的。除了用大脑记忆信息，人类还利用其他的载体存储信息，一切可记录信息的介质，如纸张、磁带、光盘和 U 盘等都是信息载体。

(2) 可识别性。信息是可以识别的。识别方式分为直接识别和间接识别两种。直接识别是通过感官的直观感受和比较对信息进行识别，间接识别是通过各种测试手段对信息进行识别。

【1-2 拓展知识】

(3) 传递性。信息是可以传递的。传递性是信息的本质特征，信息的传递可以分为时间传递和空间传递。在信息传递的过程中，同时也在进行物质和能量的传递。古人有许多有趣的信息传递方式，语言、表情、动作、书籍、电视、电话和互联网等都是现代常用的信息传递方式。

(4) 可扩散性。信息是可以通过各种介质向外扩散的。信息的扩散具有正负两种效应。正效应有利于信息的传播，扩大信息的使用范围；负效应造成信息的贬值，不利于信息的保密。

(5) 共享性。信息是可以共享的。信息的传递性和可扩散性决定了信息资源可以被许多用户共同使用。共享性是信息和物质、能源的主要区别，在物质和能源的交换中，一方得到的正是另一方所失去的，而信息可以被不同的使用者同时使用，信息的提供者并没有丢失信息。

(6) 价值性。信息是可以创造价值的。信息是一种资源，人们通过利用信息把握住各种机会，产生效益。

(7) 不对称性。信息是不对称的。由于各种原因，在市场中交易的各方所掌握的信息是不对等的，这就形成了信息的不对称性。

(8) 时效性。信息是有时效性的。有些信息的价值就体现在时效性上，一条及时的信息会价值连城，而一条过时的信息则分文不值。信息是有自己的生命周期的，信息的生命周期是指信息从产生、搜集、加工、传输、使用到失效的全过程，超出生命周期的信息也就失去了其存在的价值。

【1-3 拓展知识】

3. 数据和信息的关系

数据和信息在日常生活中经常被混淆，信息是用各种数据表达出来的，所说的信息其实是数据，信息是大脑中对数据的理解和解释。同一数据可以表达不同信息，同一信息也可以用不同的数据来表达。

信息是所有事物的存在方式和运动状态的反映，即本体论信息，它无处不在，无时不在，有的已被人类所认识，有的则尚未认识。已被认识到的信息是认识论信息。数据是通过声音、语言、体态、符号、文字、信号、图形和视频反映的认识论信息，它仅是认识论信息中的一种类型，包括"有意义、有价值、有关联"的数据(狭义的信息)和暂时没有意义、没有价值和没有关联的数据。数据是信息的子集，或者更准确地说是认识论信息的子集。数据是信息存在的一种形式，只有通过解释或处理才能成为有用的信息。数据可用不同的形式表示，而信息不会随数据不同的形式而改变。

数据和信息既有区别，又有联系。数据和信息的关系可以看作原材料和成品的关系。数据是未经加工的原始素材，是信息的符号表示，而信息是数据的内涵，是数据的语义解释，数据通过处理才能成为有用的信息。数据可以用数字、字符、图形和声音等不同的形式来表示，信息却不会随数据的不同形式改变。图 1.1 表示数据和信息之间的关系。

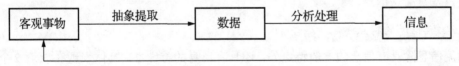

图 1.1　数据和信息之间的关系

1.1.2　物流信息概述

1. 物流信息的定义

物流信息是反映物流各种活动内容的知识、资料、图像、数据和文件的总称。物流信息所包含的内容可以从狭义和广义两方面来论述。

从狭义范围来看，物流信息来源于客观物流活动的各个环节，是与物流活动有关的信息。在物流活动的管理和决策中，如运输工具的选择、运输路线的确定、仓库的有效利用和最佳库存数量的确定等，都需要详细和准确的物流信息，这些信息与物流过程中的运输、仓储、装卸和包装等各种职能有机结合在一起，保障整个物流活动的顺利进行。图 1.2 表示客观物流各项活动产生了物流信息，并最终反作用于物流活动。

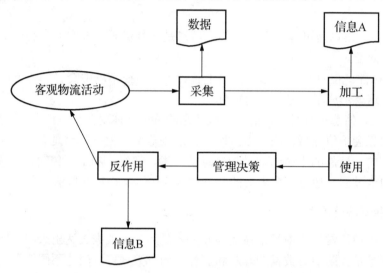

图 1.2　客观物流活动中信息的产生和反作用

从广义范围来看，物流信息不仅包括与物流活动相关的信息，还包括大量与其他流通活动有关的信息，如商品交易信息和市场信息等。商品交易信息是指与买卖双方的交易过程有关的信息，如销售、购买、订货、发货和收款信息等；市场信息是指与市场活动有关的信息，如消费者的需求信息、竞争者或竞争性商品的信息和促销活动信息等。

广义的物流信息不仅对物流活动具有支持保证的功能，而且能起到连接整合从生产厂家，经过批发商和零售商最后到消费者的整个供应链的作用，并且通过应用现代信息技术实现整个供应链活动的效率化。例如，零售商根据市场需求预测和库存情况制订订货计划，向批发商或生产厂家发出订货信息；批发商收到订货信息后，在确认现有库存水平能满足订单要求的基础上，向物流部门发出配送信息，如果发现库存不足，则马上向生产厂家发出订单；生产厂家根据库存情况决定是否组织生产，并按订单上的数量和时间要求向物流部门发出发货配送信息。

2. 物流信息的特点

物流信息除具有信息的一般特点外，还具有自身的特殊性，具体表现在以下 5 个方面。
(1) 物流信息趋于标准化。

物流信息标准化包括 3 个方面的含义：从物流系统的整体出发，制定其各子系统的设施、设备和专用工具等的技术标准以及业务工作标准；研究各子系统技术标准和业务工作标准的配合性，按配合性要求，统一整个物流系统的标准；研究物流系统和相关其他系统的配合性，谋求物流系统的标准统一。

(2) 物流信息具有极强的时效性。

信息都具有生命周期，在一定的时间内才具有价值。绝大多数物流信息动态性强、时效性强且信息价值的衰减速度很快，这对信息管理的及时性和灵活性提出了很高的要求。

(3) 物流信息量大且分布广。

物流连接了生产和消费，在整条供应链上产生的信息都属于物流信息的组成部分。这些信息从产生到加工、传播和应用，在时间和空间上存在不一致，这需要性能较高的信息处理机构与功能强大的信息采集、传输和存储能力。

(4) 物流信息种类多。

物流信息不仅涉及物流系统内部各个环节不同种类的信息，还涉及与物流系统紧密联系的其他系统，如生产系统、销售系统和供应系统等，这使物流信息的采集、分类、筛选、统计和研究等工作的难度增加。

(5) 物流信息更新速度快。

现代物流的特点之一是物流服务供应商千方百计地满足客户个性化的服务需求，多品种小批量生产和多额度小数量配送，由此产生大量的新信息，原有的数据需要不断更新，并且更新速度越来越快。

3. 物流信息的分类

物流的分类有很多种，信息的分类更是有很多种，因此物流信息的分类方法也有很多。物流信息可以按不同的分类标准进行分类。

(1) 按管理层次不同分类。

按管理层次不同，物流信息可以分为战略管理信息、战术管理信息、知识管理信息和操作管理信息。

① 战略管理信息是企业高层管理决策者制定企业年经营目标和企业战略决策所需要的信息，如企业全年经营业绩综合报表、企业盈利状况、市场动向和国家有关政策法规等。

② 战术管理信息是部门负责人制定局部和中期决策所涉及的信息，如销售计划完成情况和库存费用等。

③ 知识管理信息是知识管理部门相关人员对企业自己的知识进行收集、分类、存储和查询，并进行知识分析得到的信息，如专家决策知识和物流企业相关业务知识等知识信息。

④ 操作管理信息产生于操作管理层，反映和控制企业的日常生产和经营工作，如用户订货合同和供应厂商原材料信息等。

(2) 按功能不同分类。

按功能不同，可以将物流信息分为计划信息、控制及作业信息、统计信息和支持信息。

① 计划信息指的是尚未实现但已作为目标确认的一类信息，如仓库进出量计划、车皮计划和与物流活动有关的国民经济计划等。掌握了计划信息，便可对物流活动本身进行战略思考和安排，这对物流管理有非常重要的意义。

② 控制及作业信息是物流活动过程中产生的信息，如库存种类、在运量、运输工具状况和运费等信息，这类信息动态性强，更新速度快，时效性很强。掌握了控制和作业信息，就可以控制调整正在发生的物流活动以及指导即将发生的物流活动，借此实现对过程的控制和对业务活动的微调。

③ 统计信息是物流活动结束后，对整个物流活动的一种总结性和归纳性的信息，如上一年度或月度发生的物流量、运输工具使用量、仓储量和装卸量等。这类信息的特点是恒定不变的，有很强的资料性。掌握了统计信息，可以正确掌握过去的物流活动和规律，以指导物流战略发展和制订计划。

④ 支持信息是指对物流计划、业务和操作有影响的文化、科技、法律和教育等方面的信息，如物流技术革新和物流人才需求等。这些信息不仅对物流战略发展具有价值，而且对控制操作物流业务也起到指导和启发的作用，是属于从整体上提高物流水平的一类信息。

(3) 按来源不同分类。

按来源不同，可以将物流信息分为外部信息和内部信息。外部信息是发生在物流活动以外，但供物流活动使用的信息，如供货人信息、客户信息、订货信息、交通运输信息，以及来自企业内生产、财务等部门的与物流有关的信息；内部信息是来自物流系统内部的各种信息的总称。

(4) 按加工程度不同分类。

按加工程度不同，物流信息可以分成原始信息和加工信息两类。原始信息是指未经加工的信息，是信息工作的基础，也是最有权威性的凭证性的信息，它是加工信息可靠性的保证；加工信息是指对原始信息进行各种方式和各个层次处理后的信息，它是原始信息的提炼、简化和综合，它可以压缩信息存量并将信息整理成有使用价值的数据和资料，便于使用。

4. 物流信息的作用

物流信息贯穿于物流活动的全过程，对物流活动起到支持保证的作用，可以被看作物流活动的"中枢神经"。物流活动中的信息流可以分为两类：一类信息流的产生先于物流，它控制物流产生的时间、流量的大小和流动方向，对物流起着引发、控制和调整的作用，如各种计划和用户的订单等，这类信息流被称为计划信息流或协调信息流；另一类信息流与物流同步产生，反映物流的状态，如运输信息、库存信息和加工信息等，这类信息流被称为作业信息流。无论是计划信息流还是作业信息流，物流信息的总体目标都是要把涉及物流的各种企业具体活动综合起来，加强整体的综合能力。物流信息的作用主要表现在以下 3 个方面。

(1) 有利于企业内部各业务活动之间的衔接。

企业内采购、运输、库存和销售等各项活动互相作用，形成一个有机的整体系统，物流信息在其中充当桥梁和纽带。各项业务活动之间的衔接通过信息进行，基本资源的调度也通过信息的传递来实现。物流信息保证了整个系统的协调性和各项活动的顺利运转。

(2) 有助于物流活动各个环节之间的协调和控制。

在整个物流活动过程中，每个环节都会产生大量物流信息，而物流系统则通过合理应用现代信息技术对这些信息进行挖掘和分析，得到每个环节下一步活动的指示性信息，进而对各个环节的活动进行协调和控制。

(3) 有助于提高物流企业的管理和决策水平。

物流管理需要大量、准确、实时的信息和用以协调物流系统运作的反馈信息，任何信息的遗漏和错误都将直接影响物流系统运转的效率和效果，进而影响企业的经济效益。物流管理通过加强供应链中各活动和实体间的信息交流与协调,使其中的物流和资金流保持畅通,实现供需平衡,并且运用科学的分析工具,对物流活动所产生的各类信息进行科学分析,从而获得更多富有价值的信息。这些信息在系统各结点间共享,有效地缩短了订货提前期,降低了库存水平,提高了运输效率,减少了递送时间,及时高效地响应顾客提出的各种问题,极大地提高了顾客满意度和企业形象,加强了物流系统的竞争力。

1.1.3 物流信息化的任务和现状

1. 物流信息化的任务

信息化是现代化的标志和关键。物流管理很大程度上是对信息的处理,管理组织中存在的大量岗位只发挥信息的收集、挑选、重组和转发的"中转站"作用,而这些工作完全可以由信息系统来承担。因此,摆在物流企业和各级管理、决策人员面前的一个重要问题就是如何利用物流信息技术,充分发挥物流管理理论的作用,进行企业的物流实践。

物流信息化不仅包括物资采购、销售、存储、运输和流通加工等物流活动的信息管理和信息传送,还包括了对物流过程中的各种决策活动,如采购计划、销售计划、供应商的选择和顾客分析等提供决策支持,并充分利用计算机的强大功能,汇总和分析物流数据,进而作出更好的进销存决策,从而使企业充分利用各种资源,降低流通成本,提高服务质量,增强竞争优势。

物流信息化的任务就是要根据企业当前物流过程和可预见的发展,按照对信息采集、处理、存储和流通的要求,选购和构筑由信息设备、通信网络、数据库和支持软件等组成的环境,充分利用物流企业系统内部和外部的物流数据资源,促进物流信息的数字化、网络化和市场化,改进现存的物流管理,选取、分析和发现新的市场机会,作出更好的物流决策。

2. 物流信息化的现状

2010—2021年,我国社会物流总额从125.4万亿元攀升至335.2万亿元,实现15.21%的年均复合增长率,总体社会物流需求呈增长态势。我国社会物流总额在逐步提高的同时,现代物流产业的发展速度和专业化程度也不断提升,物流效率有所改进,物流市场环境不断转好。2010—2021年,我国社会物流总费用从7.1万亿元上升至16.7万亿元,体现出我国物流行业在需求旺盛的情况下,物流总费用规模也不断扩大。在此期间,我国物流总费用与GDP的比例从17.23%下降至14.6%,物流效率总体有所提升,但是与发达国家的物流效率水平相比,还是高于发达国家的10%的平均水平,因此还存在很大的改进空间。

我国物流业具有广阔的发展空间和巨大的市场潜力,现代物流业将会成为我国经济发展的重要产业和新的经济增长点。目前,我国已经建成由铁路、公路、水路、航空和管道5种运输方式组成的综合运输体系,第三方物流企业也开始起步,配送中心稳步发展,现代物流技术的应用得到加强。但是,由于我国的物流业起步较晚,再加上观念滞后、硬件老化、成本较高等原因,物流过程的各个环节还处于独立、分割的状态,距离一体化、信息化、规模化的现代物流业还有一定的差距。我国的物流业应采用现代物流理念和先进的信息技术,提高物流运作效率和服务水平,有效应对物流市场的国际化竞争。

作为物流信息化进程核心的物流信息系统,已成为物流企业发展的"瓶颈",物流信息资源整合能力也成为物流需求方考察物流供应商的主要因素。我国一些物流企业尚未拥有物流信息系统,并且大多数的信息系统都是相互孤立和静态的。一些现代化的物流手段,如云计算技术、大数据技术、5G等的使用还不是很广泛,直接影响了物流中心与用户的沟通和协作,阻碍了物流运作效率的提高,从而也影响了我国物流企业的竞争力与服务质量。

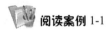 阅读案例 1-1

看大商超如何玩转宅配 O2O

国际超市巨头沃尔玛,于 2014 年在国内全面推出宅配服务,在门店一次购物满 188 元,2 公里内免费送货,实际的配送范围是 3 公里左右。无独有偶,2013 年大润发也推出了满 180 元,2 公里免费送货的服务。客户只需结账后在打包区用商城提供的纸箱自行打包,填写完整收货信息后,便会有配送人员安排送货上门。一般来说,宅配 O2O 配送时效是根据下单时间来定的,17 点前,当日送达,17 点后,隔日送达。如今传统超市受电商和社区便利店的双重冲击,业绩下滑。各巨头积极转型,除开拓小型社区门店外,也积极触网启动电商项目,免费配送到户这项业务就是其面对竞争采取的积极措施。

现在沃尔玛和大润发的配送,都是由签约的第三方来负责配送的,配送费用大概是 10 元/单。如果折算客单价,相当于是 200 元客单价的 5%。这也就难怪大润发在推出此项服务时,并没有大肆宣传。对于一单 10 元的配送价格,快递公司也并不看在眼里,因为打包箱的重量和尺寸很难让快递公司欣然接受。网上也有许多客户对配送时间不及时和服务不到位的抱怨,大大地影响了企业形象。另外,"四通一达"这样有规模的快递企业无暇也不屑于这类麻烦的业务,而能配合此类业务的快递公司,其效率和服务又跟不上超市的要求,收入也很难覆盖成本,两头犯难。

对于大商超而言,消费者的购物习惯正在被网购改变,送货上门和包邮已然是购物的基本配置。超市的销售业绩逐年下滑,如果不做改变,就会在变革的大潮中掉队。

沃尔玛在网上开商城,要找回自己的市场份额。大润发的飞牛网也于 2014 年上线,并在多个城市开通服务。大商超触网,利用自己的门店网络和供应商资源,其优势可见一斑,可是说到"最后一公里"的配送环节,对其而言仍是一道难关。

大部分宅配项目的产品布局有两大热点:一是生鲜,如水果、蔬菜、肉禽海鲜等,这些产品的需求高,且利润空间也较大;二是百度、阿里巴巴、腾讯等巨头争夺的外卖市场,这是绝对的高频刚需。但归根结底无论是什么产品,建立合理成本的社区物流体系,才是宅配持续发展的可能。

目前,被看好的宅配 O2O 模式有两种。一是自有物流。自建物流体系是重成本,但也是降成本的关键。重成本也是重资产,一个成形的配送网络和强大的宅配能力,本身就是企业的资产。二是业务招揽。如果没有足够的业务来支持配送系统的成本,再强大的配送系统也会被拖垮,所以定制一个合理的业务模式相当重要。要做好社区 O2O,必须以垂直的方式进入社区,找到一个好的切入点在小区打好基础。布局社区是稳扎稳打的苦活,没有捷径可以走。

(资料来源:http://www.hishop.com.cn/ecschool/o2o/show_19908.html. [2023-06-22].)

1.2 物流信息技术

物流信息技术伴随着信息技术及现代物流的生产与发展,并且得到了广泛应用,是物流各个环节、各个领域的信息处理与信息加工技术的总和。

1.2.1 物流信息技术的概念

物流信息技术是现代信息技术在物流各个作业环节中的综合应用,是现代物流区别于传统物流的根本标志,也是物流技术中发展最快的领域,尤其是计算机网络技术的广泛应用使物流信息技术达到了较高的应用水平。物流信息技术的发展也改变了企业应用供应链管理获得竞争优势的方式,通过利用物流信息技术来提高供应链活动的效率,增强整个供应链的经营决策能力。

物流信息技术是物流现代化的重要标志,也是物流技术中发展最快的领域,从数据采集的条码系统,到办公自动化系统中的微机、互联网,各种终端设备等硬件以及计算机软件都在日新月异地发展。同时,随着物流信息技术的不断发展,产生了一系列新的物流理念和新的物流经营方式,推进了物流的变革。在供应链管理方面,物流信息技术的发展也改变了企业应用供应链管理获得竞争优势的方式,成功的企业通过应用物流信息技术来支持它的经营战略并选择它的经营业务,通过利用物流信息技术来提高供应链活动的效率,增强整个供应链的经营决策能力。

1.2.2 物流信息技术的内容

物流信息技术指的是在物流各作业环节中应用的现代信息技术,包括计算机技术、数据库技术、网络技术、条码技术、射频识别技术、电子数据交换技术、地理信息系统技术、全球定位系统技术,是物流现代化的重要标志。

物流信息技术包含的内容见表 1-1。

表 1-1 物流信息技术包含的内容

名 称	项 目
基础技术	计算机技术
	数据库技术
	网络技术
信息采集技术	条码技术
	射频识别技术
信息交换技术	电子数据交换技术
地理分析与动态跟踪技术	地理信息系统技术
	全球定位系统技术

(1) 基础技术。

基础技术主要包括计算机技术、数据库技术和网络技术。

在物流信息技术中，计算机技术主要是指计算机的操作技术。数据库技术主要用于物流信息的存储、查询、提供信息支持和辅助决策。网络技术通过整合互联网分散的资源，实现资源的全面共享和有机协作，使人们能按需获取信息。在物流管理中，网络技术为物流供应链管理提供技术实现手段，实现信息在企业之间的交互和共享。

(2) 信息采集技术。

信息采集技术主要包括条码技术和射频识别技术。

① 条码技术又称条形码技术，是 20 世纪产生和发展起来的一种自动识别技术，是集条码理论、光电技术、计算机技术、通信技术和条码印刷技术于一体的综合性技术。由于具有制作简单、信息收集速度快、准确率高、信息量大和成本低等优点，成为物流信息管理工作的基础，被广泛应用于物流的数据采集。

② 射频识别技术是一种基于电磁理论的通信技术，通过射频信号自动识别目标对象来获取相关数据，是一种非接触式的自动识别技术，适用于要求非接触数据采集和交换的场合。

(3) 信息交换技术。

信息交换技术即电子数据交换(Electronic Data Interchange，EDI)技术，是指通过电子方式，采用标准化的格式，利用计算机网络进行结构化数据的传输和交换。EDI 技术的基础是信息，这些信息可以由人工输入计算机，也可以通过扫描条码获取。物流技术中的条码包含了物流过程所需的多种信息，与 EDI 技术相结合，确保了物流信息的及时可得性。

(4) 地理分析与动态跟踪技术。

地理分析与动态跟踪技术主要包括地理信息系统(Geographic Information System，GIS)技术和全球定位系统(Global Positioning System，GPS)技术。

① GIS 是以地理空间数据为基础，采用地理模型分析方法，适时地提供多种空间的和动态的地理信息，是一种为地理研究和地理决策服务的计算机技术系统，基本功能是将表格型数据(可来自数据库、电子表格文件或直接在程序中输入)转换为地理图形显示，然后对显示结果进行浏览、操作和分析。通过结合其他软件，GIS 可以建立车辆路径模型、网络物流模型和设施定位模型等辅助进行物流决策。

② GPS 是利用空中卫星对地面目标进行精确导航与定位，以达到全天候、高准确度地跟踪地面目标移动轨迹的目的。系统在物流领域主要应用于汽车自定位及跟踪调度、铁路车辆运输管理、船舶跟踪及最佳航线的确定、空中运输管理和军事物流配送等领域。

1.2.3 物流信息技术应用现状和发展趋势

1. 国外应用现状

随着经济全球化和信息化进程的不断加快，国外物流企业已经形成了以系统技术为核心，以信息技术、运输技术、自动化仓储技术、库存控制技术、配送技术、装卸搬运技术、包装技术等专业技术为支撑的现代化物流技术格局。电子物流进一步向信息化、自动化、智能化、集成化方向发展。物流信息技术运用的目标已经多元化，不仅仅是降低总的物流成本、提高效率，还包括支持新的营销策略、提高市场反应能力等。

(1) 美国。

美国作为物流理念的发源地，其物流研究、设计和技术开发一直处于世界前沿，有十分成熟的物流管理经验和发达的现代物流。特别是商贸流通和生产制造企业十分重视现代物流能力的开发。从 20 世纪 50 年代物流发展初期的"实物配送"阶段，到 20 世纪 80 年代的"物流"阶段，再到当今的供应链管理阶段，一直将物流战略作为企业商务战略的核心组成部分予以高度重视。

美国企业纷纷将物流信息化作为物流合理化的一个重要途径。

① 普遍采用条码技术和射频识别技术，提高信息采集效率和准确性；采用基于互联网的电子数据交换技术进行企业内外的信息传输，实现订单录入、处理、跟踪、结算等业务处理的无纸化。

② 广泛应用仓库管理系统和运输管理系统来提高运输与仓储效率。

③ 通过与供应商和客户的信息共享，实现供应链的透明化，运用 JIT、CPFR、VMI、SMI 等供应链管理技术，实现供应链伙伴之间的协同商务，以便"用信息替代库存"，降低供应链的物流总成本，提高供应链的竞争力。

④ 借助网上采购辅助材料、网上销售多余库存等电子商务手段来降低物流成本。

物流企业高度重视信息化建设，大多采用面向客户自主开发物流信息系统的方式来实现物流信息化，并呈现以下特点。

① 物流信息服务包括预先发货通知、送达签收反馈、订单跟踪查询、库存状态查询、货物在途跟踪、运行绩效监测、管理报告等内容。

② 物流企业在客户供应链管理中发挥战略性作用，数据管理是物流外包影响供应链管理的最大因素，物流企业不仅需要在技术方面进行较大投入，而且还需要具备持续改进、例外管理和流程再造能力。对技术、人才和信息基础设施的投入已成为物流企业区别竞争对手的重要手段。

③ 随着客户一体化物流服务需求的提高和物流企业信息服务能力的增强，出现了基于物流信息平台通过整合和管理自身的以及其他服务提供商补充的资源、能力和技术，提供全面的供应链解决方案的第四方物流服务。

(2) 日本。

物流现代化和生产现代化是日本在第二次世界大战后经济发展的两个"车轮"。日本的物流概念于 20 世纪 50 年代从美国引进，随后发展非常迅速。无论在政府对物流的重视程度、企业对物流的管理方面，还是物流基础设施、现代化物流发展水平方面，其水平均不亚于欧美，成为现代物流管理的先进国家；在配送中心、物流产业、物流企业管理和服务、物流信息化等方面还独具特色。

日本突出"物流系统"观念，强调从社会角度构筑人文物流环境，体现可持续发展的理念，突出物流作为社会功能系统对循环型社会发展的贡献。其物流的发展对经济起到了很大的推动作用，主要特点表现为以下几个方面。

① 具有健全的政策保障。日本政府在物流业发展的每个阶段都制定了相关政策法规，进行了一系列政策方面的改革；20 世纪 70 年代以来，日本政府逐步对物流系统技术进行升级。

② 发达的交通运输业是物流业的强大支柱。

③ 具有国际领先水平的物流基础设施。

④ 高效的企业管理和多样化的服务内容。

⑤ 先进的电子信息技术加快物流现代化的进程。几乎所有的专业物流企业都是通过计算机信息管理系统来处理和控制物流信息；在订货、库存管理、配送等方面，广泛使用物流联网系统、电子数据交换系统、无线射频识别技术系统、卫星定位导航系统、输送过程信息系统、配货配车系统等。近年来，日本政府又调整了物流发展战略，积极倡导高附加值物流，并将物流信息技术作为重点发展方向。

(3) 法国。

法国物流信息化发展总体处于世界中等水平，特别是信息化应用和普及程度还不是很高，与美国、日本等物流先进国家相比还有较大差距。但近几年来，法国物流信息化的发展速度很快。法国的物流业年均增长速度在5%左右，而物流信息化发展速度年均达到10%。物流信息化应用程度比较高的行业主要集中在汽车制造业与部分专业物流企业。

法国物流信息化发展的主要特点有：①物流信息化的目标模式是以提高效率为核心，而不仅仅是追求单纯的效益。②物流信息化的内涵是对物流的组织与管理。③信息化建设起点较高。④信息技术和信息系统的标准化程度较高，形成了一些成熟的物流信息管理软件，实用性很强。

2. 国内应用现状

在国内，各种物流信息技术已经广泛应用于物流活动的各个环节，对企业的物流活动产生了积极的影响。

(1) 运输方面。

我国物流企业在运输方面所应用的现代物流技术主要集中在车辆和运输管理方面。对于车辆管理，为了带给客户更加高效的运输服务，许多物流企业对专用运输工具进行了研发，如对液体、粉末类等易燃易爆货物，采用专门的灌装集装箱车进行运输；对冷冻类、易腐烂类商品，采用冷藏集装箱拖车运输；对汽车、家具等商品的运输也有专门的运输工具。在运输管理方面，物流企业在运输货物的船舶、车辆等工具上安装GPS，实现对运输全过程的动态监管，确保所有货物运输都在可控范围内安全送达。

(2) 仓储方面。

物流仓储方面的技术是指仓储设备及库存管理技术。这方面的能力决定了物流企业能否在供应链服务中占得优势，所以许多大型物流企业都会投入大量的人力和物力对仓储技术、仓储设备等进行研究，目的在于对仓库的资源和布局进行合理设置，提高仓库作业水平。物流企业在仓储方面应用的现代物流技术主要有仓储机械化设备、机器自动化分拣系统、自动化立体仓库等。例如，叉车作为现代物流不可或缺的仓储设备，能够对托盘货物进行装卸搬运，正是因为物流行业的快速发展，叉车需求量得到进一步提升。此外，应用计算机技术对物流企业仓储方面的货物出入库、存放、资金结算等展开集中化管理，能够明显提升仓库工作效率。

(3) 装卸搬运方面。

在物流运作过程中，装卸搬运需要耗费大量人力、时间和物力。在这方面应用物流信息技术的主要目的在于节省成本、降低装卸工人的劳动强度，同时降低装卸搬运的货物受损概率，缩短装卸搬运时间和加快装车装船的速度。具体来讲，这方面应用的物流信息技术主要集中在各种设备的使用上,如校准托盘、标准货架、传送带、轮机等,通过发挥这些机械设备的作用,能够明显缩短货物在路途中的时间,大大提高了货物装卸搬运的机械化、自动化水平,并且标准化的货物单元也大大简化了装卸搬运工作流程,保证了货物运送时效和服务质量。

(4) 包装方面。

包装在整个物流体系中发挥着重要的作用,它代表着产品生产的完成,也代表着物流的开始,主要分为运输和销售两方面的包装。其中,运输包装的作用在于保护货物在运输、装卸搬运中的完整性;而销售包装主要是为了美化商品且方便销售。包装方面的信息技术主要涉及包装设备、包装材料及包装方法3个方面,其中包装设备是指对产品进行包装所采用的机械设备,常见的有充填机、包装机、标签机、捆绑机、干燥机、清洁机等;包装材料主要有纸箱、木箱、袋子,装好后直接放入集装箱进行运输;包装方法以前主要为人工,现在更多是机械化、电子化包装,这样不仅能够缩减成本,也能够提高货物运输的准确性和安全性。

3. 物流信息技术的发展趋势

纵观信息技术在我国物流领域的发展历程,从初期的简单用于编制物流运输统计分析报告到单项业务的单机应用,发展到全部业务的联网应用,并且由局部应用发展到全行业应用,信息技术在数据通信网和信息处理平台等物流信息化基础设施和应用系统建设方面取得了丰硕的成果。随着计算机技术和网络技术的更新换代,我国物流信息化技术的发展有以下3个趋势。

(1) 自动化仓库将呈现多样化发展。

现阶段我国众多物流企业所建设的自动化仓库主要有两种类型,一种是分离式自动化仓库,另一种是托盘单元式自动化仓库。随着现代物流技术的不断升级及物流企业对成本降低的极致追求,未来我国物流企业会建设更多整体式的全自动化仓库,利用机器人实现包裹传送、商品分拣、商品包装等过程的自动化,以及仓库商品搬运、上架等过程的自动化。

(2) 无纸化单证将逐渐取代纸质单证。

随着计算机网络技术的快速发展,其完善性及安全性有了很大提升。同时,在全球商品与生产要素的自流流动中,跨国贸易企业发挥的作用日渐凸显,越来越多的企业在进行合作谈判时将使用EDI技术作为合作的基础,因此未来将有更多的企业采用EDI技术,无纸化的信息数据、单证传送便成了发展趋势,企业唯有适应无纸化单证的传送趋势才能不被市场淘汰。

(3) 条码技术将得到进一步完善。

条码对于流通中的每一个商品而言,就好像是专属"身份证",该项技术在未来将得到进一步的完善与发展。现阶段的商品条码中主要记录的是顺向物流信息,而随着该项技术的发展,今后商品因损坏、质量不佳而退货的逆向物流信息也会被记录在条码中,最终回收企业通过扫描商品条码,便能知晓商品的完整退换货信息。

综上所述,不管是国内贸易还是国际贸易活动,物流企业在其中发挥的作用必不可少,而且在全球经济一体化发展背景下,大量跨国企业会基于全球视角进行资源调配,物流企业更要重视对物流信息技术的应用,扮演好在全球经济发展中的重要角色。

【1-4 拓展视频】

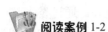 阅读案例 1-2

顺丰物流信息平台建设的核心技术

顺丰物流针对不同客户的需求，同时结合我国各个地方路况的运送能力，推出了几个比较有特色的、定位精准的服务项目，如"即日达""次晨达""次日达"等。顺丰还采用了寄方支付、到方支付、第三方支付、现金结算、月度结算、转账结算、支票结算等灵活的支付结算方式。顺丰的这些特色服务极大地满足了客户的需求。具体来说具有以下特色。

① 晨到系列(晨收晨到、午收晨到、夜收晨到)：当日规定的截单时间前确认的收件，在次日 10:30 前送到(部分偏远地区 12:00 前送到)。

② 午到系列(晨收午到、午收午到、夜收午到)：当日规定的截单时间前确认的收件，在次日 18:00 前送到。

③ 即日达：当日规定的截单时间前向客服确认的收件，并在当日送达的快递产品。

④ 隔日达：当日规定的截单时间前向客服确认的收件，并在第三个工作日 18:00 前送达的快递产品(局部偏远地区需加工作日)。

针对其特色产品，顺丰设立了面对不同用户的信息系统。

① 营运类业务信息系统。面向对象为营运本部用户，通过此类系统可对全网的营运业务做出有效的调度配置和管理。

② 客服类业务信息系统。面向对象为客户服务部门及全国呼叫中心，通过与顾客的信息交流互动，实现快速及时的服务。

③ 管理报表类信息系统。面向对象为综合本部、公共事务本部、财务本部、人力资源本部等相关部门，将其业务规划、管理计划、月度数据、日常工作信息汇总表等资料形成电子单据，统一制度标准，及时实现管理政令的上传下达，并以清晰规范的形式完善报表考核制度。

④ 综合类信息系统。此类信息系统整合了营运、客服、管理报表 3 项业务类信息系统，同时也是对前 3 类信息系统的有效补充，提高了协同工作处理的效率。

以上特色产品服务和企业信息系统建设主要依靠以下 4 项物流信息技术。

(1) GPS 与 GIS 技术的结合。

电子系统使车辆等交通工具具有实时定位能力，使货物跟踪和智能化的车辆调度成为可能。目前顺丰已将 GPS 与 GIS 融合成电子系统，它可以实现车辆跟踪管理、货物流向分析、实时货物位置查询、路径选择等功能。

(2) 基于 Internet 的网上物流管理平台。

通过建立网上物流管理平台，随着电子商务的发展客户可能通过互联网获得物流服务，并在网上实时查询物流服务的完成情况。而顺丰的物流管理者可以通过网络对物流资源进行调度管理，充分发挥 GPS、GIS 的作用。

(3) 自动识别技术的应用。

条码、智能标签等自动识别技术在物流中的应用可以实现对物流信息高速准确地采集，及时捕捉作为信息源的物品在出库、入库、运输、分拣、包装等过程中的各种信息，提高物流作业程序的效率，减少不必要的人工成本并降低出错率，提高客户服务水平。

(4) 网络环境的数据库体系结构和数据仓库的设计。

数据库技术作为物流信息系统的主要支撑技术，决定了整个信息系统的功能和效率。由于物流信息具有空间特性，物流事务处理在空间和时间上具有非同一性，顺丰的物流信息系统需要一个结构合理的网络数据结构和数据仓库设计，用于支持物流管理者的决策分析等事务处理和各类面向对象的、集成的、随时间变化的数据处理。

　　顺丰将整个物流业务作为主体，逐步推进信息化进程。截至目前，顺丰共拥有160多套信息系统，实现物流各环节和配套环节的信息管理。顺丰近期投入近1亿元研发"年龄管理系统"，目的是使出货的整个生命周期持续下降，而出货安全性和准确性持续上升，顺丰也因此成为我国快递行业中唯一采用"快件全生命周期"监控物流各个环节的公司。

(资料来源：https://www.sbvv.cn/chachong/20888.html. [2023-06-22].)

1.3　物流信息系统

　　物流信息系统是指由人员、设备和程序组成的，为物流管理者执行计划、实施和控制等职能提供信息的交互系统，它与物流作业系统一样都是物流系统的子系统。

　　物流信息系统是建立在物流信息的基础之上的，只有具备了大量的物流信息，物流信息系统才能发挥作用。在物流管理中，人们要寻找最经济、最有效的方法来克服生产和消费之间的时间距离和空间距离，就必须传递和处理各种与物流相关的情报，这种情报就是物流信息。它与物流过程中的订货、收货、库存管理、发货、配送和回收等职能有机地联系在一起，使整个物流活动顺利进行。

1.3.1　物流信息系统的结构和功能

　　物流信息系统是物流领域的神经网络，遍布物流系统的各个层次、各个方面。物流信息系统结构(图1.3)可以从垂直和水平两个方向来考察。

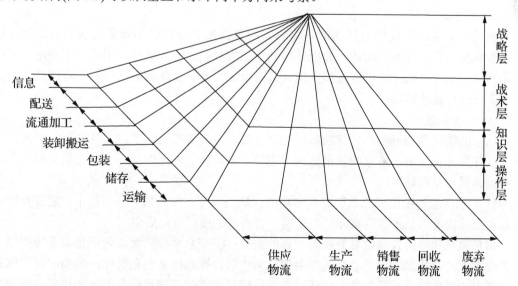

图1.3　物流信息系统结构

　　从垂直方向看，物流信息系统可分为4个层次，即战略层、战术层、知识层和操作层。从水平方向看，信息系统贯穿供应物流、生产物流、销售物流、回收物流和废弃物流物流形式的运输、储存、包装、装卸搬运、流通加工、配送和信息各个物流作业环节。

物流信息系统是物流系统的神经中枢，它作为整个物流系统的指挥和控制系统，可以分为多种子系统或者说具备多种基本功能。通常可将其基本功能归纳为以下 5 个方面。

(1) 数据的收集和输入。

物流数据的收集首先是将数据通过收集子系统从系统内部或者外部收集到预处理系统中，并整理成为系统要求的格式和形式，然后再通过输入子系统输入物流信息系统中。这一过程是其他功能发挥作用的前提和基础，如果一开始收集和输入的信息不完全或不正确，则在接下来的过程中得到的结果就可能与实际情况完全相左，这将会导致严重的后果。因此，在衡量一个信息系统性能时，应注意它收集数据的完善性、准确性，以及校验能力和预防和抵抗破坏能力等。

(2) 信息的存储。

物流数据经过收集和输入阶段后，在其得到处理之前，必须在系统中存储下来。即使在处理之后，若信息还有利用价值，也要将其保存下来，以供以后使用。物流信息系统的存储功能就是要保证已得到的物流信息能够不丢失、不走样、不外泄、整理得当、随时可用。无论哪一种物流信息系统，在涉及信息的存储问题时，都要考虑到存储量、信息格式、存储方式、使用方式、存储时间、安全保密等问题。如果这些问题没有得到妥善地解决，则信息系统是不可以投入使用的。

(3) 信息的传输。

物流信息在物流系统中，一定要准确及时地传输到各个职能环节，否则信息就会失去其使用价值了。这就需要物流信息系统具有克服空间障碍的功能。物流信息系统在实际运行前，必须充分考虑所要传递的信息种类、数量、频率和可靠性要求等因素。只有这些因素符合物流系统的实际需要时，物流信息系统才是有实际使用价值的。

(4) 信息的处理。

物流信息系统的最根本目的就是将输入的数据加工处理成物流系统所需要的物流信息。数据和信息是有所不同的，数据是得到信息的基础，但数据往往不能直接利用，而信息是从数据加工得到，它可以直接利用。只有得到了具有实际使用价值的物流信息，物流信息系统的功能才算发挥。

(5) 信息的输出。

信息的输出是物流信息系统的最后一项功能，也只有在实现了这个功能后，物流信息系统的任务才算完成。信息的输出必须采用便于人或计算机理解的形式，在输出形式上力求易读易懂，直观醒目。

这 5 项功能是物流信息系统的基本功能，缺一不可，而且只有各项基本功能都实现，最后得到的物流信息才具有实际使用价值，否则会造成严重的后果。

信息系统和物流管理信息系统有一定的关系：①信息系统为物流管理信息系统提供公共关键技术；②物流管理信息系统作为信息系统的特殊系统又有独特性；③物流管理信息系统同时为其他信息系统提供一些成功的应用模板；④物流管理信息系统和信息系统相互融合。

1.3.2 物流信息系统的发展趋势

从企业的信息系统功能角度来看，物流企业的信息系统存在功能简单、功能层次低等问题。多数信息系统只有简单的纪录、查询和管理功能，而缺少决策、分析、互动等功能。物流信息系统的未来发展有以下几个方向。

1. 智能化

智能化是自动化、信息化的一种高层次应用。物流作业过程涉及大量的运筹和决策，如物流网络的设计与优化、运输(搬运)路径的选择、每次运输的装载量选择，多种货物的拼装优化、运输工具的排程和调度、库存水平的确定、补货策略的选择、有限资源的调配、配送策略的选择等问题都需要进行优化处理，这些都需要管理者借助优化的、智能工具和大量的现代物流知识来解决。同时，专家系统、人工智能、仿真学、运筹学、智能商务、数据挖掘和机器人等相关技术在国际上已经有比较成熟的研究成果，并在实际物流作业中得到了较好的应用。因此，物流的智能化已经成为物流发展的一个新趋势。

【1-5 拓展视频】

2. 标准化

标准化技术也是现代物流技术的一个显著特征和发展趋势，同时也是现代物流技术实现的根本保证。货物的运输配送、存储保管、装卸搬运、分类包装、流通加工等各个环节中信息技术的应用，都要求必须有一套科学的作业标准。例如，物流设施、设备及商品包装的标准化等，只有实现了物流系统各个环节的标准化，才能真正实现物流技术的信息化、自动化、网络化、智能化等。特别是在经济全球化和贸易全球化的新世纪中，如果国际上没有形成物流作业的标准化，就无法实现高效的全球化物流运作，这将阻碍经济全球化的发展进程。

3. 全球化

物流企业的运营随着企业规模和业务跨地域发展，必然走向全球化发展的道路。在全球化趋势下，物流目标是为国际贸易和跨国经营提供服务，选择最佳的方式和路径，以最低的费用和最小的风险，保质、保量、准时地将货物从某国的供方运到另一国的需方，使各国物流系统相互"接轨"，它代表物流发展的更高阶段。面对着信息全球化的浪潮，信息化已成为加快实现工业化和现代化的必然选择。中国提出要走新型工业化道路，其实质就是以信息化带动工业化、以工业化促进信息化，达到互动并进，实现跨越式发展。

本 章 小 结

信息在现代物流中起着非常重要的作用，信息化是物流现代化的重要标志。通过在物流领域中应用信息技术，可以使企业降低物流成本，提高物流运作效率和对市场反应的灵敏度，从而更好地满足客户的需求，增强企业的核心竞争力。虽然我国的物流信息化建设还处于初级阶段，但是有广阔的发展空间，随着企业信息化基础设施的不断完善，物流信息化将进入高速发展时期。在企业的整个生产经营活动中,物流信息系统和各种物流作业活动密切相关,合理的物流信息系统能够助力企业更好、更快地发展。

 关键术语

(1) 数据   (2) 信息   (3) 物流信息
(4) 物流信息技术   (5) 物流信息系统

习　　题

1. 选择题

(1) 数据是(　　)。
  A．客观事物的基本表达   B．客观事物的记录表达
  C．客观事物的文字表达   D．客观事物的数字表达

(2) 下列选项中,(　　)与材料、能源一起被称为现代社会的三大支柱。
  A．知识   B．科技   C．信息   D．情报

(3) 由于各种原因,市场中交易的各方所掌握的信息是不对等的,这形成了信息的(　　)。
  A．价值性   B．共享性   C．不对称性   D．可扩散性

(4) 下列选项中,物流信息技术不包括(　　)。
  A．信息交换技术   B．信息采集技术
  C．动态跟踪技术   D．信息处理技术

(5) 物流信息技术的基础和灵魂是(　　)。
  A．计算机   B．条码   C．网络   D．GPS

(6) 现代物流的主要特征是物流的(　　)。
  A．自动化   B．机械化   C．信息化   D．网络化

2. 判断题

(1) 信息会随数据的不同形式而改变。   (　　)
(2) 信息的扩散具有正负两种效应。   (　　)
(3) 按加工程度不同,物流信息可以分成原始信息和加工信息两类。 (　　)
(4) 数据是信息存在的一种形式,只有通过解释或处理才能成为有用的信息。(　　)
(5) 按管理层次不同,物流信息可以分为战略管理信息、战术管理信息、知识管理信息和操作管理信息。   (　　)
(6) 信息通过共享被其他用户使用,导致信息丢失。   (　　)

3. 简答题

(1) 简述物流信息的主要作用。

(2) 简述物流信息的典型特点。
(3) 简述物流活动中用到的典型信息技术。
(4) 简述物流信息系统的结构。
(5) 简述我国物流信息化的发展现状。
(6) 简述物流管理信息系统的基本功能。

案例分析

安徽中工物流有限公司物流信息化应用案例

1. 企业简介

安徽中工物流有限公司(以下简称中工物流)成立于 2013 年，总部位于合肥市清华启迪科技城创新广场，它是执行智慧物流标准化试点的平台型企业和国家级高新技术企业，拥有 150 人的专业技术团队和强大的研发队伍，同时聘请清华大学、中国科技大学、北京科技大学等高校顾问团队为公司提供长期技术支持。目前已拥有 30 多项发明、实用新型专利及软件著作权，通过了 ISO9001、ISO14001、OHSAS18001 认证。

中工物流的愿景：为客户提供线上线下一站式供应链平台解决方案。
中工物流的使命：集结三方优质资源，成就客户最大价值。
中工物流的价值观：让客户满意，让股东满意，让员工满意。

2. 中工物流信息化建设背景

2019 年 2 月，国家发展改革委、交通运输部等 24 部门联合发布《关于推动物流高质量发展促进形成强大国内市场的意见》，鼓励物流和供应链企业开发面向加工制造企业的物流大数据、云计算产品，提高数据服务能力。协助制造企业及时感知市场变化，增强制造企业对市场需求的捕捉能力、响应能力和敏捷调整能力。伴随 5G、大数据、云计算、物联网、区块链和人工智能等技术的快速发展，促成了供应链创新，智慧供应链应运而生。"智慧供应链""智慧企业"已深刻改变各行业的发展格局，灵活易变、高资源利用效率的第四次科技革命已悄然到来。中工物流推出的智慧物资管理信息系统，在大型央企、国企中得到了良好的应用。结合国际上成熟的精益思想和精益供应链的成功经验，同时依托当前新兴技术的研究成果，保持持续改进，持续尽善尽美的追求，以可持续发展为原则，用专业的精益供应链管理，赋能智慧企业建设。

3. 中工物流信息化建设内容——智慧物资管理信息系统

智慧物资管理信息系统以物资信息实时掌控为目标，拉式供应链需求驱动，集成度较高，信息交换实时，可根据最终用户需求实现定制化应用配置服务；同时，系统通过 RFID、蓝牙、AGV、智能穿戴、物联网、数据叠加、信息化网络等技术建设集成化的 OA 供应链协同、智能看板、移动办公、WMS、TMS 专属智慧物资系统。从施工网络图(工程里程碑)、计划、生产(监造、催交催运)、运输、入库、盘存、验收、出库、归档等环节，用直接或间接的手段实时采集数据，实现业务流程自动运行。以可视化仓库方式，展示仓储动态物资状态，以及达到物资采购、供应商生产、在途运输等全方位的物资掌控和数据共享目的，为管理层提供准确及时的物资信息。再融入先进物流管理和全生命周期的资产管理，集成智能技术、智能设备，实现业务量化、集成集中、智慧协同，共享物流管理平台，达到运行的安全、高效、经济、智能、可持续。

【1-6 拓展知识】

智慧物资管理信息系统对物资计划、采购、库存、合同和预算等进行线性的集成化管理，从而达到规范物资管理流程、保证物资供应、降低采购费用、减少库存积压和加快资金周转目的，并实现基建期到生产期物资的有效管理与控制。智慧物资管理信息系统包括的子系统有编码管理子系统、合同管理子系统、BOM 管理子系统、供应链协同管理子系统、智能看板子系统、TMS 子系统等。

4. 系统技术路线

(1) 系统采用 J2EE/SSM 等符合行业发展方向的先进技术框架和面向服务的架构，具有较高的扩展性、能够支持后续数据的对接、数据的管理及后续的第三方服务。

(2) 系统所有的内部审批流程和并联审批流程设定全部通过工作流技术进行实现，可实现定制型和自由型两种工作流的灵活设计。

(3) 系统采用分布式存储系统处理框架平台来实现各关联业务系统大数据高速运算、存储、检索及数据整合等功能。

(4) 系统应支持多种硬件平台，采用通用软件开发平台开发，具备良好的可移植性，采用标准开放接口，支持与其他系统的数据交换、共享和功能模块调用。

(5) 系统提供 Web 应用服务器支持主流中间件产品，如 BEA Weblogic、Oracle、Application Server、Tomcat 等。

(6) 系统提供日志管理功能，日志监控主要是针对平台运行时所产生的正常操作日志及异常操作日志进行统一管理，并支持自定义相关日志开启、关闭及日志搜索功能。

5. 信息化实施效果

从信息化实施后的效果看，企业通过信息化应用，提升了服务水平和工作效率，并成功地把经营管理理念通过信息化平台传导给所有客户，在行业内逐步建立起良好的经营口碑。与此同时，企业收入也实现了跨越式发展。

通过全流程的在线化和数据化，打破了整个流程运转过程中的信息不对称的局面，有效消除了"信息孤岛"，减缓了相关延迟，实现了信息共享和作业协同，提升了快速响应的服务能力。

信息化实施将供应链所有环节与相关活动作为一个统一连贯、有机运行的整体，使相关资源得到了快速有效地匹配，运输计划与线路等环节更优化，运输成本也不断降低，货物在途更加流畅及可视化。最终交付的效率和品质将更加有保障，客户满意度和服务体验也得到了提升。

6. 行业供应链管理启示

通过中工物流信息化的建设，可以得到的管理启示是，企业要充分考虑聚合效益，通过供应链的全过程管理、信息集中化管理、系统动态化管理等，将实现整个智能供应链的可持续发展，进而提高生产效率，提升价值链协同效率，有效地降本增效。

(资料来源：http://www.chinawuliu.com.cn/xsyj/202102/23/541795.shtml. [2023-06-22].)

讨论题

(1) 中工物流信息化的过程应用了哪些物流信息技术？

(2) 从中工物流信息化平台的建设理解物流信息化的重要性。

第2章 条码技术

【本章教学要点】

知识要点	掌握程度	相关知识
条码的构成和基本术语	掌握	条码是由一组宽度不同、反射率不同的条和空按规定的编码规则组合起来,用以表示一定的字符、数字及符号组成的信息
条码的分类	掌握	按照码制、维数和应用领域对条码进行分类
条码技术的产生与发展	了解	条码技术的起源、研究状况和国内外发展过程
条码技术的特点	熟悉	条码技术的6个特点
物流条码的概念和特征	掌握	物流条码是供应链中用以标识物流领域中具体实物的一种特殊代码
物流条码的标准体系	掌握	物流条码标准体系主要包括了码制标准、应用标准和产品包装标准
物流条码的识读	掌握	物流条码识读的原理、识读系统的组成和扫描设备的选择
二维条码概述	掌握	二维条码的概念、特点和分类
PDF417条码	掌握	PDF417条码的结构和主要特点
QR条码	掌握	QR条码的结构和主要特点
二维条码的发展和应用	了解	二维条码在国内外的发展和应用
条码技术在生产管理中的应用	了解	条码技术在生产管理中的具体应用
条码技术在运输管理中的应用	了解	条码技术在运输管理中的具体应用
条码技术在仓储管理中的应用	了解	条码技术在仓储管理中的具体应用
条码技术在配送管理中的应用	了解	条码技术在配送管理中的具体应用

商品二维码为零售行业注入新活力

2020年以来，受新冠肺炎疫情的影响，我国线下零售行业遭受巨大冲击，加速了中国零售行业在供应链方面的全新思考。整体来看，社会消费品零售总额的增速在近两年出现疲软态势。对于线下实体零售行业来说，通过企业结构改革成为供应链的主导企业，简化供应链的整体流程；直面消费者，围绕消费者需求，从"便捷"和"体验"角度考虑改革方案。线上线下零售从之前的割裂敌对走向融合共赢，是大势所趋。因此，整个零售行业都在寻找更好连接线上线下直面消费者的媒介，二维码的出现为行业带来新的思路。下面简要介绍商品二维码在零售行业的应用。

1. 二维码成为连接企业和消费者的桥梁

一维条码诞生于20世纪70年代的零售业，作为具有全球通用性、国际统一性的编码标识技术体系，在零售业发展中起着十分重要的作用。但是一维条码数据承载量小、编码结构不灵活，已经跟不上时代的步伐。目前，二维码因为强大的数据承载量成为零售企业首选的解决方案。

随着智能手机的普及和移动通信的发展，扫描二维码访问网络成为人们获取信息的便捷方式。为了从琳琅满目的商品中挑选出满意的产品，消费者需要获取更完善的企业信息、产品信息和促销信息。生产企业也需要通过线上线下立体式的产品宣传和促销活动来增强消费者的认可和提高企业产品的销量，生产企业与消费者之间沟通的瓶颈亟待突破。

2. 商品二维码的诞生

二维码在应用初期，由于没有标准可循，出现了一系列混乱现象。

(1) 编码标识不统一。二维码编码数据结构由各个供应商或服务商自行编写，需要不同的软件进行解读，造成一物多码，扫码困难。

(2) 碎片化严重。国内互联网服务商或电商在拓展二维码业务时，发现非本公司的二维码，就对其进行屏蔽或不跳转，形成平台壁垒，造成信息系统重复建设，影响消费者体验。

(3) 二维码安全问题。二维码复制成本低、技术较为开放，常被不法分子在二维码中植入恶意网站、钓鱼网站等，使消费者对二维码逐渐失去信任。

在此背景下，由中国物品编码中心(以下简称编码中心)、互联网公司及行业专家一同编写制定的国家标准《商品二维码》(GB/T 33993—2017)对于规范我国开放流通领域二维码的应用，搭建二维码良好生态系统，起到支撑和引领作用，有效解决了上述二维码使用混乱的问题。

3. 商品二维码为零售行业带来的改变

(1) 安全且唯一的二维码。商品二维码由编码中心统一分配和管理，满足GS1国际标准，企业一旦采用，即可保证每种商品在全球拥有一个合法的、公认的且唯一的二维码。

(2) 避免一物多码。商品二维码具有使扫描设备自适应识别移动应用端的功能，编码数据结构灵活，通过一码扩展多个网址，避免了一物多码，解决了平台壁垒，极大扩展了商品信息，同时提升了商品外包装美观度。

(3) 实现追溯和防窜货功能。商品二维码强大的承载能力可精细到"一批一码""一物一码"，帮助企业实现单品追溯和防窜货功能。

(4) 拓宽销售渠道。商品二维码默认承载了零售商品条码的所有编码信息，不仅可以兼容传统零售下的现有POS系统、ERP系统及销售管理系统等，还可以与线上各类电商平台进行对接，通过扫码实现跨平台、跨系统的全网应用，拓宽销售渠道，助力企业数字化转型。为了帮助企业更好地使用商品二维码，编码中心搭建了国家二维码综合服务平台。

(5) 直面消费者。使用商品二维码可以为生产企业与消费者架起沟通的桥梁，让生产企业直面消费者，打破传统生产企业只能面对经销商或分销商的状态，并帮助企业进行全网数据统计分析，真正了解消费者的需求。

4. 商品二维码为消费者带来新的购物体验

商品二维码拥有更高的信息安全度，所承载的网址必须遵循 HTTPS 网络协议，不能随意篡改，极大地降低了扫描二维码访问到钓鱼网站或恶意网站的风险，提高了扫码安全性，保护了消费者的信息财产安全。消费者只需扫一个码，即可了解该产品的详细信息、促销活动、售后服务等，解决消费者面对一物多码的困扰，既能享受线下购物体验，又能享受线上直面生产商。

通用且唯一的商品二维码能兼容各类线上线下应用，通过一码绑定多种服务，解决了平台壁垒及安全疑虑，降低了消费者扫码安全风险；可实现一批一码、一物一码、追溯防伪等功能，满足了零售行业及社会大众对商品二维码线上线下追溯、防伪等不同场景应用的需求。

"标识连接用户"，商品二维码将成为消费者和生产商沟通的桥梁，零售企业可以通过数字化技术手段更深入地分析消费需求。在商品二维码应用的基础上，努力挖掘扫码数据，分析消费者行为，最大化满足消费者需求，提高企业效益，促进企业长远发展，为零售企业数字化转型提供强力支持，也为零售行业注入新的活力。

(资料来源：何华清，2022. 商品二维码为零售行业注入新活力[J]. 条码与信息系统(1):12-13.)

讨论题

(1) 零售行业现有条码技术存在哪些问题？

(2) 二维码为零售行业带来了哪些好处？

本章将首先介绍条码技术的基础知识，包括条码技术的结构、分类、产生与发展过程，以及物流条码标准体系和识读的工作原理等，然后介绍二维条码技术，最后分析条码技术在物流领域的应用现状和前景。

2.1 条码技术概述

条码技术是在计算机的应用实践中产生和发展起来的一种实现快速、准确数据采集和自动识别的技术，研究的是如何将计算机所需的数据用条码来表示，以及如何将条码表示的数据转变为计算机可读的数据。因为条码技术在物流中发挥着重要的作用，所以本节将对条码技术的基础知识进行介绍。

2.1.1 条码的构成和基本术语

条码是一种信息代码，由一组宽度不同、反射率不同的条和空按规定的编码规则组合起来，用以表示一定的字符、数字及符号组成的信息，它是一种通过光电扫描设备的识读将数据输入计算机的特殊代码。

1. 条码的构成

完整的条码由两侧空白区、起始/终止符、数据符、中间分割符(主要用于 EAN 条码)和校验符组成。

(1) 空白区。

空白区没有任何印刷符或条码信息，它通常是白的，位于条码符号的两侧。它是条码左右两端外侧与空的反射率相同的限定区域，它能使扫描设备进入准备识读的状态，当两个条码距离较近时，空白区则有助于对它们加以区分，空白区的宽度通常不小于 6mm(或 10 倍模块宽度)。

(2) 起始/终止符。

起始/终止符是指位于条码开始和结束的若干条与空，标志条码的开始和结束，同时提供了码制识别信息和识读方向的信息。

(3) 数据符。

数据符是位于条码中间的条、空结构，它包含条码所表达的特定信息。

(4) 中间分割符。

中间分割符是位于条码中间位置的若干条与空。

(5) 校验符。

有些码制的校验符是必需的，而有些码制的校验符则是可选的。校验符是通过对数据符进行一种算术运算而确定的。当符号中的各字符被解码时，译码器将对其进行同一种算术运算，并将结果与校验符比较。若两者一致时，说明读入的信息有效。

构成条码的基本单位是模块，模块是指条码中最窄的条或空，模块的宽度通常以毫米为单位。构成条码的一个条或空称为一个单元，一个单元包含的模块数是由编码方式决定的，有些码制中，如 EAN 条码，所有单元由一个或多个模块组成；而另一些码制，如 39 条码，所有单元只有两种宽度，即宽单元和窄单元，其中的窄单元即为一个模块。

2. 条码的基本术语

为了方便读者对条码的理解，现将条码的基本术语及其解释整理成表 2-1。

表 2-1 条码的基本术语

术 语	解 释
条码	由一组规则排列的条、空及其对应字符组成的标记，用以表示一定的信息
条码系统	由条码符号设计、制作及扫描设备组成的系统
条	条码中反射率较低的部分
空	条码中反射率较高的部分
起始符	位于条码起始位置的若干条与空
终止符	位于条码终止位置的若干条与空
空白区	条码起始符、终止符两端外侧与空的反射率相同的限定区域
条码字符	表示一个字符或符号的若干条与空
条码数据符	表示特定信息的条码字符
条码校验符	表示校验码的条码字符
条码填充符	不表示特定信息的条码字符
条高	垂直于单元宽度方向的条的高度尺寸
条宽	条码字符中条的宽度尺寸
空宽	条码字符中空的宽度尺寸
条宽比	条码中最宽条与最窄条的宽度比
空宽比	条码中最宽空与最窄空的宽度比
条码长度	从条码起始符前缘到终止符后缘的长度

续表

术 语	解 释
条码密度	单位长度条码所表示的条码字符的个数
模块	模块组配编码法组成的条码字符的基本单位
保护框	围绕条码且与条码反射率相同的边或框
连续型条码	没有字符间隔的条码
非连续型条码	有字符间隔的条码
双向条码	条码符号两端均可作为扫描起点的条码
附加条码	表示附加信息的条码
奇偶校验	根据二进制数位中 0 或 1 的个数为奇数或偶数而进行校验的方法
自校验条码	条码字符本身具有校验功能的条码
定长条码	条码字符个数固定的条码
非定长条码	条码字符个数不固定的条码
供人识别字符	位于条码符的下方,与条码字符相对应的、供人识别的字符

2.1.2 条码的分类

条码有很多种的分类标准,但常见的有 3 种分法,即按码制、维数和应用领域对条码进行分类。

1. 按码制分类

目前世界上常用的码制有 UPC 条码、EAN 条码、25 条码、交叉 25 条码、库德巴条码、39 条码、贸易单元 128 条码,93 条码和 49 条码等,而商品上最常使用的是 EAN 条码。

(1) UPC 条码。

UPC 条码是美国统一编码委员会(Uniform Code Council,UCC)制定的一种商品用条码,主要用于美国和加拿大地区。UPC 条码是最早大规模应用的条码,其特性是一种长度固定、连续性的条码,由于其应用范围广泛,故又被称为万用条码。UPC 条码仅可用来表示数字,其字码集为数字 0~9。UPC 条码共有 A、B、C、D、E 五种版本(表 2-2),常用的商品条码版本为 UPC-A 条码和 UPC-E 条码。UPC-A 条码是标准的 UPC 版本,UPC-E 条码为 UPC-A 条码的压缩版。

表 2-2 UPC 条码的五种版本

版 本	应 用 对 象	格 式
UPC-A 条码	通用商品	SXXXXX XXXXXC
UPC-B 条码	医药卫生	SXXXXX XXXXXC
UPC-C 条码	产业部门	XSXXXXX XXXXXCX
UPC-D 条码	仓库批发	SXXXXX XXXXXCXX
UPC-E 条码	商品短码	XXXXXX

注:S 为系统码;X 为数据码;C 为校验码。

UPC-A 条码供人识读的数字代码只有 12 位，它的代码结构由厂商识别代码(6 位，包括系统字符 1 位)、商品项目代码(5 位)和校验码(1 位)共 3 部分组成，如图 2.1 所示。UPC-A 条码的代码结构中没有前缀码，它的系统字符为 1 位数字，用以标识商品类别。UPC-E 条码是 UPC-A 条码的缩短版，是当 UPC-A 条码的系统字符为 0 时，通过一定规则得到的。

图 2.1 UPC-A 条码

(2) EAN 条码。

1977 年，欧洲经济共同体各国按照 UPC 条码的标准制定了欧洲物品编码 EAN 条码，与 UPC 条码兼容，而且两者具有相同的符号体系。EAN 条码的字符编号结构与 UPC 条码相同，也是长度固定的、连续型的数字式码制，其字符集是数字 0~9。它采用 4 种元素宽度，每个条或空是 1 倍、2 倍、3 倍或 4 倍单位元素宽度。EAN 条码有两种类型，即 EAN-13 条码和 EAN-8 条码，如图 2.2 所示。

(a) EAN-13 条码 (b) EAN-8 条码

图 2.2 EAN 条码

(3) 25 条码。

25 条码(标准 25 条码)是根据宽度调节法进行编码，并且只有条表示信息的非连续型条码，如图 2.3 所示。每一个条码字符由规则的 5 个条组成，其中有 2 个宽单元，3 个是窄单元，故称为"25 条码"。它的字符集为数字字符 0~9。

图 2.3 25 条码

(4) 交叉 25 条码。

交叉 25 条码是一种长度可变的连续型自校验数字式码制，其字符集为数字 0~9，如图 2.4 所示。它包括 2 种元素宽度，每个条和空是宽或窄元素。编码字符个数为偶数，所有奇数位置上的数据以条编码，偶数位置上的数据以空编码。如果为奇数个数据编码，则在数据前补一位 0，以使数据为偶数个数位。交叉 25 条码应用于商品批发、仓库、生产/包装识别、运输及国际航空系统的机票顺序编号等，条码的识读率高，适用于固定扫描器。

(5) 库德巴条码。

库德巴条码是 1972 年产生的，是一种长度可变的连续型自校验数字式码制，如图 2.5 所示。其字符集为数字 0~9 和 6 个特殊字符("-" ":" "/" "." "+" "$")，共 16 个字符。库德巴条码常用于仓库、血库和航空快递包裹中。

图 2.4 交叉 25 条码

图 2.5 库德巴条码

(6) 39 条码。

39 条码是第一个长度可变的离散型自校验字母数字式码制,如图 2.6 所示。其字符集为数字 0~9,26 个大写字母和 7 个特殊字符("-"".""、空格、"/""+""%""$"),共 43 个字符。每个字符由 9 个元素组成,其中有 5 个条(2 个宽条,3 个窄条)和 4 个空(1 个宽空,3 个窄空),是一种离散码。

图 2.6 39 条码

(7) 贸易单元 128 条码。

贸易单元 128 条码是 1981 年产生的,是一种长度可变的连续型自校验数字式码制,如图 2.7 所示。它包括 4 种元素宽度,每个字符包括 3 个条和 3 个空,并且有 11 个单元元素宽度,故又称(11,3)码。它有 106 个不同条码字符,每个条码字符有 3 个含义不同的字符集,分别为 A、B、C,使用这 3 个交替的字符集可将 128 个 ASCII 字符编码。

图 2.7 贸易单元 128 条码

(8) 93 条码。

93 条码是一种长度可变的连续型字母数字式码制,如图 2.8 所示。其字符集为数字 0~9,26 个大写字母和 7 个特殊字符("-"".""、空格、"/""+""%""$")以及 4 个控制字符。每个字符包括 3 个条和 3 个空,并有 9 个元素宽度。

(9) 49 条码。

49 条码是一种多层、连续型、可变长度的条码符号,它可以表示全部的 128 个 ASCII 字符,如图 2.9 所示。每个 49 条码符号由 2~8 层组成,每层有 18 个条和 17 个空,层与层之间由一个层分隔条分开,每层包含一个层标识符,最后一层包含表示符号层数的信息。

图 2.8 93 条码

图 2.9 49 条码

(10) 其他码制。

除上述的条码外,还有其他类型的条码。例如,25 条码是 1977 年产生的,主要用于电子元器件标签中；矩阵25条码是11码的变形；Nixdorf条码已被EAN条码所取代；Plessey条码是1971年5月产生的，主要用于图书馆。

2. 按维数分类

按照维数不同，条码可以分为一维条码、二维条码和多维条码。

(1) 一维条码。

一维条码只在一个方向(一般是水平方向)表达信息，而在垂直方向不表达任何信息，其一定的高度通常是为了便于识读器对准。一维条码(图2.10)由宽度不同、反射率不同的"条"和"空"，按照一定的编码规则(码制)编制而成，条码信息靠"条"和"空"的不同宽度和位置来传递，信息量的大小由条码的宽度和印刷的精度来决定，条码越宽，包容的"条"和"空"越多，信息量越大；条码的印刷精度越高，单位长度内可容纳的"条"和"空"越多，传递的信息量也就越大。

图2.10　一维条码

编码中的"条"指对光线反射率较低的部分，"空"指对光线反射率较高的部分。这种用"条"和"空"组成的数据编码很容易译成二进制数，因为计算机只能识读二进制数据，所以条码符号作为一种为计算机信息处理而提供的光电扫描信息图形符号，也应满足计算机二进制的要求。世界上有225种以上的一维条码，每种一维条码都有自己的一套编码规格，一般较流行的一维条码有39条码、EAN条码、UPC条码、贸易单元128条码，以及专门用于书刊管理的ISBN、ISSN等。

一维条码的应用可以提高信息录入的速度，减少差错率，但是一维条码也存在一些不足之处：数据容量较小，30个字符左右；只能包含字母和数字；保密性能不高；条码尺寸相对较大(空间利用率较低)；条码遭到损坏后便不能识读。

近年来，随着资料自动收集技术的发展，用条码符号表示更多信息的要求与日俱增，而一维条码最大数据长度通常不超过30个字符，故多用来存放关键索引值，作为一种信息标识。不能用其对产品进行描述，要想获取更多的信息只能通过网络到数据库中寻找，因此在缺乏网络或数据库的状况下，一维条码便失去了意义。

(2) 二维条码。

在水平和垂直方向的二维空间存储信息的条码，称为二维条码。二维条码可以直接显示英文、中文、数字、符号和图形等；储存数据容量大，可存放1KB字符；可用扫描仪直接读取内容，无须另接数据库；数据可加密，保密性高；安全级别最高时，损污不超过50%仍可读取完整信息。使用二维条码可以解决以下问题：表示包括汉字、照片、指纹、签字在内的小型数据文件；在有限的面积上表示大量信息；对"物品"进行精确描述；防止各种证件、卡片及单证的伪造；在远离数据库和不便联网的地方实现数据采集。

二维条码可以分为行排式二维条码和矩阵式二维条码。行排式二维条码形态上是由多行短截的一维条码堆叠而成的，它在编码设计、校验原理、识读方式等方面继承了一维条码的一些特点，扫描设备和条码印刷与一维条码技术兼容。但由于行数的增加，要对行进行判定，其译码算法与软件也不同于一维条码。有代表性的行排式二维条码有 16K 条码、49 条码、PDF417 条码等。矩阵式二维条码以矩阵的形式组成，在矩阵相应元素位置上用点表示二进制"1"，用空表示二进制"0"，由点和空的排列组成代码，其中点可以是方点、圆点或其他形状的点。矩阵式二维条码是建立在计算机图像处理技术、组合编码原理等基础上的一种新型图形符号自动识读处理码制。

目前，二维条码主要的码制有 PDF417 条码、49 条码、16K 条码、Data Matrix、Maxi Code 和 QR 条码等，如图 2.11 所示。其中以 PDF417 条码应用范围最广，从生产、运货、行销到存货管理都可适用；Maxi Code 通常用于邮包的自动分类和追踪；Data Matrix 则特别适用于小零件的标识；QR 条码近年来在日本、韩国、中国的应用越来越普及。

(a) Data Matrix　　　　　　(b) QR 条码　　　　　　(c) Maxi Code

(d) PDF417 条码　　　　　　(e) 49 条码　　　　　　(f) 16K 条码

图 2.11　二维条码

二维条码除具有普通条码的优点外，还具有信息容量大、可靠性高、保密防伪性强、易于制作、成本低等优点。二维条码依靠其庞大的信息携带量，能够把过去使用一维条码时存储于后台数据库中的信息包含在条码中，可以直接通过识读条码得到相应的信息，并且二维条码还有错误修正技术及防伪功能，增加了数据的安全性。

【2-1 拓展知识】

(3) 多维条码。

进入 20 世纪 80 年代以来，人们围绕如何提高条码符号的信息密度，进行了研究工作。多维条码和集装箱条码成为研究、发展与应用的方向。例如，三维条码能表示计算机中的所有信息，包括音频、图像、视频和各种文字，不再有二维条码的种种局限。但是它的缺点是容错性差，即使有哪怕一个像素的破坏或者一个像素的色彩承载色差，都会导致全部数据的丢失、无法读取，而二维条码即使有少部分破损或残缺，也不影响其信息的读取。

【2-2 拓展知识】

3. 按应用领域分类

按应用领域，条码可分为商品条码和物流条码。

(1) 商品条码。

商品条码是由国际物品编码协会和美国统一代码委员会规定的、用于表示商品标识代码的条码，包括 EAN 条码和 UPC 条码。商品条码一般分为 4 个部分，按 3-5-4-1 分，第一部分代表国家，第二部分代表生产厂商，第三部分代表厂内商品代码，第四部分代表校验码。

商品条码的编码遵循唯一性原则,以保证商品条码在全世界范围内不重复,即一个商品项目只能有一个代码,或者说一个代码只能标识一种商品项目。不同规格、不同包装、不同品种、不同价格、不同颜色的商品只能使用不同的商品代码。

(2) 物流条码。

物流条码是供应链中用以标识物流领域中具体实物的一种特殊代码,是整个供应链过程,包括生产厂家、配销业、运输业、消费者等环节的共享数据。它贯穿整个贸易过程,并通过物流条码数据的采集、反馈,提高整个物流系统的经济效益。

物流条码的具体知识将在 2.2 节介绍。

2.1.3 条码技术的产生与发展

条码技术诞生于 20 世纪 40 年代,但得到实际应用和迅速发展还是在近 30 年间。条码技术在欧美、日本已得到普遍应用,而且正在世界各地迅速推广普及,其应用领域还在不断扩大。从条码的起源、应用的普及到条码技术的不断成熟,可以将条码技术的发展总结为 3 个阶段。

1. 条码技术的萌芽期(20 世纪 40—60 年代)

早在 20 世纪 40 年代,美国的乔·伍德·兰德和伯尼·西尔沃两位工程师就开始研究用代码表示食品项目及相应的自动识别设备,并于 1949 年获得了美国专利。该图案很像微型射箭靶,被叫作"公牛眼"代码。在原理上,"公牛眼"代码与后来的条码很相近,但当时的工艺和技术水平还没有能力印制出这种码。

吉拉德·费伊赛尔等人在 1959 年申请了一项专利,将数字 0~9 中的每个数字用 7 段平行条表示。但是这种代码机器难以识读,人读起来也不方便。不久,E.F.布宁克申请了将条码标识在有轨电车上的专利。20 世纪 60 年代后期,西尔沃尼亚发明的一个系统,被北美铁路系统采纳。

2. 条码技术的普及期(20 世纪 70 年代)

1970 年,美国超级市场 Ad Hoc 委员会制定出 UPC 条码。UPC 条码首先在杂货零售业中试用,这为以后条码的统一和广泛采用奠定了基础。1971 年,布莱西公司研制出布莱西码及相应的自动识别系统,用以库存验算。这是条码技术第一次在仓库管理系统中的实际应用。1972 年蒙那奇·马金等人研制出库德巴码,美国的条码技术进入新的发展阶段。

1973 年,UCC 建立了 UPC 系统,实现了该码制标准化。同年,食品杂货业把 UPC 条码作为该行业的通用标准码制,为条码技术在商业流通领域里的广泛应用,起到了积极的推动作用。

1974 年,Intermec 公司的戴维·阿利尔博士研制出 39 条码,很快被美国国防部采纳,作为军用条码码制。39 条码是第一个字母、数字式的条码,后来广泛应用于工业领域。

1976 年,在美国和加拿大的超级市场上,UPC 条码的成功应用给人们以很大的鼓舞,尤其是欧洲人对此产生了极大兴趣。1977 年,欧洲共同体(欧洲联盟的前身,简称欧共体)在 UPC-A 条码的基础上制定出欧洲物品编码 EAN-13 条码和 EAN-8 条码,签署了欧洲物品编码协议备忘录，并正式成立了欧洲物品编码协会(European Article Numbering Association，EAN)。

3. 条码技术的成熟期(20 世纪 80 年代至今)

从 20 世纪 80 年代初开始，人们围绕提高条码符号的信息密度，开展了多项研究。贸易单元 128 条码和 93 条码就是其中的研究成果。贸易单元 128 条码于 1981 年被推荐使用，而 93 条码于 1982 年使用。这两种条码的优点是条码符号密度比 39 条码高出近 30%。随着条码技术的发展，条码码制种类不断增加，因而标准化问题显得很突出。同时一些行业也开始建立行业标准，以适应发展需要。条码种类越来越多，常用的有 10～20 种，相应的自动识别设备和印刷技术也得到了长足的发展。1981 年由于 EAN 已经发展成为一个国际性组织，故改名为国际物品编码协会(International Article Numbering Association，IAN)。但由于历史原因和习惯问题，国际物品编码协会多年来一直被称为 EAN，2005 年才更名为 GS1。

1990 年，条码印刷质量美国国家标准 ANSI X3.182 颁布，此后戴维·阿利尔又研制出第一个二维条码码制——49 条码，该条码不同于传统的条码符号，具有更高的密度。特德·威廉斯在 1988 年推出第二个二维条码码制——16K 条码，它的结构类似于 49 条码，适用于激光系统。

我国从 20 世纪 80 年代中期开始，把条码技术的研究和推广应用逐步提到议事日程。1988 年 12 月 28 日，经国务院批准，国家技术监督局成立了"中国编码中心"。该中心的任务是研究和推广条码技术，同时组织、开发、协调和管理我国的条码工作。

条码技术现已应用在计算机管理的各个领域，如工业、交通运输业、邮电通信业、物资管理、仓储、医疗卫生、安全检查、餐饮旅游、票证管理及军事装备、工程项目等国民经济各行各业和群众日常生活中。目前，世界各国把条码技术的发展重点向生产自动化、交通运输现代化、金融贸易国际化、票证单据数字化、安全防盗防伪保密化等领域推进；在介质种类上，除大多印刷在纸质介质外，还研究开发了金属条码、纤维织物条码、隐形条码等，扩大应用领域并保证条码标识在各个领域、各种工作环境的应用。

2.1.4 条码技术的特点

条码技术是电子与信息科学领域的高新技术，所涉及的技术领域较广，是多项技术相结合的产物，经过多年的长期研究和应用实践，现已发展成为较成熟的实用技术。

在信息输入技术中，采用的自动识别技术种类很多。条码作为一种图形识别技术与其他识别技术相比有如下特点。

1. 简单

条码由简单的条空组成，编写简单，制作容易，被称为"可印刷的计算机语言"。

2. 信息采集速度快

普通计算机的键盘录入速度是每分钟 200 字符，而利用条码扫描录入信息的速度是键盘录入的 20 倍。

3. 采集信息量大

条码上可包含从商品的生产、加工、包装和运输等各个过程的信息，利用条码扫描，依次可以采集几十位字符的信息，而且可以通过选择不同码制的条码增加字符密度，使录入的信息量成倍增加。

4. 可靠性高

采用键盘录入数据，误码率为 1/300，而采用条码扫描方式，误码率仅有百万分之一，并且首读率可达 98%以上。

5. 成本低

与其他自动化识别技术相比，条码技术仅需要一小张贴纸和相对构造简单的光学扫描仪，成本较低，而且条码识别设备的操作容易，无须专门训练，节省费用。

6. 灵活、实用

条码输入方式多样，可以通过手工键盘键入，也可以和有关设备组成识别系统实现自动化识别，还可以和其他控制设备联系实现系统的自动化管理。条码可应用于各类物品，包含多样信息，并且由于外包装上占用面积小，可印刷在物品的任何合适部位。

2.2 物流条码技术

条码技术是在计算机的应用实践中产生和发展起来的一种实现快速、准确数据采集和自动识别的技术，研究的是如何将计算机所需的数据用条码来表示，以及如何将条码表示的数据转变为计算机可读的数据。因为条码技术在物流中发挥着重要的作用，所以本节将对条码技术的基础知识进行介绍。

2.2.1 物流条码的概念和特征

物流条码对供应链来说是非常重要的，在了解物流条码的具体应用之前，先对其相关概念和特征进行介绍。

1. 物流条码的概念

物流条码是供应链中用以标识物流领域中具体实物的一种特殊代码，是整个供应链过程，包括生产厂家、配销业、运输业、消费者等环节的共享数据。它贯穿整个贸易过程，并通过物流条码数据的采集、反馈，提高整个物流系统的经济效益。

【2-3 拓展知识】

国际上通用的和公认的物流条码码制有 3 种：ITF-14 条码、UCC/EAN-128 条码和 EAN-13 条码。根据货物和商品包装的不同，采用不同的条码码制。单个大件商品，例如电视机、电冰箱、洗衣机等商品的包装箱往往采用 EAN-13 条码，而储运包装箱常常采用 ITF-14 条码或 UCC/EAN-128 条码。

2. 物流条码的特征

(1) 货运单元的唯一标识。

物流条码作为货运单元的唯一标识，可标识多个或多种类商品的集合，用于物流的现代化管理。

(2) 服务于物流全过程。

物流条码应用于物流现代化的管理，贯穿物流的全过程。产品从厂家生产出来，经过包装、运输、仓储、分拣、配送等众多环节，最后到达零售商店，物流条码应用于这些环节之中，实现了对物品的跟踪和数据的共享。

(3) 存储多种信息。

物流条码作为可变的、能存储多种含义和信息的条码，例如可以表示货物的体积、重量、生产日期、批号等信息。

(4) 可变性。

随着国际贸易的不断发展和贸易伙伴对各种信息的需求不断增加，物流标识的应用在不断扩大，标识内容也在不断丰富，物流条码的新增和删除时有发生，从而满足贸易的需求。

(5) 维护性。

由于物流条码具有可变性的特点，物流条码的标准也是需要经常维护的。因此，要及时了解用户需求，并及时传达标准化机构的编码变更内容，以确保国际贸易物流现代化和信息化管理。

2.2.2 物流条码的标准体系

物流条码涉及面较广，因此相关标准也较多。它的实施和标准化是基于物流系统的机械化、现代化和包装运输等作业的规范化、标准化。正因为物流条码体系的复杂性和广泛性，它的建立与应用将是一个长期探索实践的过程。

物流条码标准体系虽然只是物流条码体系的一个组成部分，但却是极其重要的一个组成部分。条码技术标准是对条码技术中重复性事物和概念所做的统一决定。它以科学技术和实践经验的综合成果为基础，经有关方面协商一致，由主管机构批准，以特定形式发布，作为共同遵守的准则和依据。

物流条码标准化体系已基本成熟，并且日趋完善。物流条码的相关标准是一个需要经常维护的标识。及时沟通用户需求，传达标准化机构有关条码应用的变更内容，是确保国际贸易中物流现代化、信息化管理的重要保障之一。

物流条码标准体系主要包括了码制标准、应用标准和产品包装标准。物流条码标准体系结构如图2.12所示。

1. 码制标准

表示物流标识编码的条码符号有不同的码制，条码的码制是指条码符号的类型，每种类型的条码符号都是由符合特定编码规则的条和空组成的，都有固定的编码容量和条码字符集。目前，国际上公认的物流条码有通用商品条码、交叉25条码和贸易单元128条码，这3种码制基本上可以满足物流条码体系的应用要求。

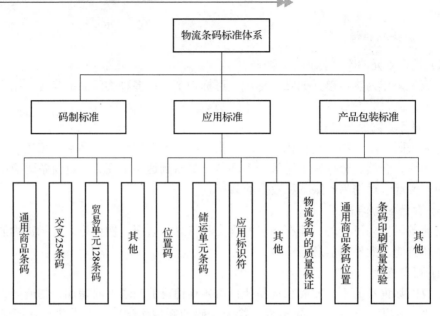

图2.12 物流条码标准体系结构

(1) 通用商品条码。

通用商品条码由国际物品编码协会和统一代码委员会制定,分为标准版商品条码(EAN-13条码)和缩短版商品条码(EAN-8条码)。

① EAN-13条码。

EAN-13条码由13位数字组成,包括厂商识别代码(包括3位前缀码和4~6位厂商代码)、商品项目代码(3~5位)和校验码(1位)。国际物品编码协会分配给中国物品编码中心的前缀码为690~695,厂商代码由中国物品编码中心负责分配和管理,中国物品编码中心负责确保每个厂商识别代码在全球范围内的唯一性。产品代码占5位,代表单项产品的号码,由厂商根据规定自己编制,必须保证产品编码的唯一性原则。校验码占1位,由一定的规则计算得出,用于校验厂商识别代码和产品代码的正确性。EAN-13条码的代码结构见表2-3。

表2-3 EAN-13条码的代码结构

结构类型	厂商识别代码	商品项目代码	校验码
结构1	$X_{13}\ X_{12}\ X_{11}\ X_{10}\ X_9\ X_8\ X_7$	$X_6\ X_5\ X_4\ X_3\ X_2$	X_1
结构2	$X_{13}\ X_{12}\ X_{11}\ X_{10}\ X_9\ X_8\ X_7\ X_6$	$X_5\ X_4\ X_3\ X_2$	X_1
结构3	$X_{13}\ X_{12}\ X_{11}\ X_{10}\ X_9\ X_8\ X_7\ X_6\ X_5$	$X_4\ X_3\ X_2$	X_1

注:$X_i\ (i=1\sim13)$表示从右至左第i位数字代码。

目前,我国使用了表2-3中的前两种结构,当前缀码为690或691时,代码结构为表2-3中的结构1;当前缀码为692时,代码结构为表2-3中的结构2。

② EAN-8条码。

EAN-8条码由8位数字组成,包括前缀码(2位)、商品项目代码(5位)及校验码(1位)。

其中,每一项产品的商品项目代码均需逐一申请个别号码,校验码的计算方式与标准版类似。在中国,凡需使用 EAN-8 条码的产品生产厂家,都需将本企业欲使用 EAN-8 条码的商品目录及其外包装报至中国物品编码中心或其分支机构,由中国物品编码中心统一赋码。

(2) 交叉 25 条码。

交叉 25 条码是一种长度可变的连续型自校验数字式码制,其字符集为数字 0~9。每个条码数据符由规则排列的 5 个条构成,其中有 2 个宽单元、3 个窄单元,宽单元的宽度一般是窄单元的 3 倍。

交叉 25 条码的编码方法是利用条码中条与空的宽窄设置不同,宽单元表示二进制的"1",窄单元表示二进制的"0",当条码字符个数为偶数时,所有奇数位置上的数据以条编码,偶数位置上的数据以空编码。如果个数为奇数,则在数据前补一位 0,以使数据为偶数个数位。图 2.13 为表示"3158"的交叉 25 条码。

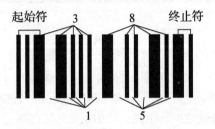

【2-4 拓展知识】

图 2.13 表示"3158"的交叉 25 条码

交叉 25 条码常应用于商品批发、仓库、生产/包装识别、运输及国际航空系统的机票顺序编号等,条码的识读率高,可适用于固定扫描器可靠识读。

(3) 贸易单元 128 条码。

通用商品条码和交叉 25 条码都属于不携带信息的标识码,而如果在物流配送中要将生产日期、有效日期、运输包装序号、重量等重要信息条码化,则需要利用贸易单元 128 条码。

贸易单元 128 条码是一种长度可变的连续型自校验数字式码制。它采用 4 种元素宽度,每个字符包括 3 个条和 3 个空,并且有 11 个模块,又称(11,3)码。与其他一维条码相比,贸易单元 128 条码的结构较为复杂,因此它能支持的字符个数也比其他一维条码的多。表 2-4 为 128 条码的结构。

表 2-4 128 条码的结构

左侧空白区	起始符	数据符	校验符	终止符	右侧空白区
10 个模块	22 个模块	11N 个模块	11 个模块	13 个模块	10 个模块

注:N 表示包括辅助字符的数据符的个数。

目前,EAN-128 条码是贸易单元 128 条码中应用最多的,具有完整性、紧密性、连续性和高可靠性特征。由于 EAN-128 条码可携带大量信息,其应用范围广泛,如制造业的生产流程控制、物流业的仓储管理、车辆调配、医院血液样本的管理、政府对管制药品的控制追踪等。表 2-5 为 EAN-128 条码的内容。

表 2-5　EAN-128 条码的内容

代号	码别	长度	说明
A	应用标识符	2	代表其后的字符内容为运输包装序号
B	包装性能指示码	1	代表无定义的包装指示码
C	前置码与公司码	7	代表 EAN-128 条码的前置码与公司码
D	自行编定的序号	9	由公司指定的序号
E	校验码	1	校验正误
F	应用标识符	3	代表其后的字符为配送邮政编码
G	配送邮政编码	4	代表配送邮政编码

注：A～G 为从左到右的顺序。

2. 应用标准

在物流条码标准体系中，主要的应用标准包括国家标准 GB/T 16828—2021《商品条码 参与方位置编码与条码表示》、国家标准 GB/T 16830—2008《商品条码 储运包装商品编码与条码表示》和国家标准 GB/T 16986—2018《商品条码 应用标识符》(简称条码应用标识符)。下面分别对这些标准进行介绍。

(1) 位置码。

中国物品编码中心根据国际物品编码协会的技术规范《EAN 位置码》，并结合我国的具体情况，制定了国家标准 GB/T 16828—1997《位置码》，2007 年进行第一次修订，发布 GB/T 16828—2007《商品条码 参与方位置编码与条码表示》，2021 年进行第二次修订，发布 GB/T 16828—2021《商品条码 参与方位置编码与条码表示》。位置码是对物理实体、功能实体、法律实体进行识别的代码，具有唯一性、无含义、国际通用等特点，并有严格的定义和结构，主要应用于 EDI 和自动数据采集。

位置码由 13 位数字组成，前 3 位数字是前缀码，由国际物品编码协会分配给各国，其中我国的前缀码为 692，随后的 9 位数字组成位置参考代码，由各国物品编码中心统一分配，我国以 900000000～999999999 为参考代码范围，最后一位是检验代码，具体计算方法随位置码的国家标准不同而有所区别。

当位置码用条码符号表示时，应与位置码应用标识一起使用，条码符号采用贸易单元 28 码制。位置码提供了国际共同认可的标识团体和位置的标准，也逐渐用于标识交货地点和起运地点，成为 EDI 实施的关键。表 2-6 为位置码应用标识。

表 2-6　位置码应用标识

位置码应用标识	说明
410	将货物运往位置码表示的某一地理位置
411	开发票或账单给位置码表示的某一实体
412	从位置码表示的某一实体中订货
414	某一地理位置

(2) 储运单元条码。

中国物品编码中心在遵守国际物品编码协会 FAN 规范总则第二部分《关于储运单元编码与标识的 EAN 规范》的前提下，结合我国的具体情况制定了国家标准 GB/T 16830—1997《储运单元条码》，现行标准为国家标准 GB/T 16830—2008《商品条码 储运包装商品编码与条码表示》，此标准适用于商品储运单元的条码标识。

储运单元条码是专门表示储运单元编码的一种条码，通俗地说就是商品外包装箱上使用的条码标识，它可以在全球范围内唯一地识别某一包装单元的物品，从而做到在物品的运输、配送、订货、收货中方便地追踪、统计，保证数据的准确性和及时性。储运单元一般由消费单元组成的商品包装单元构成。在储运单元条码中，又分为定量储运单元(由定量消费单元组成的储运单元)和变量储运单元(由变量消费单元组成的储运单元)。使用储运单元条码可以使企业方便地实现进、销、存自动化管理，商业批发、零售可以实现物流、配送的自动化，从而大大提高工作效率，降低企业成本。

① 定量储运单元。

定量储运单元是指内容预先确定的、规则数量商品的储运单元。当大件商品的储运单元同时也是消费单元时，其代码就是通用商品代码；当定量储运单元内容有不同种的定量消费单元时，给储运单元分配一个区别于消费单元的 13 位数字代码，条码标识可用 EAN-13 条码，也可用 14 位交叉 25 条码(即 ITF-14)；含有相同种类定量消费单元的定量储运单元，既可给每一定量储运单元分配一个区别于它所包含的消费单元代码的 13 位数字代码，也可用 14 位数字编码，见表 2-7。

表 2-7 定量储运单元结构

定量储运单元包装指示符	定量消费单元代码	校验符
V	XXXXXXXXXXXX	C

注：V 用于指定定量储运单元的不同包装。

② 变量储运单元。

变量储运单元是指按基本计量单位计价的商品的储运单元。其编码是由 14 位数字的主代码和 6 位数字的附加代码组成的，都用交叉 25 条码标识。附加代码是指包含在变量储运单元内按确定的基本计量单位计量取得的商品数量。表 2-8 为变量储运单元结构。

表 2-8 变量储运单元结构

主代码			附加代码	
变量储运单元包装指示符	厂商识别代码与商品项目代码	校验符	商品数量	校验符
L	XXXXXXXXXXXX	C_1	QQQQQ	C_2

注：当 L 取值 9 时表示主代码后有附加代码，厂商识别代码由中国物品编码中心统一分配。

运输和仓储是物流过程的重要环节，GB/T 16830—2008 起到对货物储运过程中物流条码的规范作用，在实际应用中具有标识货运单元的功能，是物流条码标准体系中重要的应用标准。

(3) 应用标识符。

中国物品编码中心根据 EAN 与 UCC 共同制定的《UCC/EAN 应用标识符标准规范》

和我国的实际需要制定了国家标准 GB/T 16986—2009《条码应用标识符》，并在 2018 年进行了修订，现行标准为 GB/T 16986—2018《商品条码 应用标识符》。条码应用标识符是商品统一条码有益和必要的补充，填补了其他 UCC/EAN 标准遗留的空白。它不仅仅是一个标准，更是一种信息交换的工具，将物流和信息流有机地结合起来，成为连接条码与 EDI 的纽带。

条码应用标识符是指一组由条码标识的数据，用来表示贸易单元的相关信息，由数据和应用标识符两部分组成，通常不包括校验符。应用标识符由 2~4 个数字组成，用来定义条码数据域，不同的应用标识符用来唯一标识其后数据域的含义及格式。使用应用标识符后，在一个条码符号中可以标识很多不同内容的数据元素，不需要将不同的数据域相互隔离，既节省了空间，又为计算机的数据处理创造了条件。

条码应用标识符是一个开放的、可根据用户的要求随时定义新的应用标识符。条码应用标识符用贸易单元 128 条码码制来表示，多个应用标识共同使用，可以用统一条码符号来表示。当前一个应用标识是一个定长的数据时，应用标识直接连接；当前一个应用标识是可变长度的数据时，必须加 FNCI 分割，但编码数据符的最大数量为 48，包括空白区在内的条码长度不能超过 16.5cm。

3. 产品包装标准

使用物流条码后，物流过程中的数据可以实现共享，通过物流条码数据的采集和反馈可以提高物流系统的经济效益。但要想更好地实现这一目标，在物流条码标准体系中还应该在包装方面制定一些标准，保证物流条码能够快速、准确地被识别。目前虽然有了一些国家标准作为物流条码的保证，但仍然不够，物流条码体系还有待进一步完善。

为了便于运输、仓储，对物流单元一般采用集装包、集装箱或托盘形式。物流单元相对消费单元来说，具有体积大、选材坚硬、表面粗糙等特点，因此物流条码的选择应该符合物流单元包装的特点，选择适当的位置以便于识读，产品包装标准体系应体现以下几项原则。

(1) 贸易单元 128 条码一般平行地放在主代码的右侧，在留有空白区的条件下，尽可能缩小符号间的距离。如果不能满足上述要求，应明显地印在与主代码关联的位置上，且两者方向一致。

(2) 箱式包装一般应把物流条码置于包装箱的侧面，条码符号下边缘距印刷面下边缘的最小距离为 32cm，条码符号保护框外边缘距垂直边的最小距离为 19cm。

(3) 集装箱托盘的条码符号的底边应距托盘上表面 45cm，垂直于底边的侧边不小于 50cm。

(4) 贸易单元 128 条码符号最小方法系数的选择取决于印刷质量，并且由印刷扩展的变化或允许误差来决定。当贸易单元 128 条码作为 UPC 条码或交叉 25 条码的补充条码时，实际放大系数的选择必须考虑 UPC 条码或交叉 25 条码的尺寸。一般原则是：贸易单元 128 条码的模块宽度不能小于主代码最窄宽度的 75%。

对于不同码制的代码，在国家标准中都有具体的要求，来保证条码符号的质量。我国已经制定了国家标准 GB/T 14257—2009《商品条码 符号放置指南》和国家标准 GB/T 14258—2003《信息技术 自动识别与数据采集技术条码符号印制质量的检验》，可以作为物流条码标准体系的引用标准。

2.2.3 物流条码的识读

前面章节对物流条码的概念和标准等进行了阐述,下面介绍物流条码的识读原理、识读系统的组成及在现实中如何对相关的扫描设备进行选择。

1. 物流条码的识读原理

条码识读的原理为:首先由扫描器光源发出的光通过光系统照射到条码上;其次条码符号反射的光经过光系统成像在光电转换器上;再次光电转换器接收光信号,产生一个与扫描点处光强度成正比的模拟电压,模拟电压通过整形,转换成矩形波;最后译码器将矩形波所表示的二进制脉冲信号解释成计算机可直接采集的数字信号。

2. 物流条码识读系统的组成

条码符号是图形化的编码符号,对其识读需要借助一定的专用设备,从而将条码符号中的编码信息转换成计算机可识别的数字信息。从系统结构和功能上讲,条码识读系统由扫描系统、信号整形、译码等部分组成,如图 2.14 所示。

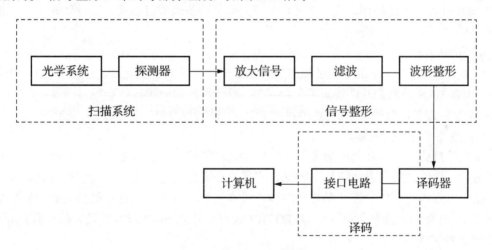

图 2.14　条码识读系统的构成

扫描系统由光学系统及探测器,即光电转换器件组成,它完成对条码符号的光学扫描,并通过光电转换器,将条码图案的光信号转换成电信号。条码扫描系统可采取不同光源、扫描形式、光路设计实现其功能。

信号整形部分由信号放大、滤波、波形整形组成,它的功能在于将条码的光电扫描信号处理成为标准电位的矩形波信号,其高低电平的宽度和条码符号的条空尺寸相对应。各种条码扫描设备都有自己的条码信号处理方法,随着条码扫描设备的发展,判断条码符号条空边界的信号整形方法日趋科学、合理和准确。

译码部分由计算机方面的软硬件组成,它的功能是对得到的条码矩形波信号进行译码,并将结果输出到条码应用系统的数据采集终端。各种条码符号的标准译码算法来自各个条码符号的标准,不同的扫描方式对译码器的性能要求也不同。

3. 扫描设备的选择

【2-5 拓展知识】

由于商业 POS 系统能给企业管理带来巨大效益，国内各大商场、连锁店等纷纷建立商业 POS 网络系统。本书将主要讲述作为商业 POS 系统前端数据采集部分的商业条码扫描设备如何选择。

常见的商业条码扫描设备主要有电荷耦合元件(Charge-Coupled Device, CCD)扫描器、激光手持式扫描器和全角度激光扫描器。

(1) CCD 扫描器。

CCD 扫描器是利用光电耦合原理，对条码印刷图案进行成像，然后再译码。采用发光二极体的泛光源照明整个条码，再透过平面镜与光栅将条码符号映射到由光电二极体组成的探测器阵列上，经探测器完成光电转换，再由电路系统对探测器阵列中的每一光电二极体依次采集信号，辨识出条码符号，完成扫描。它具有无转轴、使用寿命长和价格便宜的优势。

选择 CCD 扫描器时，主要参考以下 2 个指标。

① 景深。

因为 CCD 的成像原理类似于照相机，如果加大景深，则要相应地加大透镜，从而使 CCD 体积过大，不便操作。优秀的 CCD 应无须紧贴条码即可识读，而且体积适中，操作舒适。

② 分辨率。

假如要提高 CCD 分辨率，必须增加成像处光敏元件的单位元素。低价 CCD 一般是 5 像素，识读 EAN 条码、UPC 条码等已经足够，对于别的码制识读就会困难一些。中档 CCD 以 1024 像素为多，有些甚至达到 2048 像素，能分辨最窄单位元素为 0.1 毫米的条码。

(2) 激光手持式扫描器。

激光手持式扫描器是利用激光二极管作为光源的单线式扫描器，它主要有转镜式和颤镜式两种。转镜式的代表品牌是 SP400，它是采用高速马达带动一个棱镜组旋转，使二极管发出的单点激光变成一线。颤镜式的制作成本低于转镜式，但这种类型的激光枪扫描速度不高，一般为 33 次/秒。个别型号，如 POTICON 可以达到 100 次/秒，其代表品牌有 Symbol、PSC 和 POTICON。

企业在选择激光扫描器时，最重要的是注意扫描速度和分辨率，而景深并不是关键因素。因为当景深加大时，分辨率会大大降低。优秀的手持激光扫描器应当是高扫描速度，并且在固定景深范围内具有很高的分辨率。

(3) 全角度激光扫描器。

全角度激光扫描器是通过光学系统使激光二极管发出的激光折射或多条扫描线的条码扫描器，主要目的是减少收款人员录入条码数据时对准条码的劳动。选择时应着重注意其扫描：在一个方向上有多条平行线，在某一点上有多条扫描线通过，在一定的空间范围内各点的解读概率趋于一致。符合以上 3 点的全角度扫描器则是企业的首选。

【2-6 拓展知识】

不同的应用场合对扫描设备有不同的要求，需要根据实际情况选择扫描设备，以达到最佳的应用效果。在选择扫描设备时，应考虑是否与条码符号相匹配、首读率、工作空间、接口要求和性价比等方面。

2.3 二维条码技术

近年来,二维条码技术由于具有储存数据容量大和保密性高等优点,得到了广泛的应用,因此本节将对二维条码技术进行介绍,包括二维条码的结构、常见的二维条码,以及二维条码的发展和应用。

2.3.1 二维条码概述

二维条码是在一维条码不能满足大容量信息存储的情况下发展起来的,下面将对其相关的概念、特点和分类进行介绍。

1. 二维条码的概念

二维条码是用某种特定的几何图形按一定规律在水平和垂直方向的二维空间上分布的黑白相间的图形记录数据符号信息的。二维条码在代码编制上巧妙地利用构成计算机内部逻辑基础的"0""1"比特流的概念,使用若干个与二进制相对应的几何形体来表示文字数值信息,通过图像输入设备或光电扫描设备自动识读以实现信息自动处理。

二维条码能够在横向和纵向两个方位同时表达信息,因此能在很小的面积内表达大量的信息,信息容量接近 2000B,通过压缩技术能将凡是可以数字化的信息,包括字符、照片、指纹、声音等进行编码,在远离数据库和不便联网的地方实现信息的携带、传递和防伪。

二维条码具有条码技术的一些共性,如每种码制有其特定的字符集,每个字符占有一定的宽度,并且具有一定的校验功能等。二维条码还具有对不同行的信息自动识别功能及处理图形旋转变化等特点。在目前几十种二维条码中,常用的码制有:Data Matrix、Maxi Code、Aztec、QR 条码、PDF417 条码、49 条码和 16K 条码等,QR 条码是 1994 年由日本 Denso 公司发明的。QR 来自英文"Quick Response"的缩写,即快速反应的意思,源自发明者希望 QR 条码可让其内容快速被解读。QR 条码常见于日本、韩国,并且是目前日本最流行的二维条码。

二维条码和一维条码都是表示、携带和识读信息的手段,但二维条码具有信息容量大、安全性高、读取率高和纠错能力强等特性,这些都是一维条码所不具备的。具体来说,二维条码和一维条码的区别见表 2-9。

表 2-9 二维条码和一维条码的区别

条码类型	信息密度	信息容量	安全性	垂直方向是否携带信息	主要用途	对数据库和通信网络的依赖
一维条码	低	小	可通过校验符校验错误,但不能自动纠错	否	识别物品	多数场合依赖
二维条码	高	大	具有错误校验和纠错能力,能设置不同的纠错级别	是	描述物品	可单独使用

2. 二维条码的特点

二维条码的主要特点是二维条码符号在水平和垂直方向均表示数据信息。它除了具有一维条码的优点外，同时还拥有信息容量大，可靠性强，可表示汉字及图像等多种信息，保密、防伪性强等优点。二维条码的特点如下。

(1) 信息容量大。

根据不同的条空比例，每平方英寸可以容纳 250 个到 1100 个字符。在国际标准的证卡有效面积上(相当于信用卡面积的 2/3，约为 76 毫米×25 毫米)，二维条码可以容纳 1848 个字母字符或 2729 个数字字符，约 500 个汉字信息。这种二维条码比普通条码信息容量高几十倍。

(2) 编码范围广。

二维条码可以将照片、指纹、掌纹、签字、声音、文字等可数字化的信息进行编码。

(3) 保密、防伪性强。

二维条码具有多重防伪特性，它可以采用密码防伪、软件加密及利用所包含的信息如指纹、照片等进行防伪，因此具有极强的保密防伪性能。

(4) 译码可靠性高。

普通条码的译码错误率约为百万分之二，而二维条码的误码率不超过千万分之一，译码可靠性极高。

(5) 修正错误能力强。

二维条码采用了世界上最先进的数学纠错理论，如果破损面积不超过 50%，条码由于玷污、破损等所丢失的信息，可以照常破译出丢失的信息。

(6) 容易制作且成本很低。

利用现有的点阵、激光、喷墨、热敏/热转印、制卡机等打印技术，即可在纸张、卡片、PVC，甚至金属表面上印出二维条码。由此所增加的费用仅是油墨的成本，因此人们又称二维条码是"零成本"技术。

(7) 条码符号的形状可变。

同样的信息量，二维条码的形状可以根据载体面积及美工设计等进行自我调整。

由于二维条码具有成本低，信息可随载体移动，不依赖于数据库和计算机网络、保密防伪性能强等优点，结合我国人口多、底子薄、计算机网络投入资金难度较大，对证件的防伪措施要求较高等特点，二维条码在我国极有推广价值。

3. 二维条码的分类

与一维条码一样，二维条码也有许多不同的编码方法，或称码制。就这些码制的编码原理而言，通常可以分为以下 2 种类型。

(1) 行排式二维条码。

行排式二维条码(又称堆积式二维条码或层排式二维条码)，其编码原理是建立在一维条码基础之上，按需要堆积成二行或多行。它在编码设计、校验原理、识读方式等方面继承了一维条码的一些特点，扫描设备与条码印刷与一维条码技术兼容。但由于行数的增加，需要对行进行判定，其译码算法与软件也不完全相同于一维条码。有代表性的行排式二维条码有 16K 条码、49 条码、PDF417 条码等。

(2) 矩阵式二维条码。

矩阵式二维条码(又称棋盘式二维条码)是在一个矩形空间通过黑、白像素在矩阵中的不同分布进行编码的。在矩阵相应元素位置上，用点(方点、圆点或其他形状)的出现表示二进制"1"，点的不出现表示二进制"0"，点的排列组合确定了矩阵式二维条码所代表的意义。矩阵式二维条码是建立在计算机图像处理技术、组合编码原理等基础上的一种新型图形符号自动识读处理码制。具有代表性的矩阵式二维条码有 Code One、Maxi Code、QR 条码、Data Matrix 等。

【2-7 拓展知识】

2.3.2 PDF417 条码

PDF417 条码是由美国 Symbol 公司发明的，如图 2.11(d)所示。PDF 是取英文 Portable Data File 三个单词的首字母的缩写，意为"便携数据文件"。因为组成条码的每一符号字符都是由 4 个条和 4 个空构成，如果将组成条码的最窄条或空称为一个模块，则上述的 4 个条和 4 个空的总模块数一定为 17，所以称 417 码或 PDF417 条码。PDF417 条码是一种多层、可变长度、具有高容错和纠错能力的二维条码。每一个 PDF417 条码符号可以表示 1100 个字节，或 1800 个 ASCII 字符或 2700 个数字的信息。

1. 常见名词解释

(1) 层与符号字符(Row and Symbol Character)：每一个 PDF417 条码符号均由多层堆积而成，其层数为 3~90。PDF417 条码的码字集包含 929 个码字。

(2) 簇(Cluster)：PDF417 条码的字符集可分为三个相互独立的子集，即三个簇。

(3) 错误纠正码词(Error Correction Code Word)：PDF417 条码的纠错等级分为 9 级，级别越高，纠正能力越强。由于这种纠错功能，使得污损的 PDF417 条码也可以被正确识读。

(4) 数据组合模式(Data Compaction Mode)：PDF417 条码提供了三种数据组合模式，每一种模式定义一种数据序列与码词序列之间的转换方法。三种模式为文本组合模式(Text Compaction Mode)、字节组合模式(Byte Compaction Mode)、数字组合模式(Numeric Compaction Mode)。

(5) 全球标签标识符(Global Label Identifier，GLI)：一个 GLI 是一个特殊的符号字符，它可激活一组解释，GLI 的应用使 PDF417 条码可以表示国际语言集，以及工业或用户定义的字符集。

(6) 宏 PDF417 条码：这种机制可以把一个 PDF417 条码符号无法表示的大文件分成多个 PDF417 条码符号来表示。宏 PDF417 条码包含了一些附加控制信息来支持文件的分块表示，译码器利用这些信息来正确组合和检查所表示的文件，不必担心符号的识读次序。

2. PDF417 条码的结构

每一个 PDF417 条码符号由空白区包围的一系列层组成。每一层包括左空白区、起始符、左层指示符号字符、1~30 个数据符号字符、右层指示符号字符、终止符和右空白区。

每一个符号字符包括4个条和4个空,每一个条或空由1~6个模块组成。在一个符号字符中,4个条和4个空的总模块数为17,如图2.15所示。

图 2.15 PDF417 条码结构图

3. PDF417 条码的特点

在相对理想的环境中,不可能损坏条码标签,故可利用截短 PDF417 条码符号。这种压缩版本减少了非数据符的数量,但以降低其坚固性、抗噪声、损伤、污染等能力为代价。截短 PDF417 条码与普通 PDF417 条码完全兼容。表 2-10 为 PDF417 条码的特点。

表 2-10 PDF417 条码的特点

项 目	特 点
可编码字符集	ASCII 字符或 8 位二进制数据,可表示汉字
类型	连续、多层
符号尺寸	可变,高度 3~90 行,宽度 90~583 个模块
错误纠正码词数	2~512 个
最大数据容量	1850 个文本字符或 2710 个数字或 1108 个字节
附加属性	可选择纠错级别、可跨行扫描、宏 PDF417 条码和全球标记标识符等

PDF417 条码最大的优势在于其庞大的数据容量和极强的纠错能力。由于 PDF417 条码的容量较大,除了可将人的姓名、单位、地址、电话等基本资料进行编码外,还可将人体的特征如指纹、视网膜及照片等个人记录存储在条码中,这样不但可以实现证件资料的自动输入,而且可以防止证件的伪造,减少犯罪。PDF417 条码已在美国、加拿大、新西兰的交通部门的执照年审、车辆违规登记、罚款及定期检验中得到应用。美国还将 PDF417 条码应用在身份证、驾照、军人证上。此外,墨西哥也将 PDF417 条码应用在报关单据与证件上,从而防止了伪造及犯罪。另外,PDF417 条码是一个公开码,任何人皆可用其演算法而不必付费,目前我国已制定了相关的国家标准 GB/T 17172—1997《四一七 条码》。

2.3.3 QR 条码

QR 条码是由 Denso 公司于 1994 年 9 月研制的一种矩阵二维条码符号,它具有一维条码及其他二维条码所具有的信息容量大、可靠性高、可表示汉字及图像多种文字信息、保密防伪性强等优点。

1. QR 条码的结构

QR 条码由正方形模块组成的一个正方形阵列构成,由编码区域和功能区域组成,功能区域不用于数据编码,符号的周围为空白区。图 2.16 为 QR 条码结构图。

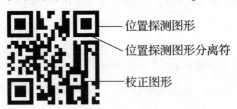

【2-8 拓展视频】

图 2.16　QR 条码结构图

QR 条码的符号共有 40 种规格,分别为版本 1、版本 2、……、版本 40。版本 1 的规格为 21 模块×21 模块,版本 2 为 25 模块×25 模块,以此类推,每一版本符号比前一版本每边增加 4 个模块,直到版本 40,规格为 177 模块×177 模块。QR 条码呈正方形,只有黑白两色。位于符号的左上角、右上角和左下角,印有较小、像"回"字的正方图案。这 3 个图案是位置探测图形,能够帮助解码软件定位,使用者不需要对准,无论以任何角度扫描,资料仍可正确被读取。

2. QR 条码的特点

QR 条码的主要特点见表 2-11。

表 2-11　QR 条码的主要特点

项　　目	特　　点
数据类型与容量	数字数据:7089 个; 或字母数据:4296 个; 或 8 位字节数据:2953 个; 或汉字数据:1817 个
数据表示方法	深色模块表示二进制"1",浅色模块表示二进制"0"
纠错能力	L 级:约可纠错 7%的数据码字; M 级:约可纠错 15%的数据码字; Q 级:约可纠错 25%的数据码字; H 级:约可纠错 30%的数据码字
结构链接(可选)	可用 1~16 个 QR 条码符号表示一组信息,每一符号表示 100 个字符的信息
掩模(固有)	可以使符号中深色与浅色模块的比例接近 1:1,使因相邻模块的排列造成译码困难的可能性降为最小
扩充解释(可选)	这种方式使符号可以表示缺省字符集以外的数据(如阿拉伯字符、古斯拉夫字符、希腊字母等)和其他解释(如用一定的压缩方式表示的数据),可根据行业特点进行编码
独立定位功能	QR 条码可高效地表示汉字,相同内容,其尺寸小于相同密度的 PDF417 条码。目前市场上的大部分条码打印机都支持 QR 条码,其专有的汉字模式更加适合我国应用,有良好的应用前景

QR 条码如今被越来越广泛地应用于电子票务领域，如电影票、电子优惠券、电子会员卡等给人们的日常生活带来无数便利。在国外电子机票登记已经普及了，我国也在推广电子机票。电子票务一般是通过短信方式发送一张包含相关信息的二维条码(我国一般是 QR 条码)图片到用户手机，使用时用户只需在指定地点的二维条码识别终端上扫描一下，相关信息便被读取出来，十分方便。目前使用比较广泛的电子票务二维条码识别终端是上海夏浪科技的 SL-QC15S，春秋航空、海南航空已将此设备运用于其票务系统中。此外，新版车票采用 QR 条码作为防伪措施，取代了以前的一维条码。浙江省杭州市及河北省石家庄市的公交公司已在站台和车上，使用 QR 条码为市民提供公交的线路信息。

2.3.4 二维条码的发展和应用

二维条码是在一维条码无法满足实际应用需求的前提下产生的，下面将从国内外两个方面来对二维条码的发展进行阐述。

1. 二维条码的发展

(1) 国外的发展。

① 在二维条码的符号表示技术研究方面，已研制出多种码制，常见的有 PDF417 条码、QR 条码、49 条码、16K 条码等。这些二维条码的信息密度都比传统的一维条码有了较大提高，如 PDF417 条码的信息密度是一维条码 39 条码的 20 多倍。

② 在二维条码标准化研究方面，国际自动识别制造商协会、美国标准化协会已完成了 PDF417 条码、QR 条码、49 条码、16K 条码、Code One 等码制的符号标准。国际标准技术委员会和国际电工委员会还成立了条码自动识别技术委员会(ISO/IEC/JTC1/SC31)，已制定了 QR 条码的国际标准(ISO/IEC 18004：2000《自动识别与数据采集技术—条码符号技术规范—QR 条码》)，起草了 PDF417 条码、16K 条码、Data Matrix、Maxi Code 等二维条码的 ISO/IEC 标准草案。

③ 在二维条码设备开发研制、生产方面，美国、日本等国的设备制造商生产的扫描设备、符号生成设备，已广泛应用于各类的二维条码应用系统。

二维条码作为一种全新的信息存储、传递和识别技术，自诞生之日起就得到了世界上许多国家的关注。美国、德国、日本等国家，不仅已将二维条码技术应用于公安、外交、军事等部门对各类证件的管理，而且也将二维条码应用于海关、税务等部门对各类报表和票据的管理、商业、交通运输等部门对商品及货物运输的管理、邮政部门对邮政包裹的管理，以及工业生产领域对工业生产线的自动化管理。

(2) 国内的发展。

我国对二维条码技术的研究开始于 1993 年，中国物品编码中心对几种常用的二维条码(如 PDF417 条码、QR 条码、Data Matrix、Maxi Code、49 条码、16K 条码、Code One 等)的技术规范进行了翻译和跟踪研究。随着我国市场经济的不断完善和信息技术的迅速发展，国内对二维条码这一新技术的需求与日俱增。中国物品编码中心在原国家质量技术监督局和国家有关部门的大力支持下，对二维条码技术的研究不断深入。2006 年，在国外相关技术资料的基础上，制定了 2 个二维条码的国家标准：《二维条码 网格矩阵码》(SJ/T

11349—2006)和《二维条码 紧密矩阵码》(SJ/T 11350—2006)，从而大大促进了我国具有自主知识产权技术的二维条码的研发。

2021年8月27日，国际标准化组织(ISO)和国际电工协会(IEC)正式发布汉信码ISO/IEC国际标准——ISO/IEC 20830:2021《信息技术 自动识别与数据采集技术 汉信码条码符号规范》。该国际标准是中国提出并主导制定的第一个二维条码码制国际标准，是我国自动识别与数据采集技术发展的重大突破，填补了我国国际标准制修订领域的空白，彻底解决了我国二维条码技术"卡脖子"的难题。

汉信码由中国物品编码中心牵头自主研制，是拥有完全自主知识产权的二维条码码制，具有知识产权免费、支持任意语言编码、汉字信息编码能力超强、极强抗污损、抗畸变识读能力、识读速度快、信息密度高、信息容量大、纠错能力强等突出特点，达到国际领先水平。汉信码实现了我国二维条码底层技术的后来居上，可在我国多个领域实现规模化应用，为我国应用二维条码技术提供了可靠的核心技术支撑。

【2-9 拓展知识】

汉信码 ISO/IEC 国际标准的发布，是我国自动识别与数据采集技术领域自主创新的重要里程碑，是"国家标准走出去"战略的成功典范，大大提升了我国在国际二维条码技术领域中的话语权。

2. 二维条码的应用

二维条码具有储存量大、保密性高、追踪性高、抗损性强、备援性大、成本便宜等特性，这些特性特别适用于表单、保密、追踪、证照、盘点、备援等方面。

(1) 表单应用：公文表单、商业表单、进出口报单、舱单等资料的传送交换，减少人工重复输入表单资料，避免人为错误，降低人力成本。

(2) 保密应用：商业情报、经济情报、政治情报、军事情报、私人情报等机密资料的加密及传递。

(3) 追踪应用：公文自动追踪、生产线零件自动追踪、客户服务自动追踪、邮购运送自动追踪、维修记录自动追踪、危险物品自动追踪、后勤补给自动追踪、医疗体检自动追踪，以及生态研究(动物等)自动追踪等。

(4) 证照应用：护照、身份证、挂号证、驾照、会员证、识别证、连锁店会员证等证照之资料登记及自动输入，发挥"随到随读""立即取用"的资讯管理效果。

(5) 盘点应用：物流中心、仓储中心、联勤中心的货品及固定资产的自动盘点，发挥"立即盘点、立即决策"的效果。

(6) 备援应用：文件表单的资料若不愿或不能以磁碟、光碟等电子媒体储存备援时，可利用二维条码来储存备援，携带方便，不怕折叠，保存时间长，又可影印传真。

二维条码已经开始进入各行各业中，并且发挥了极其重要的作用。在数据采集、数据传递方面，二维条码具有独特的优势。首先，二维条码存储容量多达上千字节，可以有效地存储货品的信息资料；其次，由于二维条码采用了先进的纠错算法，在部分损毁的情况下，仍然可以还原出完整的原始信息，所以应用二维条码技术存储传递采集货品的信息具有安全、可靠、快速和便捷的特点。

在供应链中采用二维条码作为信息的载体，不仅可以有效避免人工输入可能出现的失误，大大提高入库、出库、制单、验货、盘点的效率，而且兼有配送识别、服务识别等功能，还可以在不便联网的情况下实现脱机管理。

2.4 条码技术在物流领域的应用

随着物流信息化建设的发展，条码在物流领域中的应用也逐步显现。具体来看，作为物流管理的工具，条码技术的应用主要集中在生产、运输、仓储和配送等环节，本节将对条码技术在这些环节中的应用进行介绍。

【2-10 拓展视频】

2.4.1 条码技术在生产管理中的应用

在生产产品的车间内，应用条码技术实现对生产作业过程中产生的大量的实时数据的自动化快速收集，并对实时事件及时处理。同时又与计划层保持双向通信能力，从计划层接收相应数据并反馈处理结果和生产指令。生产管理条码解决方案有效解决制造企业对生产现场作业管理的难题，使企业更轻松地管理生产数据，实现对生产控制、产品质量追溯，以及后续的库存及销售追踪的有效管理。采用条码技术，可方便地获取订单在某条生产线上的生产工艺路线及所需物料。同时通过数据采集可对单个部件、整个部件、半成品等处于不同状态的商品进行跟踪，达到生产实时监控。

在生产流水线的每个关键点上，配置条码阅读器，工人在流水线上先扫描自己的工号，记录在本工位上的开始时间，扫描PCB板上的条码，记录开始工作的时间，扫描在本工位上要安装的配件号码，并输入生产数据；完成后输入完成时间，将该产品传送到下一个工位，直到完成产品的组装。在产品组装完成后，按照PCB板上的条码，打印整机、包装箱条码，将完成包装的产品送到仓库。通过条码的扫描，将整个产品生产过程中的信息输入计算机，将信息进行汇总，时刻监测产品的动态，以便对生产过程中发现的问题进行有效及时的处理，避免劣质产品流入市场，造成消费者及生产商的损失，提高了产品的质量。

2.4.2 条码技术在运输管理中的应用

在过去很长的一段时间，我国的运输包括铁路和邮政等都比较落后，主要的作业方式依然是落后的手工作业。但是随着近几年计算机技术、条码技术和网络技术的快速发展使得我国的传统作业方式正在被越来越多的科学技术和管理方式所取代。运输在物流中的概念不能仅仅理解为把产品送达到客户的在途过程，而是理解为一个从供应端到需求端的物流循环中，每一个环节到下一个环节上所发生的物质、信息的转移，都要有数据记录。因此，条码技术在运输过程起着非常重要的作用。

在货物运输过程中，作业的基本过程是承运、运输和交付，其他还包括装卸、保管、查询和赔付等。在货物运输作业中，货流和信息流的产生，两者发生一对一的对应吻合时，例如在货物发生装卸、交接时，条码将发挥着重要作用。随着条码技术的不断发展，条码在包裹、货物运输上扮演了越来越重要的角色，特别是近几年来，许多国家的运输公司纷纷采用一维条码和二维条码(PDF417条码或者QR条码)相结合的标签，来实现货物运输中的条码跟踪和信息传递。

条码技术在运输管理中的应用如下所述。

(1) 送货卡车到达后，叉车司机在卸车的时候用手持式扫描器识别所卸的货物，条码信息通过无线数据通信技术传给计算机，计算机向叉车司机发出作业指令，显示在叉车的移动式终端上，或者把货物送到某个库位存放，或者直接把货物送到拣货区或出库站台。

(2) 在收货站台和仓库之间一般都有运输机系统，叉车把货物放到输送机上后，输送机上的固定式扫描器识别货物上的条码，计算机确定该货物的存放位置。输送机沿线的转载装置根据计算机的指令把货物转载到指定的巷道内，巷道堆垛机随即把货物送到指定的库位。

(3) 出库时，巷道堆垛机取出指定的托盘，由运输机系统送到出库台，叉车到出库台取货。先用手持式扫描器识别货物上的条码，计算机随即向叉车司机提出作业指令，或者把货物直接送到出库站台，或者为拣货区补充货源。

(4) 拣货区有多种布置形式，如普通重力式货架，水平循环式货架，垂直循环货架等。拣货员在手持式终端上输入订单号，计算机通过货架上的指示灯指出需要拣货的位置，拣货员用手持式扫描器识别货品上的条码，计算机确认无误后，在货架上显示出拣选的数量。

(5) 拣出的货品放入货盘内，连同订单一起运到包装区。包装工人进行检验和包装后，将实时打印的包含发运信息的条码贴在包装箱上。包装箱在通过分拣机时，根据扫描器识别的条码信息被自动拨到相应的发运线上。

2.4.3 条码技术在仓储管理中的应用

一般仓库管理只能完成仓库运输差错处理(根据人机交互输入信息)，而条码仓库管理根据采集信息，建立仓库运输信息，直接处理实际运输差错。除此之外，采集货物单件信息，处理采集数据，建立仓库的入库、出库、移库和盘库数据，这样使仓库操作完成得更加准确。同时能够根据采集单件信息为仓库货物出库提供库位信息，及时发现出入库的货物单件差错(入库重号，出库无货)，并且提供差错处理，使仓库货物库存更加准确。

在仓储管理的货物扫描通道中，条码起着十分重要的作用。例如，美国的联邦快递每天要处理大约 1700 万件包裹，其中 700 万件是要在 1~3 天送达，这些包裹的数量还在不断增长，输送机系统变得更复杂，速度比以往更快。包裹运输公司不能像制造厂家那样决定条码位置，它可以指定一种码制，但不能规定条码的位置，因为包裹在传送带上的方向是随机的，并且以 3m/s 的速度运动。为了保证快件及时送达，不可能采用降低处理速度的办法。面临的问题不是如何保持包裹的方向使条码对着扫描器，而是如何准确地阅读这些随机摆放的包裹上的条码。该问题的解决办法就是货物扫描通道。

与机场的通道类似，货物扫描通道也是由一组扫描器组成。全方位扫描器能够从所有的方向上识读条码。这些扫描器可以识读任意方向、任意面上的条码，无论包裹有多大，无论运输机的速度有多快，无论包裹间的距离有多小。所有的扫描器一起运作，决定当前哪些条码需要识读，然后把一个个信息传送给主计算机或控制系统。

货物扫描通道为进一步采集包裹数据提供了极好的机会。新一代的货物通道能够以很高的速度同时采集包裹上的条码标识符、实际的包裹尺寸和包裹的重量信息，并且这个过程不需要人工干预。因为包裹投递服务是按尺寸和重量收费的，这些信息对计算营业额十分重要。现在可以准确高效地获取这些信息，以满足用户的需要。

2.4.4 条码技术在配送管理中的应用

【2-11 拓展视频】

在传统的物流作业中,分拣、配货要占去大量的劳动力,且容易发生差错。在分拣、配货中应用条码,能使拣货迅速、正确,并提高生产率。条码配合计算机应用于物流管理中,提高了物流作业自动化水平,提高了劳动质量。条码技术在配送管理中的应用如下所述。

(1) 总部或配送中心在接到客户的订单后,将订货单汇总,并分批发出印有条码的拣货标签。该条码含有要将商品发送到哪一个连锁店的信息。分拣人员根据计算机打印出的拣货单,在仓库中进行拣货,并在商品上贴上拣货标签(在商品上已有包含商品基本信息的条码标签)。

(2) 将拣出的商品运到自动分类机,放置在感应输送机上。激光扫描器对商品上的 2 个条码自动识别,检验拣货有无差错。如无差错,商品即分岔流向按分店分类的滑槽中。然后将不同分店的商品装入不同的货箱中,并在货箱上贴上印有条码的送货地址卡,这种条码包含有商品到达区域的信息。再将货箱送至自动分类机,在自动分类机的感应分类机上,激光扫描器对货箱上贴有的条码进行扫描,然后将货箱输送到不同的发货区。当发现拣货有错时,商品会流入特定的滑槽内。

(3) 将分拣后的商品装载到货车上之前,用手持式扫描器识读标签上的通用商品条码,并将信息发送给主计算机进行检验,防止不同店铺的商品误出库或缺货的现象发生。

条码配合计算机应用于物流管理中,大大提高了物流作业自动化水平,提高了劳动生产率,提高了劳动质量。

本 章 小 结

条码是一种信息代码,由两侧空白区、起始/终止符、数据符、中间分割符和校验符组成,可以根据不同的分类标准对条码进行分类。物流条码作为一种特殊的条码,贯穿于整个贸易过程,物流条码扫描设备的选取,需要根据一定的指标或原则。二维条码是在一维条码不能满足大容量信息存储的情况下发展起来的,典型的二维条码有 PDF417 条码和 QR 条码。条码技术由于能提高数据采集和传递的速度,在物流领域中有着广泛的应用。

关键术语

(1) 条码　　　　(2) 一维条码　　　(3) 二维条码　　　(4) 条码识别技术
(5) UPC 条码　　(6) EAN 条码　　　(7) PDF417 条码　 (8) QR 条码

习　题

1. 选择题

(1) 在中国,EAN/UCC-13 条码的厂商识别代码由(　　)位数字组成,由中国物品编码中心负责分配和管理。

  A．4～6　　　　　　　　　　　B．7～9

  C．8～10　　　　　　　　　　 D．9～11

(2) 条码符号本身没有中间分隔符的商品条码是哪一个条码？（　　）

  A．UPC-E 条码　　　　　　　　B．EAN-13 条码

  C．EAN-8 条码　　　　　　　　D．UPC-A 条码

(3) 条、空的(　　)颜色搭配可获得最大对比度，所以是最安全的条码符号颜色设计。

  A．红白　　　　　　　　　　　B．蓝白

  C．蓝黑　　　　　　　　　　　D．黑白

(4) 由 4 位数字组成的商品项目代码可标识(　　)种商品。

  A．1000　　　　　　　　　　　B．10000

  C．100000　　　　　　　　　　 D．1000000

(5) 贸易项目中非常小的零售商品，不需要附加信息，最好选用 UPC-E 条码或(　　)来表示。

  A．EAN-13 条码　　　　　　　　B．EAN-8 条码

  C．ITF-14 条码　　　　　　　　D．UCC/EAN-128 条码

(6) 以下具有自校验功能的条码是(　　)。

  A．EAN 条码　　　　　　　　　B．交叉 25 条码

  C．UPC 条码　　　　　　　　　D．93 条码

(7) 编码方式属于宽度调节法的码制是(　　)。

  A．39 条码　　　　　　　　　　B．EAN 条码

  C．UPC 条码　　　　　　　　　D．EAN-13 条码

2．判断题

(1) 储运包装商品的编码采用 13 位或 8 位数字代码结构。　　　　　　　　　(　　)

(2) UCC/EAN-128 条码的符号校验符总是位于终止符之前。　　　　　　　　(　　)

(3) 39 条码的最高密度为 9.4 个 / 25.4 毫米(9.4 个 / 英寸)。　　　　　　　　(　　)

(4) 同一个条码扫描设备可以识读多种编码的条码。　　　　　　　　　　　(　　)

(5) 条码是由一组排列规则的条、空及对应字符组成的标记，用以表示一定的信息。

                                 (　　)

(6) 根据二维条码符号的结构特点及生成原理，通常将二维条码分为行排式二维条码和矩阵式二维条码。　　　　　　　　　　　　　　　　　　　　　　　　(　　)

(7) 一维条码主要采用校验码来保证识读的正确。　　　　　　　　　　　　(　　)

(8) 对于双向可读的条码，识读过程中译码器需要判别扫描效果。　　　　　(　　)

3．简答题

(1) 简述二维条码的特点。

(2) 物流条码识读的原理是什么？

(3) 简述物流条码的标准体系的主要内容。

(4) 条码作为一种图形识别技术与其他识别技术的区别有哪些？

(5) 储运单元条码的概念是什么？
(6) 选择条码扫描设备的注意事项有哪些？
(7) 商品条码的概念是什么？
(8) 简述在码制设计及选用时需要考虑的因素。

案例分析

条码技术在苏宁果蔬产品冷链全程管理中的应用

随着生活水平的提高，人们对"舌尖上的安全"越来越重视。作为农产品的一部分，人们对蔬果产品的品质提出了更高的要求。冷链物流在保证蔬果产品的新鲜程度与食品安全方面，发挥着重要的作用。而条码技术、RFID技术则是冷链物流的重要技术保证。

为了保障生鲜食品的质量，苏宁的冷链物流采用的是"3T原则"(流通时间Time、储藏温度Temperature和产品耐藏性Tolerance)。根据"3T原则"，苏宁打造了"冷链仓+门店+即时配送"的冷链物流模式。这个模式完美解决了生鲜商品从入库前的"第一公里"到配送至消费者餐桌前的"最后一公里"两大难题。在解决"第一公里"的问题上，苏宁在全国多个重点位置部署冷链仓，2018年在全国投入46座冷链仓，覆盖范围遍及173个城市，2022年实现了100万平方米冷链仓储的建设，成为全球零售行业大型的冷链仓储服务商之一。此外，苏宁以苏鲜生精品超市为第一站，在全国58个大区直接采购当地生产的地道生鲜特产，并且在全球147个原产地、超过100个海外基地安排"买手"常驻当地负责采购。最重要的是，苏宁全国冷链仓坚持统一收货标准，收货入仓后工作人员每天定时查看仓库温度，抽查在库商品状态，核对商品有效期等，建立起了商品入库前"第一公里"的质量控制体系。

一、条码技术在苏宁超市果蔬产品冷链全程管理中的应用

1. 通过扫描二维码下载手机App

通过手机应用商店下载苏宁易购App，进入首页可以很直观地了解到苏宁当季热销的产品。App会直接定位当前地址，判断附近有无门店，顾客也可以自行搜索附近有无苏宁旗下的苏宁小店。在右下角点击"我的"完成注册。顾客完成注册登录后，完善收货地址，可根据自己的喜好将果蔬产品加入购物车，系统会自动选择最近的门店。通过App可以看到下单后门店是否接单，以及订单是在备货环节还是在配送环节。苏宁超市通过App进行线上产品销售，方便人们足不出户就可以吃到新鲜的果蔬产品，同时大大提高各门店的销售业绩。

2. 条码技术在苏宁超市果蔬冷链全程监控中的应用

首先，苏宁从源头保障果蔬产品的品质，向原产地果蔬产品生产商确认标准并提供质量把控。苏宁与原产地农商通过基地直采模式完成采购，苏宁运用"买手"体系搭建"买手"供应链。在基地直采时，使用条码技术可以有效降低成本，"买手"在进行采购的时候，将果蔬产品的基本属性信息录入条码中，在后面的环节中只要扫描条码就可以得到果蔬产品的有效信息，既节省了时间，又降低了成本。

其次，在分拣、包装环节中，苏宁通过自有的仓储物流与冷链技术，在仓储物流环节通过大型冷藏库进行持续保鲜。坚持早上采摘，晚上上餐桌的原则，要求由厂家直供果蔬产品到店。在分拣中，车间划分功能齐全，业务员扫描条码，根据得到的信息将同种果蔬产品或需要同一温度的果蔬产品分在一起，确保分拣加工的高品质与高效率。在包装上，工作人员只需扫描果蔬产品上的条码，就可以根据得到的信息对果蔬进行包装加工。

再次，运输、配送实现快速、准确和即时。果蔬产品具有易腐性、及时性、损耗大等特点，物流成本较高，因此对现代物流基础设施、冷链物流配送中心的作业效率提出了更高的要求。在运输途中，工作人员通过扫描包装箱上的条码，得到果蔬产品的运输温湿度范围，通过调节车厢的温湿度控制鲜果的运输环

境,让果蔬产品随时处于新鲜状态,不会腐烂变质。

最后,连锁门店销售。苏宁将整箱大包装的果蔬升级为小包装,分放在低温冷藏箱中供消费者挑选购买。在连锁门店里,给每一个小包装都制作一个包含着果蔬产品从采摘到门店每一环节所有信息的条码,消费者在购买时通过扫描二维码就可以了解到果蔬产品的各种信息,实现安全溯源,让消费者可以放心购买,安全食用,从而加大果蔬产品的销售力度,提高门店的经济效益。新冠疫情期间,既要保障消费者吃到新鲜的果蔬产品,又要尽量避免病毒传播,苏宁采用"线上下单,线下取货"的形式,用户每天晚上9点前通过苏宁小店 App 下单,第二天早晨 7 点即可到社区小店就近提货,货都是提前装好的,到店取走即可,避免接触和逗留。

二、条码技术在苏宁超市果蔬产品冷链管理中的优化

1. 供应环节

供应基地作为苏宁冷链供应链的开始环节,果蔬产品质量的好坏至关重要。通过基地直采利用 RFID 技术对果蔬产品进行实时质检管理,达到要求则可送至加工、包装环节;反之,采取其他方法解决不合格的产品。通过二维码将果蔬产品的生长特性按照严格标准录入后台数据系统。在生长阶段定期扫描果蔬产品上的二维码,得到现阶段该果蔬产品所需改变控制的农药浓度、温湿度等要求。

2. 加工环节

果蔬产品的入库标志着基地直采环节的结束,在大仓门口安装传送带,果蔬筐里的果蔬产品被送到大仓里的传送带上,运到分拣区,工作人员通过果蔬产品附带的 RFID 标签得到果蔬产品的大小、颜色和质量等相关信息并自动分拣到不同的传送带通道。先将同一类别同一品种的果蔬产品作为一个批次进行编码,再装进纸箱里,连同 RFID 标签一起封装,标签粘贴在包装箱上。RFID 标签通过网络实时将温湿度等信息传输到云仓,可登录企业数据共享系统实时监测果蔬产品的环境信息。

3. 储运环节

在仓储中,苏宁云仓根据不同产品对温湿度的要求,设置不同类型的仓库,对果蔬产品分开存储。在每个货物的包装箱或托盘上贴上 RFID 标签,当货物进出库时,通过 RFID 标签了解实时状况,当库存不满足最低库存时,上传后台系统,做出即时补救措施。温湿控预警系统严格要求产品储存的温湿度,一旦温湿度达不到规定标准,温湿控预警系统便会自动报警。在运输途中的车上安装手持读写设备,并与车内温湿度传感器相结合。通过 RFID 技术从供应商供货开始粘贴标签,果蔬从源头开始详细记录相关信息。一旦产品出现问题,便可在后台找各环节的管理人员,责任到人。在流通过程中,RFID 标签接受阅读器的指令,并按要求反馈所携带的 EPC 编码和温湿度传感器的测量参数。阅读器获取标签传送的信息并解码后,通过无线局域网或 4G、5G 等无线广域网传回云仓控制中心,完成信息的采集。在运输途中,温湿度传感器实时记录车厢内的温湿度值,并以折线图的形式呈现在车载系统上。当车厢内温湿度高于果蔬产品存储温湿度限度时,车载系统上的折线图颜色发生变化,提醒司机调整制冷装置以满足低温产品最佳存储温度要求。

4. 销售环节

当果蔬产品到达零售店时,销售人员在水果上架销售前通过手持终端扫描查询果蔬产品在之前各环节的温湿度信息、产地信息、相关作业信息等,确认合格后,开始入库,如果不合格则放入退货区。运输人员使用阅读器通过运输包装读取箱内果蔬产品数量与采购计划、发货记录并进行核对,信息核对无误后销售门店的库存管理信息系统自动更新库存信息,将信息整合处理后保存到数据库中,并替换标签上相关的拆包、上架等作业信息并上传到销售子系统中,系统通过定位器确认 RFID 发出的信号将果蔬产品信息上传到销售企业的系统中,销售子系统和企业系统将上述所有信息一并保存到企业的本地数据库中。苏宁小店/家乐福店内除了智能购物车外,还专门为部分果蔬产品配备可实现区块链溯源的扫描系统,消费者拿起带有二维标识的水果,经扫描系统扫描便可自动将果蔬产品的原产地、品种、口感、溯源等信息展示在机器上。

5. 追溯环节

生产基地运用物联网技术温湿度检测、植保无人机、安装高清摄像头等信息化、智能化手段,在前期

耕种、树苗菜苗生长、后期收割等过程中都采用北斗卫星导航系统来实现监测,构建一套完整的果蔬及产地的溯源体系。最终的追溯信息以二维码的形式展现在消费者面前,通过扫描二维码可以查看在线摄像头、果蔬地环境、果蔬生产环境、生产信息、加工信息、仓储信息、流通信息、质检报告等,做到信息公开透明,从源头上为消费者保障食品安全,从而使农产品安全问题得到有效解决。

(资料来源:马世垚,李鹏飞,吕明帅,等,2021. 条码技术在苏宁超市果蔬产品冷链全程管理中的应用[J]. 条码与信息系统(4):36-39.)

讨论题

(1) 苏宁超市果蔬产品冷链管理中使用的条码技术与冷链优化管理中使用的 RFID 各有什么特点?

(2) 在条码技术应用方面,苏宁超市果蔬产品冷链管理可以做出哪些改进?

(3) 本案例对产品质量安全追溯有哪些启示?

第3章 射频识别技术

【本章教学要点】

知识要点	掌握程度	相关知识
RF 的概念	熟悉	射频技术
RFID 的概念	掌握	射频识别技术
RFID 技术发展	了解	1941 年至今的 RFID 技术发展
RFID 技术的特点	掌握	射频识别技术的十大特点
RFID 技术与条码识别技术的区别	掌握	RFID 技术的优缺点
RFID 系统的构成	掌握	主机系统、阅读器、电子标签
RFID 系统的分类	熟悉	RFID 的分类方式
RFID 的基本原理	掌握	应用系统、阅读器、电子标签
RFID 的工作流程	掌握	RFID 具体的 7 个工作流程
RFID 主要技术标准体系	了解	EPC Global、Ubiquitous ID、ISO 标准体系
RFID 频率标准	掌握	低频、高频、超高频

RFID在智慧交通领域中的应用

党的二十大报告中指出,要"构建现代化基础设施体系"。交通、能源、电信、水利等基础设施是经济社会发展的重要支撑,现代化国家必须拥有现代化的基础设施体系。在交通领域,要建设现代综合交通运输体系,大力发展多式联运,形成统一开放的交通运输市场,科学优化综合运输通道和枢纽布局,运用新一代信息、人工智能、互联网等技术构建综合交通运输体系。智慧交通是在交通领域中充分运用物联网、云计算、人工智能、自动控制、移动互联网等现代电子信息技术面向交通运输的服务系统。通过高新技术汇集交通信息,对交通管理、交通运输、公众出行等交通领域全方面以及交通建设管理全过程进行管控支撑,充分保障交通安全、发挥交通基础设施效能、提升交通系统运行效率和管理水平,为通畅的公众出行和可持续的经济发展服务。

RFID智慧交通系统着眼于各种交通信息的广泛应用与服务,目的是提高现有交通设施的运行效率。RFID技术主要是通过无线电信号对目标进行相应的识别,同时实现对数据的读写,在工作的过程中识别系统能够在非接触的情况下完成识别。对于道路交通数据采集来说,具有数据量大、精度高和抗干扰的需求,而RFID技术则能够有效地满足这些需求并逐渐应用其中。

1. RFID在公交系统中的应用

通过运用RFID技术,能够有效地实现对汽车行驶以及到站等过程的管理,乘坐人员通过App就能够实时掌握和了解公共交通车辆的信息,包括车辆的到站时间、实时位置等信息,进一步促进了公共交通的人性化发展,使人们的乘车体验得到了显著的提高;在城市公共交通调度的过程中,需要对数据进行全面分析及采集,进而有效地获得公共车辆的信息,根据车辆的信息情况能够有效地调整路口红绿灯的亮灭时间,进而实现交通道路优化,达到公交优先的效果。通过对信息的管理及传递,使城市公共交通的管理水平得到了显著的提高。

2. RFID在特殊车辆中的应用

出租车在安装RFID电子标签后,一方面能够对车辆行为进行有效的监管,同时也能够更好地处理车辆违规情况;另一方面能够及时有效地掌握车辆的运行信息和情况,对公共交通建设的改善提供了极大的帮助。而其他车辆安装电子标签时则能够有效地约束车辆的行驶行为,避免出现超速及违章驾驶等情况,使城市的交通安全得到了进一步的保障,也使城市交通的秩序得到了优化。

3. RFID在交通执法中的应用

电子车牌是基于RFID技术的非接触式实现信息交互处理的汽车电子标签,公安交警采用该技术对社会车辆进行管理,电子车牌内置芯片包含了车辆的车牌号码、行驶信息、车主信息等所有车辆信息。通过电子车牌的应用,交警通过手持终端可快捷地完成目标车辆检验、违章查询处理、交通事故预防和处理等过程,同时可实现对特种车辆行驶情况的实时跟踪和对重点管控车辆的精准管理。

(资料来源:薛晨洋,2020. RFID技术在智慧交通领域内的应用[J]. 中国新通信,22(13):103-104;袁冠彬,2021. RFID技术在智慧交通的应用研究[J]. 信息记录材料,22(1): 73-74.)

讨论题

(1) RFID技术在智慧交通领域有哪些优势?

(2) 结合本案例,你认为RFID技术还可应用于哪些领域?

RFID技术作为一种前沿技术,引起了国内外众多企业、院校和科研单位的关注和兴趣,已逐渐成为一项优秀且应用领域广泛的自动识别技术。RFID系统的应用,将大大降低流通成本与管理费用,为现代物流业的发展带来革命性的变化。本章主要介绍的内容包括RFID

的基本概念、RFID 系统的特点与构成、RFID 系统的基本原理与工作流程、RFID 主要技术标准体系和频率标准及 RFID 在物流中的应用。

3.1 RFID 技术概述

3.1.1 射频技术和 RFID 技术的概念

RFID 技术作为一种突破性技术，它不仅涵盖了微波技术与电磁学理论，还包括了通信原理以及半导体集成电路技术。RFID 技术与互联网、通信技术相结合，可实现全球范围内的物品跟踪与信息共享。在物联网中，物品能够进行"交流"，依赖于 RFID 技术。RFID 技术为物流管理带来了新的发展方向。

1. 射频技术的概念

射频(Radio Frequency，RF)技术也称无线射频或无线电射频技术，是一种无线电通信技术，其基本原理是电磁理论，利用无线电波对记录媒体进行读写。目前，RF 用得较多的是 IEEE 802.11b 标准，且 2.4GHz 的高频道使服务器与终端之间的通信速度可达 12MB/s，这段频道干扰小，在绝大部分国家都不受无线管制。

RF 技术以无线信道作为传输媒体，建网迅速，通信灵活，可以为用户提供快捷、方便、实时的网络连接，也是实现移动通信的关键技术之一。

RF 技术的应用已经渗透到商业、工业、运输业、物流管理、医疗保险、金融和数学等众多领域。

2. RFID 技术的概念

射频识别(Radio Frequency Identification，RFID)技术是一项利用射频信号通过空间耦合(交变磁场或电磁场)实现无接触信息传递并通过所传递的信息达到识别目的的技术。简单地说，RFID 技术是一种利用无线电波进行数据信息读写的非接触式自动识别技术或无线电技术。

埃森哲实验室首席科学家弗格森认为 RFID 技术是一种突破性的技术：第一，可以识别单个的、非常具体的物体，而不是像条码那样只能识别一类物体；第二，其采用无线电射频，可以透过外部材料读取数据，而条码必须靠激光来读取信息；第三，可以同时对多个物体进行识读，而条码只能一个一个地读。此外，RFID 技术可存储的信息量也非常大。

3.1.2 RFID 技术的发展过程

RFID 技术的首次实际应用是在第二次世界大战期间，在雷达工作原理的启发下，英国空军研发了空中作战行动中的敌我识别器，敌我识别器被安装在英国飞机上，当接收到雷达信号后，敌我识别器会主动发送某个特定信号返回给雷达从而区分敌我双方的飞机，这种方法被看作最早的主动 RFID 系统，也成为现代交通管制的重要工具。

【3-1 拓展知识】

在过去的半个多世纪里，RFID 技术在理论和应用方面都取得了一定的进展，其发展过程大致可分为 5 个阶段。

(1) 20 世纪 40 年代，雷达技术的改进和应用催生 RFID 技术。1948 年，哈里·斯托克曼(Harry Stockman)在美国无线电工程师学会(Institute of Radio Engineers)召开的国际会议上发表的论文《利用反射功率的通信》，奠定了无线射频识别技术的理论基础。

(2) 20 世纪 50 年代，RFID 技术进入早期探索阶段。这是 RFID 技术的实验室应用研究阶段，信号模式化理论及被动标签的概念被相继提出，远距离信号转发器的发明不断扩大了敌我识别系统的识别范围。

(3) 20 世纪 60 年代至 80 年代，RFID 技术应用变为现实。RFID 技术终于走出了实验室进入了应用阶段，各种测试技术在这一阶段得到加速发展。美国政府通过 Los Alamos 国家实验室将 RFID 技术推广到民用领域，RFID 技术的商业运用阶段到来，从门禁管制、动物追踪、监狱囚犯管理到工厂自动化、物流管理，RFID 技术被广泛应用到各个领域。

(4) 20 世纪 90 年代，RFID 技术和应用取得突破。1991 年，美国俄克拉何马州出现了世界上第一个开放式公路自动收费系统，装有 RFID 电子标签的汽车在经过收费站时无须减速停车，按正常速度通过，消除了因为减速停车造成的交通拥堵，RFID 公路自动收费系统在许多国家都得到了应用。同时，随着 RFID 应用领域的不断扩大，为了保证不同 RFID 设备和系统相互兼容，人们开始意识到建立一个统一的 RFID 技术标准的重要性。

(5) 21 世纪初，RFID 标准初步形成。RFID 产品的种类更加丰富，有源电子标签、无源电子标签及半有源电子标签均得到发展，电子标签的成本不断降低，应用行业不断扩大，RFID 技术的理论得到了丰富和完善。特别是美国军方宣布军需物品均使用 RFID 技术进行识别与跟踪，极大地推进了 RFID 的研究和应用。RFID 技术广泛应用于无线通信中的集成电路，上至卫星通信，下至手机、Wi-Fi、共享单车，处处都有 RFID 的身影。此外，人们研发了单芯片电子标签、多电子标签识读、无线可读可写、适应高速移动物体的 RFID 技术，并且相关产品也走入我们的生活，并开始广泛应用。

3.1.3 RFID 的特点

RFID 技术是一项易于操控、简单实用并且适用于自动化控制的应用技术，它不仅支持只读工作模式，也支持读写工作模式，可以在恶劣环境下工作。具体来说，RFID 有以下几个方面的特点。

(1) 全自动快速识别多目标。RFID 阅读器利用无线电波，全自动瞬间读取标签的信息，并且可以同时识别多个 RFID 电子标签。

(2) 动态实时通信。RFID 电子标签以 50～100 次/秒的频率与解读器进行通信，所以只要 RFID 标签所附着的物体出现在解读器的有效识别范围之内，就可以对它的位置进行动态的追踪和监控。

(3) 应用面广。电子标签很小，因此可以轻易地嵌入或附着在不同类型、形状的产品上，而且在利用 RFID 读取时不受尺寸大小与形状的限制，不需要为了读取精确度而配合纸张的固定尺寸和印刷品质。

(4) 数据容量大。数据容量最大的二维条码可存储 2000～3000 B，RFID 系统中电子标签包含存储设备，可以根据用户的需要扩充到 MB 级，而且随着存储技术的进一步发展，存储容量会越来越大。

(5) 环境适应性强。RFID 电子标签将数据存储在芯片中，可识别高速运动物体，对水、油和药品等物质具有较强的抗污性，而且可以在黑暗或者是脏污的环境中读取数据。

(6) 可重复使用。RFID 电子标签中的数据可以被重复增加、修改、删除，从而提高利用率，降低电子污染，而条码是一次性、不可改变的。

(7) 防碰撞机制。RFID 电子标签中有快速防碰撞机制，能防止电子标签之间出现数据干扰。因此，阅读器可以同时处理多张非接触式标签。

(8) 穿透性。在被覆盖的情况下，RFID 电子标签可穿透纸张、木材和塑料等非金属或非透明的材质与阅读器进行信息交换，具有很强的穿透性。

(9) 易读取数据。RFID 采用的是无线电射频，可以透过外部资料读取数据，而条码必须靠激光来读取数据。

(10) 安全性能高。RFID 电子标签承载的是电子信息，其数据内容可通过密码保护、冗余校验等措施，使其不易被伪造及修改，因此，使用 RFID 更具安全性。

【3-2 拓展知识】

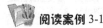

阅读案例 3-1

RFID 技术在供应链管理中的作用及价值应用

在企业供应链中使用 RFID 技术，能够对获得的数据信息进行快速的整合处理，在整个供应链中促进数据信息资源实现共享和传递，使得供应链中的企业具有更强的市场竞争力，对于进一步降低企业在库存上的成本投入、优化供应链企业的产品销售具有非常重大的现实意义。科学合理地使用 RFID 技术在供应链中已经逐渐地发展为国内企业的重点研究课题，加强对 RFID 技术的研究，对于进一步优化国内企业的营商环境意义重大。

1. 缩短作业时间

对企业的物流仓储管理工作及配送工作来说，产品的出库及入库工作在其中占据着非常大的比例。在产品的托盘及包装箱上粘贴 RFID 电子标签，并在出入库口的位置安放相应的阅读器，这样在产品出入库的过程中，可以直接使用叉车将货物送出或送入，在出口及入口处不需要再次进行人工的动态化物品扫描，可以直接在物品传输的过程中实现数据的捕捉。阅读器能够在远程对数个电子标签进行精准的识别，计算机也能够依照获得的数据信息针对数据库进行访问，随后将数据进行详细记录，使得物品的出入库时间全面缩短。

2. 提高盘点作业质量

由于企业产品中的每个包装箱及托盘内都粘贴有 RFID 电子标签，相关工作人员在进行物资盘点的过程中，只需要使用手持的 RFID 阅读器走过存放物品的货架，阅读器就能够实现自动获取数据信息，并使用计算机来对其进行物资盘点和详细记录。通过 RFID 技术的有效使用，能够全面降低在传统库存盘点过程中存在的问题，从根源上避免了出现盘点遗漏、盘点错误这些现象的概率，使得物资盘点的数据信息变得更加准确，提高了工作效率。

3. 增大仓储的库存量

当企业在产品出入库的工作效率被全面提升之后，在产品配送上的工作效率也会被全面增强，使得货物的处理水平不断提升，促使供应链中货物的吞吐量日渐增加，帮助企业获得更多的经济效益和更加广阔的利润空间。

(资料来源：荣庆, 2021. RFID 技术在供应链管理中的作用及价值应用[J]. 数字技术与应用, 39(12):56-58.)

3.1.4 RFID 技术和条码识别技术的区别

RFID 技术为计算机提供了快速、准确进行数据采集输入的有效手段，解决了通过键盘手工输入数据速度慢、错误率高造成的难题，因而在人们日常生活和工作中得到了广泛的应用。例如，超市购物结算时采用的是条码识别技术；通过银行卡在 POS 机上刷卡消费或在自动柜员机上取款时，采用的是磁卡识别技术。

【3-3 拓展知识】

RFID 技术已经初步形成了一个集磁条技术、生物特征识别技术、语音识别技术、图像识别技术、光学字符识别技术、条码识别技术等集计算机、光、机电、通信技术于一体的高新技术学科。RFID 技术与条码识别技术的比较见表 3-1。

表 3-1 RFID 技术与条码识别技术的比较

项目	RFID 技术	条码识别技术
信息载体	存储器	纸或物质表面
信息量	大	小
读写性	读/写	只读
读取方式	无线通信	CCD 或激光扫描
识别速度	快(约 0.5 秒)	低(约 4 秒)
识别距离	远	近
读取数量	可同时读取多个	一次一个
国际标准	有	有
成本	高	低
使用寿命	长	一次性
方向位置影响	无	很小
受污染/潮湿影响	无	严重

【3-4 拓展案例】

条码识别技术和 RFID 技术各具特色，就目前而言，条码识别技术虽然有不少缺陷，但是低成本是其仍然被广泛应用的原因之一。RFID 技术虽然弥补了条码识别技术的很多不足，但是它的成本高和技术不成熟使其难以被大面积推广。

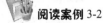
阅读案例 3-2

RFID 技术的应用为烟草行业带来效益

随着 RFID 技术在我国烟草行业的应用，数据集中问题变得非常轻松和容易。一个完整的供应链系统可随时跟踪卷烟并自动记录供应链中每个环节的真实情况，这些翔实的信息可以通过计算机网络直接被国家及地方卷烟部门掌握，从而为国家宏观调控和决策指挥提供全面、详细、准确、及时的依据。

1. 实现国家对烟草行业的全面监控与管理

RFID 技术使国家管理部门通过彻底实施"全程"追踪解决方案,正确、及时、动态、有效地对烟草行业各相关企业进行监控与管理,有效遏制甚至杜绝卷烟生产、流通的体外循环,以及卷烟的伪造和仿造,为国民经济持续发展提供有力的技术保障。

2. 使烟草行业的物流运输产生重要变革

基于 RFID 的应用管理,将烟草行业上游卷烟材料供应商、产业下游经销商(客户)、物流运输商及服务商、零售商进行垂直一体化的整合,RFID 技术促进了库存的可视性、生产过程的可视性、资产的可视性、供应链的可视性,以及供应链最优规划,使资源合理流动来缩短交货周期,降低库存和成本,提高速度和精确性,提高企业竞争力。

3. 有利于烟草行业形成全国统一大市场

畅通的物流信息有利于规范市场行为,创造平等竞争环境,建成统一、开放、竞争、有序的大市场;实现卷烟材料供应商、生产企业和销售网络的规模经营,实现供需双方互动的可持续发展的良性循环。

4. 有利于提升烟草企业的核心竞争力

RFID 应用数字化管理,帮助供需双方实现材料生产和卷烟生产技术以及市场信息等方面知识的共享融合,继而实现共同的成本管理,运用科学手段降低材料成本,减少交易费用,进一步提高管理运作效率,降低运作成本,降低件烟的损失率,为企业带来直接经济效益,提高企业核心竞争力。

(资料来源:姜方桃,邱小平,2019. 物流信息系统[M]. 西安:西安电子科技大学出版社:54-55.)

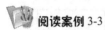
阅读案例 3-3

"一物一码"撬动产业全链路数字化转型

当前,新一轮的科技革命和产业革命催生新技术、新模式、新业态,面对接踵而至的产业变革与升级,数字化转型成为企业应对外部不确定性的关键策略和共识。

传统企业在数字化转型中,往往因公司数据资产繁杂,数据资源散落在各个业务系统中,难以快速打通生产、供应链、营销等多个环节的数据壁垒,无法建立起覆盖生产全流程、产品全生命周期的数据链,进而减缓了企业数字化转型的进程,更影响了行业上下游企业的协同发展。

针对这些问题,北京兆信信息股份有限公司推出了"一码通"产品,即以一个商品对应一个二维码为"2C"的展现形式,通过扫描二维码可以了解产品从原料、生产制造、质检、物流、营销、终端等全生命周期管理的数据。二维码就是商品唯一标识,是商品的身份证件,可以验证真假,也可以进行商品的完整追溯。

"一物一码"带有"B2B2C"属性,如食品、宠物用品、化妆品、汽配等,它们都有上游供应商和下游服务商,生产的是带有具体包装的实体商品,并通过完整销售环节将其交到消费者手中。

以酒企为例,其在生产、管理、营销等方面都存在痛点,亟须数字化改造。如在生产环节,酒厂普遍存在系列酒种类多,生产批量小,换线频次高,计划达成率较低的痛点,从原料到生产到包装各个生产环节都是信息孤岛,无法进行数据流的打通;在管理环节则有防伪溯源、渠道防窜、物流管理的刚需;在营销环节则存在难以精确定位消费者、营销手段单一、消费数据难以反哺营销及生产的症结。

在生产端,通过"一物一码"可以清晰地看到一瓶酒生产的全过程,产线信息流实现了自动化建设,生产过程也全面透明化,数据也能支持生产流程优化和生产计划的有效执行;在产品渠道运营方面,"码"可以记录每瓶酒的物流路径,清晰掌握销存管理,而且"码"可以实现防伪溯源,让消费者自动稽查预警，这也给酒企省去了大量的市场督查成本；在营销端，"一物一码"更是使每一个产品都成为连接品牌与消费群体的数字化触点，一方面为消费人群提供更精准、定制化的服务，另一方面也可以让酒企了解其消费者画像，设计和管理更丰富的营销活动，甚至反哺生产决策。

数字化是企业下一轮竞争的制高点，数字化本质是找到精准用户，找到重度消费者。因此，数字化不仅仅是一个工具和解决方案，而是建立品牌与消费者之间的连接和信任。

(资料来源：http://news.rfidworld.com.cn/2021_08/e2a93a545433ce86.html. [2023-06-12].)

3.2 RFID 系统概述

3.2.1 RFID 系统的基本部件

RFID 系统因应用不同其组成也会有细微的差别，但基本是由 3 个部分组成——主机系统、阅读器和电子标签，电子标签和阅读器都装有天线，RFID 系统基本组成如图 3.1 所示。

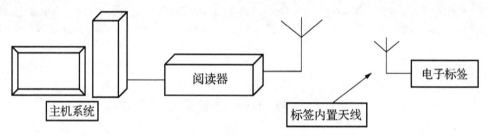

图 3.1 RFID 系统基本组成

1. 主机系统

主机系统是针对不同行业的特定需求而开发的应用软件系统，它可以有效地控制阅读器对电子标签信息的读写，并且对收到的目标信息进行集中统计与处理。在实际应用中，主机系统还包含有数据库，存储和管理 RFID 系统中的数据，同时根据不同需求提供不同的功能或相应接口。

主机系统可以集成到现有的电子商务和电子政务平台中，通过与 ERP、CRM 和 SCM 等系统集成，提高工作效率。

2. 阅读器

阅读器又称读出装置或读写器，一般认为是 RFID 系统的读写终端装备，负责与电子标签的双向通信，可以实现对电子标签的识别以及内存数据的读取或写入，同时接收来自主机系统的控制指令，可以说读写器是 RFID 系统的信息控制和处理中心。阅读器的频率决定了 RFID 系统工作的频段，其功能决定了 RFID 的有效距离。阅读器组成结构如图 3.2 所示。

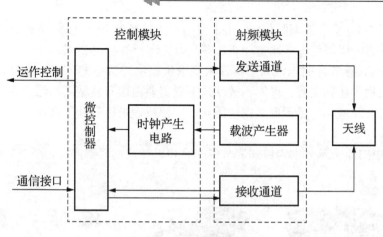

图 3.2　阅读器组成结构

由图 3.2 可以看出，阅读器一般由射频模块(发送通道、载波产生器和接收通道)，控制模块(微控制器和时钟产生电路)和天线构成。

(1) 微控制器：是阅读器工作的核心，完成收发控制、向 RFID 标签发送命令及写数据、数据读取及处理、与高层处理应用系统通信等工作。

(2) 发送通道：对载波信号进行功率放大，向 RFID 标签传送操作命令及输入数据。

(3) 载波产生器：采用晶体振荡器，产生所需频率的载波信号，并保证载波信号的频率稳定性。

(4) 接收通道：接收 RFID 标签传送至阅读器的相应数据。

(5) 时钟产生电路：通过分频器形成工作所需的时钟。

(6) 天线：发射电磁能量以激活电子标签，并向电子标签发出指令，同时也要接收来自电子标签的信息。

3. 电子标签

电子标签是射频识别系统的信息载体，即存储可识别数据的电子装置。电子标签一般保存有约定格式的电子数据，由耦合元件及芯片组成，内置射频天线，用于与阅读器进行通信。电子标签可根据工作方式和可读写性的不同进行分类。

(1) 主动式标签、被动式标签和半主动式标签。

根据工作方式的不同，电子标签可分为主动式标签、被动式标签和半主动式标签。一般来说，主动式标签为无源系统，即标签内无电池，被动式和半主动式标签为有源系统，即工作电源由标签内电池提供。

① 主动式标签由于自带电源，能传输较强的信号，并且能在较高的频率下工作，具有更远的读写距离。但是自带电源会使标签体积变大而且更加昂贵，所以主动 RFID 系统一般用于大型航空工具及普通交通工具等远距离识别。低功耗的主动式标签的体积通常比一副扑克稍大。主动式标签可以在物体未进入识别距离时处于休眠状态，也可以处于广播状态持续向外广播信号。

② 被动式标签从读写器产生的磁场中获得工作所需的能量。标签进入读写器的识别范围后，标签通过天线感知电磁场变化，由电磁感应产生感应电流，标签通过集成的电容保存产生的能量。当电容积蓄了足够的电荷后，RFID 标签就可以利用电容提供的能量向读写

器发送带有标签 ID 信息的调制信号。由于被动式标签自身不带电源，因而比主动式标签价格要低很多，这一优势使得它比主动式标签具有更广泛的应用领域。

③ 半自动式标签内的电池只对标签内要求供电维持数据的电路供电或为标签芯片工作所需的电压提供辅助支持。区别于被动式标签需要由读写器激活，无须激活的半自动式标签有充分的时间被读写器读取数据，因此，即使被识别标签处于高速移动状态时，仍然能够可靠地读取数据。

图 3.3 和图 3.4 所示分别为台式读写器产品和手持式读写器产品，图 3.5 所示为某一电子标签产品。

图 3.3　台式读写器产品　　图 3.4　手持式读写器产品　　图 3.5　电子标签产品

(2) 只读标签、可读写标签和一次写入多次写出标签。

根据可读写性的不同，电子标签可分为只读(Read Only，RO)标签、可读写(Read and Write，RW)标签和一次写入多次写出(Write Once Read Many，WORM)标签。

① 只读标签在出厂时已经将完整的标签信息写入标签，使得每一个标签都有一个唯一的标志符(UID)，也可以在应用之前写入只读标签的信息，有专门的初始化设备将完整的标签信息写入。

② 可读写标签是一种非常灵活的电子标签，一般可以由用户自行编程，也能够在适当条件下多次对原有数据擦除并重新写入，例如电可擦除可编程只读存储器(Electrically Erasable Programmable Read-Only Memory，EEPROM)就是常见的一种用于可读写标签内部的存储器。

③ 一次写入多次写出标签在一次性使用的场合应用非常广泛，如航空行李标签、特殊身份证件等。这种标签的信息一旦被写入后就不能修改了。WROM 标签可分为接触式和无接触式两种。

知识链接

只有可读写的标签系统才需要编程器。编程器是向标签写入数据的装置。编程器写入数据一般来说是离线完成的，也就是先在标签中写入数据，等到开始应用时直接把标签黏附在被标识项目上。也有一些 RFID 应用系统，写数据是在线时完成的，尤其是在生产环境中作为交互式便携数据文件来处理时。

3.2.2　RFID 系统的基本原理

RFID 系统是利用感应无线电波或微波能量进行非接触式双向通信、识别和交换数据的自动识别技术。电子标签由耦合元件及芯片构成，里边含有内置天线，阅读器和电子标签之间可按约定的通信协议互传信息。RFID 的基本原理是：阅读器通过发射天线发送一定频率的 RF 信号，当电子标签进入发射天线工作区域时，产生感应电流，电子标签获得能量被激活，将自动编码等信息通过内置发射天线发送出去；当系统接收天线收到从电子标签发送的载波信号，经天线调节器传送到阅读器，阅读器对接收的信号进行解调和解码，然后送到后台应用系统进行相关处理。应用系统根据逻辑运算判断该卡的合法性，针对不同的设定作出相应的处理和控制，发出指令信号控制执行机构动作。RFID 系统的基本工作原理如图 3.6 所示。

图 3.6　RFID 系统的基本工作原理

3.2.3　RFID 系统的工作流程

RFID 系统两个重要的组成部分是电子标签和阅读器，通过它们可以实现系统的信息采集和存储功能。电子标签由天线和专用芯片组成，天线是在塑料基片上镀铜膜线圈，在塑料基片还嵌有体积非常小的集成电路芯片，芯片中有高速的射频接口。阅读器的控制模块能够实现与应用系统软件进行通信，执行应用系统软件发来的命令的功能。

RFID 系统的基本工作流程如下。

(1) 阅读器将经过发射天线以一定频率向外发射无线电载波信号。

(2) 当电子标签进入发射天线的工作区时，电子标签被激活后立即将自身信息标签通过天线发射出去。

(3) 系统的接收天线收到射频标签发出的载波信号，经天线的调节器传给阅读器，阅读器对接收到的信号进行解调解码，送到后台计算机。

(4) 计算机控制器根据逻辑运算判断电子标签的合法性，针对不同的设定作出相应的处理和控制，发出指令信号控制执行机构的动作。

(5) 执行机构按计算机的指令动作。

(6) 通过计算机通信网络将各个监控点连接起来，构成总控信息平台，根据不同的需要可以设计不同的软件来完成要达到的功能。

3.2.4　RFID 系统的分类

根据 RFID 系统的特征可以将 RFID 系统进行多种分类，见表 3-2。

表 3-2　RFID 系统的特征及分类

系统特征	系统分类			
工作频率	低频系统	高频系统	微波系统	
工作方式	双全工系统	半全工系统	时序系统	
读取信息手段	广播发射式系统	倍频式系统	反射调制式系统	
应用功能	电子商品防盗系统	便携式数据采集系统	物流控制系统	定位系统
标签数据量	1 比特系统	多比特系统		
数据传输方式	电感耦合系统	反向散射耦合系统		

续表

系统特征	系统分类		
信息注入方式	集成电路固化式系统	现场电线改写式系统	现场无线改写式系统
作用距离	密耦合系统	遥耦合系统	远距离系统
能量供应	有源系统	无源系统	
可否编程	可编程系统	不可编程系统	

下面介绍按工作频率、工作方式、电子标签内保存的信息的注入方式、读取电子标签数据的技术实现手段的不同对 RFID 系统分类。

1. 低频系统、高频系统和微波系统

按采用的频率不同，RFID 系统可分为低频系统、高频系统和微波系统 3 类。

(1) 低频系统。

低频系统的工作频率小于 30MHz，典型的工作频率有 125kHz、225kHz、13.56MHz 等，基于这些频点的 RFID 系统一般都有相应的国际标准。低频 RFID 系统的特点是电子标签的成本较低、保存的数据量较少、外形多样(卡状、环状、纽扣状、笔状)、阅读距离较短(无源情况，典型阅读距离为 10cm)、阅读天线方向性不强等。

(2) 高频系统。

高频系统的工作频率大于 400MHz，典型的工作频段有 915MHz、2450MHz、5800MHz 等。高频系统在这些频段上也有众多的国际标准予以支持。高频系统的特点是电子标签及阅读器成本均较高、标签内保存的数据量较大、阅读距离较远(可达几米至十几米)、适应物体高速运动性能好、外形一般为卡状、阅读天线及电子标签天线均有较强的方向性。

(3) 微波系统。

微波系统的主要工作频率为 2.45GHz，因为其工作频率高，所以在各种频段的 RFID 标签中传输速度最快，但是抗液体金属能力最差。被动式微波 RFID 标签大多使用反向散射耦合的方式进行通信，传输距离较远，如果想要加大传输距离可以使用主动式。因为传输速度快，微波 RFID 标签适用于高速公路收费系统。

2. 双全工系统、半全工系统和时序系统

按照工作方式的不同，RFID 系统可分为双全工系统、半全工系统和时序系统 3 类。

(1) 双全工系统。

在双全工系统中，数据在阅读器和电子标签之间的双向传输是同时进行的，并且从阅读器到电子标签的能量传输是连续的，与传输方向无关。其中，电子标签发送数据的频率是阅读器频率的几分之一。

(2) 半全工系统。

在半全工系统中，从阅读器到电子标签的数据传输和从电子标签到阅读器的数据传输是交替进行的，并且从阅读器到电子标签的能量传输是连续的，与数据传输的方向无关。

(3) 时序系统。

在时序系统中，从电子标签到阅读器的数据传输是在电子标签的能量供应间歇时进行的，而从阅读器到电子标签的能量传输总是在限定的时间间隔内进行的。这种时序系统的缺点是在阅读器发送间歇时，电子标签的能量供应中断，这就要求系统必须有足够大容量的辅助电容器或辅助电池对电子标签进行能量补偿。

3. 广播发射式 RFID 系统、倍频式 RFID 系统和反射调制式 RFID 系统

根据读取电子标签数据的技术实现手段，可将 RFID 系统分为广播发射式 RFID 系统、倍频式 RFID 系统和反射调制式 RFID 系统 3 类。

(1) 广播发射式 RFID 系统。

广播发射式 RFID 系统实现起来最简单。电子标签必须采用有源方式工作，并实时将其储存的标识信息向外广播，阅读器相当于一个只收不发的接收机。这种系统的缺点是电子标签因需不停地向外发射信息，既费电，又容易造成电磁污染，而且系统不具备安全保密性。

(2) 倍频式 RFID 系统。

倍频式 RFID 系统的实现有一定难度。一般情况下，阅读器发出射频查询信号，电子标签返回的信号载频为阅读器发出射频的倍频。这种工作模式给阅读器接收处理回波信号提供了便利，但是，对于无源电子标签来说，电子标签将接收的阅读器射频能量转换为倍频回波载频时，其能量转换效率较低，提高转换效率需要较高的微波技巧，这就意味着电子标签的成本增加，同时这种系统工作需占用两个工作频点，一般较难获得无线电频率管理委员会的产品应用许可。

(3) 反射调制式 RFID 系统。

反射调制式 RFID 系统的实现首先要解决同频收发问题。系统工作时，阅读器发出微波查询(能量)信号，无源电子标签将一部分接收到的微波查询能量信号整流为直流电供电子标签内的电路工作，另一部分微波能量信号被电子标签内保存的数据信息调制后反射回阅读器。阅读器接收到反射回的幅度调制信号后，从中解出电子标签所保存的标识性数据信息。系统工作过程中，阅读器发出微波信号与接收反射回的幅度调制信号是同时进行的。反射回的信号强度较发射信号要弱得多，因此技术实现上的难点在于同频接收。

4. 电子商品防盗系统、便携式数据采集系统、物流控制系统和定位系统

根据 RFID 系统的完成的应用功能的不同，大体可以把 RFID 系统分成 4 种类型：电子商品防盗(Electronic Article Surveillance, EAS)系统、便携式数据采集系统、物流控制系统、定位系统。

(1) EAS 系统是一种设置在需要控制物品出入门口的 RFID 系统。这种系统典型的应用场所是商店、图书馆、数据中心等，当未授权的人从这些地方非法取走物品时，EAS 系统将会发出警报。典型的 EAS 系统一般由 3 部分组成：附着在商品上的电子标签——电子传感器、电子标签灭火装置——以便授权商品能正常出入、监视器——在出口形成一定区域的监视空间。

(2) 便携式数据采集系统是使用带有 RFID 识读器的手持式数据采集器采集 RFID 标签上的数据。这使系统具有比较大的灵活性，适用于不易安装固定式 RFID 系统的应用环境。手持式阅读器(数据输入终端)可以在读取数据的同时，通过无线电波数据传入方式(RFDC)

实时地向主计算机系统传输数据，也可以暂时将数据存储在阅读器中，再一批批地向主计算机系统传输数据。

(3) 在物流控制系统中，固定布置的 RFID 阅读器分散布置在给定的区域，并且阅读器直接与数据 MIS 相连，RFID 标签是移动的，一般安装在移动的物体、人上面。当物体、人经过阅读器时，阅读器会自动扫描标签上的信息并把数据信息输入数据 MIS 进行存储、分析、处理，达到控制物流的目的。

(4) 定位系统用于自动化系统中的定位，以及对车辆、轮船、飞机等的定位跟踪。阅读器放置在移动的车辆、轮船、飞机上或自动化流水线中移动的物料、半成品、成品上，RFID 标签嵌入操作环境的地表下面。RFID 标签上存储位置识别信息，阅读器一般通过无线或者有线的方式连接到主信息管理系统。

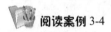
阅读案例 3-4

RFID 智能抵押品管理系统，解银行风控难题

商业银行抵押品管理是全面风险管理体系的重要组成部分，然而在实践中表明：当前不少商业银行对各种抵押品资料的管理认识严重不足，风险意识十分薄弱，对其监管往往还停留在符合一般管理操作流程即可的程度，潜在风险巨大，故系统化的管理配合高效的实物管理机制可有效解决这一实际问题。

基于 RFID 技术的抵押品管理系统，采用各种类型的标签标识不同的抵押品，并根据需要在标签或系统中存储抵押品数据，实现抵押品的出入库、维修、盘点、调拨等全生命周期管理，对重要抵押品实现实时监控管理，做到账账相符、账物相符，大大提高抵押品盘点的效率。RFID 抵押品监管包括以下四大内容。

1. 抵押品建档管理

企业抵押品采购验收入档后，操作人员使用 RFID 发卡机为新增设备发 RFID 抵押品管理标签，标签内写入抵押品编号、抵押品名称、采购日期、保管人员、抵押品状态及相关人员电话等信息，标签粘贴或悬挂于抵押品表面，至系统记录抵押品入库完成。RFID 抵押品管理标签将随抵押品生命周期共同使用，方便操作人员今后工作中抵押品的领用、退还、盘点等流程。

2. 抵押品领用管理

企业使用在库抵押品时操作人员使用 RFID 手持终端读取抵押品上的标签信息，确认取用抵押品正确后使用手持终端修改 RFID 抵押品管理标签数据，系统自动修改抵押品出库、抵押品领用人、抵押品状态等相关信息，抵押品出库操作一步完成，降低操作人员工作强度，降低出错率。抵押品使用人变更时操作人员只需使用 RFID 手持终端读取抵押品上所附 RFID 抵押品管理标签信息，确认信息后使用手持终端改写使用人信息，系统将自动修改其他相关信息，方便操作人员工作。

3. 抵押品结清出库管理

结清出库时，由支行提交相关贷款结清、权证解除等相关资料至中心，中心审核员核对无误后办理出库手续，在系统中做结清出库操作并将抵质押权证移交支行。确认信息后系统自动修改相关信息，减少操作，降低人员工作强度，降低出错率。

4. 抵押品盘点管理

抵押品盘点的目的是清查抵押品与实物之间的差别，以便作出相应的处理，达到账实相符，在所有的抵押品上贴上抵押品编号的 RFID 标签；盘点时，将抵押品账目按照抵押品在账面上的配置地点分别下载到手持终端上，盘点人员按照工作计划，拿着手持终端到相应的地点去逐一扫描该地点所有抵押品上的 RFID 标签，终端自动完成实际盘点抵押品情况与账面情况的对比；盘点完成后，形成抵押品差异表，差异数据按企业抵押品管理办法统一手工处理。

RFID 抵押品管理系统的六大功能为抵押品日常管理功能、抵押品月报、抵押品综合查询、盘点功能、系统维护功能、安全管理功能。由于在整个盘点过程中，不需要操作人员进行判别、记录，也不需要人工输入数据，工作效率和数据准确性大幅度提高。

(资料来源：http://success.rfidworld.com.cn/2021_03/8acbe9a9f183c4af.html. [2023-06-28].)

3.3　RFID 的主要技术标准体系和频率标准

标准是指对产品、过程或服务等有关的现实和存在的问题作出规定，提供可共同遵守的程序，以便不同国家之间的技术合作顺利进行和防止贸易壁垒。RFID 标准体系是将射频识别技术作为一个大的系统形成一个标准体系。

3.3.1　RFID 的主要技术标准体系

射频识别技术标准化的目的是制定、发布和实施标准以解决编码、通信、空中接口和数据共享等问题，最大限度地促进 RFID 技术及相关系统的应用。

1. RFID 标准概述

由于 RFID 的应用涉及众多行业，因此其相关的标准盘根错节，非常复杂。RFID 标准按类别不同可分为 4 类：技术标准(如 RFID 技术、IC 卡标准等)；数据内容与编码标准(如编码格式、语法标准等)；性能与一致性标准(如测试规范等)；应用标准(如船运标签、产品包装标准等)。

与 RFID 技术和应用相关的国际标准化机构主要有国际标准化组织(International Organization for Standardization，ISO)、国际电工委员会(International Electrotechnical Commission，IEC)、国际电信联盟(International Telecommunication Union，ITU)、万国邮政联盟(Universal Postal Union，UPU)。此外，还有其他的区域性标准化机构(如 EPC Global、UID Center、CEN)、国家标准化机构(如 BSI、ANSI、DIN)和产业联盟(如 ATA、AIAG、EIA)等也制定与 RFID 相关的区域、国家或产业联盟的标准，并通过不同的渠道提升为国际标准。

2. 三大技术标准体系

目前国际上形成了三大标准化组织，分别代表了国际上不同团体或者国家的利益，分别是美国的全球产品电子代码管理中心(EPC Global)、日本的泛在 ID 中心(Ubiquitous ID Center，UIC)和 ISO/IEC。

(1) EPC Global。

EPC Global 是由 UCC 和 EAN 于 2003 年 9 月共同成立的非营利性组织，其前身是 1999 年 10 月 1 日在美国麻省理工学院成立的非营利性组织 Auto-ID(自动识别)中心。EPC 旨在改变整个世界，搭建一个可以自动识别任何地方、任何事物的开放性的全球网络，即 EPC 系统，它是一种基于与 EAN/UCC 编码的系统。EAN/UCC 表示代码是固定结构、无含义,全球唯一的全数字型代码在 EPC 标签 2.0 的规范中采用 96~256 位的电子产品编码,EAN/UCC 编码具有一整套涵盖贸易流程过程中各种有形或无形产品所需的全球唯一标识代码。EAN/UCC 表示代码随着产品或服务的产生在流通源头建立,并随着该产品或服务的流动贯穿全过程,可以形象地称为"物联网"。

目前 EPC Global 已在加拿大、日本、中国等国建立了分支机构,专门负责 EPC 码段在这些国家的分配与管理、EPC 相关技术标准的制定、EPC 相关技术在本国的宣传普及和推广应用等工作。

EPC Global "物联网"体系框架内包含 3 种主要的活动——EPC 物理对象交换、EPC 基础设施和 EPC 数据交换,每种活动都是由 EPC Global "物联网"体系框架内相应的标准支持的,如图 3.7 所示。

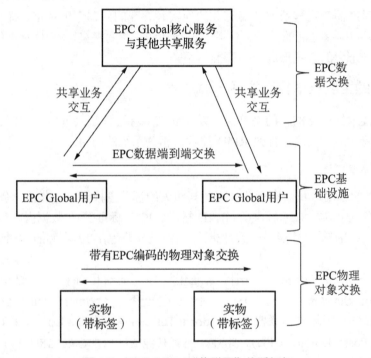

图 3.7　EPC Global "物联网"体系框架

① EPC 物理对象交换。

对于许多 EPC Global 网络终端用户来说,带有 EPC 编码的物理对象是商品,用户是商品供应链中的成员,物理对象交换包括许多活动,诸如装载、接受等,其他用途仍然包括对物品使用标签进行标识。EPC Global "物联网"体系框架定义了 EPC 物理对象的交换标准,从而能够保证当一个用户将一种物理对象提交给另一个用户时,后者能够确定该物理对象有 EPC 代码,并能够较好地对其进行说明。

② EPC 基础设施。

为达成 EPC 数据的共享,每个用户开展活动时将为新生成的对象进行 EPC 编码,通过监视物理对象携带的 EPC 编码进行跟踪,并将搜集到的信息记录到组织内的 EPC 网络中。EPC Global "物联网"体系框架定义了用来收集和记录 EPC 数据的主要设施部件接口标准,因而允许用户使用互操作部件来构建其内部系统。

③ EPC 数据交换。

用户通过相互交换数据提高自身拥有的运动物品的可见性，进而从 EPC Global 网络中受益。EPC Global "物联网"体系框架定义了 EPC 数据交换标准，为用户提供了一种点对点共享 EPC 数据的方法，并提供用户访问 EPC Global 核心业务和其他相关共享业务的机会。

(2) 泛在 ID 中心。

日本在电子标签方面的发展，始于 20 世纪 80 年代中期的实时嵌入式系统 TRON，而 T-Engine 是其中核心的体系架构。在 T-Engine 论坛的领导下，日本泛在 ID 中心(Ubiquitous ID Center，UIC)于 2003 年 3 月成立，并得到日本政府经济产业省和总务省及大企业的支持，其目标是建立和推广物品的自动识别技术，将现实空间和虚拟空间紧密连接在一起。目前包括微软、索尼、三菱、日立、日电、东芝、夏普、富士通、NTT DoCoMo、KDDI、J-Phone、伊藤忠、大日本印刷、凸版印刷、理光等重量级企业。

UIC 的泛在识别技术体系架构由泛在识别码(Ucode)、信息系统服务器、Ucode 解析服务器和泛在通信器这 4 部分构成。

① 泛在识别码(Ucode)是识别对象所必需的要素，它采用 128 位记录信息，提供了 340 编码×1036 编码空间，并可以以 128 位为单元进一步扩展至 256 位、384 位或 512 位。Ucode 能包容现有编码体系的元编码设计，可以兼容多种编码，包括 JAN、UPC、ISBN、IPv6 地址，甚至电话号码。Ucode 标签具有多种形式，包括条码、RF 标签、智能卡、有源芯片等，对标签进行分类，设立了 9 个级别的不同认证标准。

② 信息系统服务器存储并提供与 Ucode 相关的各种信息。信息系统服务器具有专业的抗破坏性，它使用基于 PKI 技术的虚拟专用网(Virtual Private Network，VPN)，具有只允许数据移动而无法复制等特点。

③ Ucode 解析服务器确定与 Ucode 相关的信息存放在哪个信息系统服务器上。Ucode 解析服务器的通信协议为 Ucode RP 和实体传输协议(Entity Transfer Protocol，ETP)。Ucode 解析服务器是以 Ucode 码为线索，对提供泛在识别相关信息服务的系统地址进行检索的分散性轻量级目录服务系统。

④ 泛在通信器由 IC 标签、标签读写器和无线广域通信设备等部分构成，用来把读到的 Ucode 送至 Ucode 解析服务器，并从信息系统服务器获得有关信息。泛在通信器将读取到的 Ucode 信息发送到 UID 中心的 Ucode 解析服务器，即可获得附有该 Ucode 码物品的相关信息的存储位置，即宽带通信网(例如因特网)的地址。由泛在通信器检索对应地址，即可访问产品信息数据库，从而得到该物品的相关信息。

(3) ISO/IEC。

RFID 技术在国际标准化组织的分类中属于信息技术中的自动识别与数据采集领域 (Automatic Identification and Data Capture Techniques，AIDC)，由国际标准化组织和国际电工委员会负责制定其标准。ISO/IEC 制定的技术标准可以分为数据采集和信息共享两部分。ISO/IEC 已出台的技术标准主要包括基本的模块构建、空中接口和涉及的数据结构及其实施问题，具体可以分为技术标准、数据内容标准、性能测试标准和应用技术标准 4 个方面。

① ISO/IEC 制定的技术标准可以分为数据采集类技术标准和信息共享类技术标准两部分。数据采集类技术标准设计标签、阅读器和应用程序等的处理协议，可以理解为本地单个阅读器构成的简单系统；而信息共享类技术标准是应用系统之间实现信息共享所需的技

术标准,比如软件体系架构标准。ISO/IEC 技术标准规定了 RFID 标签的有关技术特性、技术参数和技术规范等,包括 ISO/IEC 18000(空中接口参数)和 ISO/IEC 10536(密耦合集成电路卡)等。

② ISO/IEC 制定的数据内容标准规定了数据在标签、阅读器到主机(即中间件或应用程序)各个环节的表现形式。由于标签能力(存储能力、通信能力)的限制,在各个环节的数据表示形式必须充分考虑各自的特点,采取不同的表示形式。另外,主机对标签的访问可以独立于阅读器和空中接口协议,也就是说阅读器和空中接口协议对应用程序来说是透明的。RFID 数据协议的应用接口基于 ASN.1,它提供了一套独立于应用程序、操作系统和编程语言,也提供独立于标签阅读器与标签驱动之间的命令结构。ISO/IEC 数据内容标准包括数据协议/应用接口协议(ISO/IEC 15961)、规定了数据编码规则和逻辑存储功能的协议(ISO/IEC 15962)、适用于具有辅助电源和传感器功能的电子标签的协议(ISO/IEC 24753)和规定了电子标签唯一标识的编码标准(ISO/IEC 15963)。

③ ISO/IEC 制定的性能测试标准是关于的测试指标制定等方面的标准,测试是所有信息技术类指标中非常重要的部分,ISO/IEC 标准体系中的性能标准包括设备性能测试方法(ISO/IEC 18046)和一致性测试方法(ISO/IEC 18047)。

④ 应用技术标准是在标准技术基础上,根据各个行业自身的特点而制定的,随着 RFID 技术的应用越来越广泛,ISO/IEC 意识到需要针对不同应用领域中所涉及的共同要求和属性制定通用技术标准,而不是完全独立地制定每个应用技术标准。早在 20 世纪 90 年代,ISO/IEC 已经开始制定集装箱标准(ISO/IEC 10374),后来又制定了集装箱电子封装标准(ISO/IEC 18185)、动物管理标准(ISO/IEC 11784、ISO/IEC 11785 和 ISO/IEC 14223)。

【3-5 拓展知识】

3.3.2 RFID 的频率标准

通常情况下,RFID 阅读器发送的频率称为 RFID 系统的工作频率或载波频率。RFID 载波频率有 4 个范围:低频、高频、超高频和微波。常见的工作频率有低频 125~134kHz、高频 13.56MHz、超高频 860~960MHz 和微波 2.45~5.8GHz,4 种不同工作频率 RFID 系统的性能比较见表 3-3。

表 3-3 RFID 主要频率标准及性能比较

频率标准	低 频	高 频		超高频	微 波
工作频率	125~134kHz	13.56MHz	JM 13.56MHz	860~960MHz	2.45~5.8GHz
市场占有率	74%	17%	2003 年引入	6%	3%
读取距离	1.2m	1.2m	1.2m	4m(美国)	15m(美国)
速度	慢	中等	很快	快	很快
潮湿环境	无影响	无影响	无影响	影响较大	影响较大
方向性	无	无	无	部分	有
全球适用频率	是	是	是	部分(欧盟、美国)	部分(非欧盟国家)

续表

频率标准	低频	高频		超高频	微波
现有ISO标准	11784/85，14223	18000-3.1/14443	18000-3/115693，A，B和C	EPC C0，C1，C2，G2	18000-4
优点	对金属与液态环境反应更佳	世界标准，相比低频读取速度更快		读取速度快，读取距离远	传输速度快
缺点	读取速度慢、读取距离近	读取距离近		对金属与液体环境反应差	读取距离近
主要应用范围	进出管理、固定设备、天然气、洗衣店	图书馆、产品跟踪、货架、运输	空运、邮局、医药、烟草	货架、卡车、拖车跟踪	收费站、集装箱

RFID的低频系统多用于短距离、低成本的应用中，如多数的门禁控制、校园卡、煤气表、水表等；高频系统则用于需传送大量数据的应用系统；超高频系统多用于以箱或者托盘为单位的追踪管理、行李追踪、资产管理和防盗等场合；微波RFID系统适用于高速公路电子收费系统等。

【3-6 拓展案例】

EPC Global规定用于EPC的载波频率为13.56MHz和860~930MHz两个频段，其中13.56MHz频率采用的标准原型是ISO/IEC 15693，已经收入ISO/IEC 18000-3中，该频点的应用已经非常成熟。而860~930MHz频段的应用则较复杂，各国或地区采用的频率不同：美国为915MHz，欧洲为869MHz，而我国由于被全球移动通信系统、码分多址等占用，目前频率仍然待定。国际上RFID频率的使用情况见表3-4。

表3-4 国际上RFID频率的使用情况

频率	空间耦合方式	主要用途	特点及问题
125kHz左右	电感耦合（近场）	家畜识别、自动化生产线、精密仪器	工作距离十分短，速度低，成本低，电磁噪声大
13.56MHz左右	电感耦合（近场）	无线IC卡，防盗，自动化生产线等	工作距离为近场，由于允许的带宽只有14kHz，所采用的窄带调谐天线易受环境影响而失谐，同时速率较低，不适合大规模使用
433MHz左右	反向散射耦合（远场）	货物管理及特定场合	该频段电磁波绕射能力强，工作距离较远，但天线尺寸较大，该频段附近的无线电业务繁杂，容易引发干扰问题
860~960MHz段	反向散射耦合（远场）	商品货物流通	该频段电磁波绕射能力强，最大工作距离较远，可达8m，甚至10m。背景电磁噪声小，天线尺寸适中，RF标签易于实现，是全球范围内货物流通领域大规模使用RFID技术的最合适频段。该频段除ITU划分的第二区中的国家将902~928MHz作为ISM频段外，其他国家和地区在使用时都必须考虑与已有无线电业务的电磁兼容问题

续表

频　率	空间耦合方式	主要用途	特点及问题
2.4～5.8GHz 段	反向散射耦合（远场）	车辆识别，货流速度	该频段电磁波为视距传播，绕射能力较差，且相对来讲空间损耗大，因此工作范围小。由于频率高，相对而言制造成本较高。同时该频段为 ISM 频段，电磁环境复杂，干扰问题在特定场合可能较为突出

3.4　RFID 在物流管理中的应用

现代物流以先进的信息技术为基础，强调物流的标准化和高效化，以相对较低的成本提供最大化的服务，注重服务、人员、技术、信息与管理的综合集成，是先进的生产方式、经营管理方式与信息技术相结合在物流管理中的高效应用。

RFID 技术在国外发展非常迅速，RFID 产品种类繁多。它被广泛应用于工业自动化、商业自动化、交通运输控制管理等众多领域，如汽车火车交通监控、高速公路自动收费、停车场管理、物品管理、流水线生产自动化、安全出入检查、动物管理、车辆防盗等。其中最著名的例子是年营业额占全球零售业额的两成，美国零售业的六成，被美国《商业周刊》称为全球企业新独裁者的沃尔玛公司。据专业分析师估计，沃尔玛公司在应用了 RFID 技术之后，每年节省的成本可达 84 亿美元。许多欧美国家将 RFID 技术用于高速公路收费站，在路口设有电子收费站，车主只要凭借粘贴在车上的 RFID 标签，就可自动扣款，直接通过收费通道，不需要停车，极大地缓解了交通压力，缩短了车主在收费站等待的时间。

作为 20 世纪十大重要技术之一，RFID 在国外的应用已经越来越普及，而中国是世界生产中心之一也是最具潜力的消费市场，它对 RFID 的需求也将越来越强烈。目前，在国内 RFID 技术大多应用于高速公路自动收费、公交电子月票系统、人员识别与物资跟踪、生产线自动化控制、仓储管理、汽车防盗系统、铁路车辆和货运集装箱的识别等。随着 RFID 的发展，人工收费和 IC 卡收费等多种停车收费方式将逐渐被基于 RFID 技术的不停车高速公路自动收费系统替代，如首都机场高速公路、深圳皇岗口岸等。

3.4.1　RFID 环境下的仓储管理

随着 RFID 技术的迅速发展，因其不易污染、磨损、划伤，以及标签本身无源件、体积小、耐用可靠、操作迅速方便等优点，正被广泛应用于公路收费、考勤、门禁、餐厅记账及身份识别等系统中，给生活带来了极大的便利。

【3-7 拓展视频】

目前，仓库管理大多是基于响应规范的手工作业以及半自动化管理实现的。其弊病显而易见，即需要投入大量的人力进行物品放置的规范化、定期整理盘点及出/入库登记等工作，这使得仓库管理问题十分烦琐，浪费大量的时间，因此，把 RFID 技术应用于仓库管理中是一个理想的选择。

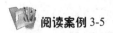
阅读案例 3-5

基于 RFID 叉车仓储物流管理应用及优势

1. 行业背景

【3-8 拓展视频】

随着物流仓储的快速发展，市场需求不断升级，仓储自动化要求越来越高。仓储的各种管理工具成为改善的重要环节。叉车在企业的物流中扮演着非常重要的角色，是物料搬运设备中的主力军，越来越多的企业引进智能叉车用来运输和管理物资。叉车是无轨、轮胎行走式装卸搬运车辆，因此被广泛应用于厂矿、仓库、车站、港口、机场、货场、流通中心和配送中心等各种重要货品运输场所。

叉车在物流仓储中的地位越发重要，面对各种多元化需求，多样化、智慧化的物流仓储建设也给叉车的发展提出了更高的标准。RFID 叉车仓储物流管理应运而生，在提高叉车整体作业水平、提升复合功能，以保证叉车基本动力运输功能的同时，追求更多的附加价值，为实现智慧物流、智慧仓库起到重要的支撑作用。

RFID 托盘是将 RFID 电子标签安装在托盘内，完成电子标签与托盘的绑定；RFID 货架是将 RFID 电子标签安装在货架上，完成标签与货架的绑定。

当仓库管理系统(Warehouse Management System，WMS)在生成新的出入库或转拨任务后，会自动根据叉车系统的运行情况将任务下发至未执行任务的叉车工业计算机上，叉车工人启动任务后，将按照叉车 RFID 工业平板的指引前往指定的货架或仓库大门，执行任务。在执行任务的过程中，叉车 RFID 读取系统会根据当前的任务状态完成对出入库或转拨货物的确认，叉车司机无须干预。

入库作业时，操作人员在 WMS 上进行入库数据录入，将入库货物的信息与托盘进行关联，并可根据实际的入库货物决定是否需指定具体货位信息。对指定货位信息的货物，叉车司机在叉车工业计算机的指示下叉取托盘货物前往指定的货位，在放好托盘准备退叉时，RFID 读取系统对读到的货位信息和货物在系统中指定的货位信息进行比对，正确则提示入库完成，否则将提醒叉车司机前往正确的货位上架。对不指定具体货位的货物，可由叉车司机根据货位空闲状态，选择合适的货位上架。上架后，RFID 读取系统自动将读到的货位标签与货物托盘标签进行关联，并上传到后台系统，完成货物上架。

出库作业时，操作人员在 WMS 上下达出库指令后，叉车上的工业计算机将收到相关任务，并指引叉车司机执行货物出库任务。叉车在叉取托盘后，RFID 读取系统通过托盘标签可以获取准确的货物信息，并与 WMS 指定的出库货物信息比对，符合则允许出库，否则将告警。

转拨是在仓库内部完成的一次出库和一次入库，其大体流程控制遵循出入库流程控制原则。

2. RFID 叉车仓储物流管理在应用中的优势

(1) 扫描速度快：超高频 RFID 电子标签可实现多标签同时扫描，速度快，极大地提高了工作效率。

(2) 货位准确的识别：通过叉车上的无线终端及 RFID 读写器读取到的 RFID 货位标签，保证货物放在正确的位置。

(3) RFID 电子标签可重复使用：RFID 电子标签的使用寿命一般大于 20 年(10 万次读写)，并且内容可更改，所以可重复使用，降低企业成本。

(4) 远距离识别货物，免去人工查找：RFID 叉车管理可实现远距离读取货架和物品上的电子标签，可远距离查找到要出入库的物品的位置，避免误搬。

RFID 叉车仓储物流管理主要实现叉车操作人员可以从工业平板上看到待作业任务、有规划好的作业线路以及地图上自身的位置；上下货的时候能实时识别库位及货物信息，叉车上的工业平板会实时和后台进行数据核对以确认是否正确；WMS 信息和叉车平板同步，可实时完成盘点、移库、拆并等操作，减少作业流程，提高作业效率。

RIFD 叉车仓储运输管理的应用保证了货物仓库管理各个环节数据输入的准确性，确保企业及时准确地掌握货物的真实数据，合理保持和控制企业货物库存及调度运用，有利于提高仓储管理的工作效率。将整个仓库管理与 RFID 技术完美结合，形成智能化、信息化管理，高效地完成各种业务操作，大大加快了仓储物流的出入库库的流转速度增强了仓储系统的处理能力。

(资料来源：http://solution.rfidworld.com.cn/2021_12/712f8caf7c49c9f0.html.[2023-06-28].)

3.4.2　RFID 环境下的运输管理

RFID 技术在运输领域得到了广泛的推崇，在该领域内常见的应用有铁路运输调度系统、集装箱自动识别系统等。

1. 铁路运输调度系统

在所有机车、货车上安装电子标签，也就是在所有区段站、编组站、大型货运站和分界站安置 RFID 电子标签地面识别设备；对运行的列车及车辆信息进行准确的识别。火车按既定路线运行，读写器安装在铁路沿线，就可得到火车的实时信息及车厢内装的物品信息；通过读到的数据，能够得到火车的信息，监控火车的完整性，以防止遗漏在铁轨上的车厢发生撞车事故，同时能在车站对车厢重新编组。信息经计算机处理后提供列车、车辆、集装箱实时追踪管理所需的准确、实时的基础信息；为分界站货车的精确统计提供保证；为红外轴温探测系统提供车次、车号的准确信息；还可实现部、局、车站各级车的实时管理、车流的精确统计和实时调整等，从而建立一个铁路列车车次，机车和货车号码、标识、属性和位置等信息的计算机自动报告采集系统。

2. 集装箱自动识别系统

将记录集装箱位置、物品类别、数量等数据的标签安装在集装箱上，借助 RFID 技术，就可以确定集装箱在货场内的确切位置，在移动时可以将更新的数据写入 RFID 标签，实现了集装箱的动态跟踪与管理，提高了集装箱运输的效率与信息共享。系统还可以识别未被允许的集装箱移动，有利于管理和安全。

【3-9 拓展视频】

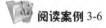

阅读案例 3-6

RFID 技术在现代港口集装箱管理中的应用

相对于工业自动化等领域的应用，RFID 电子标签在集装箱物流运输中的应用具有很强的特殊性。RFID 技术能适应集装箱生产线和堆场的金属箱群的恶劣环境，在产成品下线、运输环节对集装箱、托运车辆进行实时追踪，实现对集装箱(集装箱生产管理)、托运车辆(运费自动结算)和堆场自动管理(集装箱存放状态)的管理。

1. RFID 集装箱管理系统组成

RFID 集装箱管理系统是由 RFID 发卡器、RFID 读写器、RFID 电子标签(集装箱电子标签和拖车电子标签)、天线、车载阅读器系统、出厂监控子系统、堆场集装箱管理子系统、中央监控子系统等组成的。其主要子系统如下。

(1) 中央监控子系统：监控其他子系统运作，与其他子系统进行信息交互。进行集装箱信息管理和托运车辆信息管理，数据统计与分析，进行运费结算，向客户提供集装箱信息查询服务。

(2) 出厂监控子系统：监测、记录出厂集装箱的信息、托运车辆的信息、发生时间、操作人员等，统计分析各种集装箱的出厂情况。

(3) 堆场集装箱管理子系统：监测、记录经过闸口的集装箱信息，对应的拖运车辆信息，事件发生时间、操作人员等信息，对堆场集装箱堆放位置信息进行管理，迅速准确查找集装箱状态；具有形象的 2D 集装箱堆场地图和放箱、找箱功能。

2. RFID 集装箱管理工作流程

(1) 集装箱车间写卡。当制造好的成品集装箱下生产线时，通过系统软件和读写器把对应的集装箱信息(如集装箱代码)写入空白 RFID 电子标签，将写好代码的标签吸附到集装箱上，由生产厂的堆高车阅读器系统确认集装箱箱号后出厂。

(2) 集装箱出厂识读。确认出厂集装箱将由拖车运出生产厂前往堆场，安装在工厂出口的阅读器读取集装箱标签信息和拖车信息(如果标签读取失败，可由出口监控点工作人员手工输入箱号)，传输到出厂监控子系统中，再由该系统通过 Internet 上传到中央监控子系统中。

(3) 堆场闸口入口识读。在集装箱进入堆场闸口时，堆场入口闸口上的 RFID 读写器读取集装箱和车辆 RFID 电子标签，将车辆信息、集装箱信息及其匹配关系、到达时间等保存到堆场集装箱管理子系统中，同时上传到中央监控子系统。

(4) 堆场放置/提取集装箱。集装箱入堆场后，由堆高车系统按照中央监控子系统分配的堆放位置放置集装箱。车载阅读器对抓取的集装箱的信息进行自动读取，数据通过无线数据传输与控制室中央数据库进行交互，验证后将集装箱堆放到系统图形所指示的位置。提取集装箱时，堆高车系统根据图形指示找到相应的集装箱，阅读器读取集装箱上的电子标签，验证为应提箱后将集装箱取下。

(5) 集装箱运出堆场时。堆场出口的阅读器系统读取出场的集装箱和车辆上的电子标签，判断所运箱是否为应出场箱，确认后将车辆信息和箱信息匹配，将信息和出闸时间保存于本地数据库和中央数据库。如果集装箱信息读取成功，工作人员将电子标签取下回收，进入下一轮应用。

RFID 技术在现代港口集装箱管理中的应用已经非常广泛，RFID 技术能够实现准确地识别集装箱历史和当前状态、运输车辆的历史记录、堆场集装箱的存放位置，完成数据的记录和查询，从而实现集装箱生产和堆场数据管理、车辆运输记录管理、实时数据传输和集装箱供应链信息实时透明化。

(资料来源：http://success.rfidworld.com.cn/2021_01/0f01342f8c6cfe06.html. [2023-06-24].)

3.4.3 RFID 环境下的配送管理

RFID 技术在配送中心的实现形式是将 RFID 电子标签贴在包装箱或商品上，进行商品信息的自动存储和传递，缩短配送作业流程、改善盘点作业质量、增大配送中心的吞吐量，同时降低配送中心的运转费用。

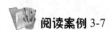

阅读案例 3-7

RFID 在物流配送中的应用

RFID 技术可以识别高速运动的物体，同时可以识别多个标签，操作简便，还能够实现对商品原材料、半成品、产成品在物流各大功能中以及最终的销售甚至是退货环节等的实时监控。配送中心通过使用 RFID 技术提高运行效率，实现可视化管理，满足客户特殊的配送要求，并最终提高客户的满意度。

1. 入库作业

货物在供应商发货时已贴有 RFID 电子标签，该电子标签记录了货物的名称、数量等基本信息，当送货车辆抵达配送中心时，配送中心入库处安装的阅读器便会自动识别货物的电子标签，读取所有货物的信息，并将信息发送到配送中心管理系统，系统便会自动更新存货清单，同时打印出实际到货清单。仓库管理员对实际到货单和收货通知单进行核对，核对无误后，安排卸货入库。配送中心管理系统会根据收到的入库信息安排货物位置，并将货物分配信息发送给叉车工，叉车工依据要求将货物送到指定存储位置，扫描货架上的电子标签，完成货物入库工作。

2. 订单填写

应用 RFID 技术可将配送中心管理系统与存货系统有效地联系起来，订单填写主要在管理系统中完成，这样可以将配货、理货、验货、发货、出库及更新存货目录规整为统一的整体，从而大大降低了订单填写的错误率，也减少了人力的消耗。

3. 盘点与补货

工作人员制订盘点计划并执行盘点工作，使用 RFID 手持设备对储存的货物进行盘点，并在设备上记录盘点信息，配送中心系统管理人员查看盘点的结果，并作出相应的解决措施。货物补货系统在货物不足规定数量时便会向管理中心提出补货申请，按照管理中心发送的指令，在规定的时间内补充需要的数量，若在补货时发现货物放错位置，移动阅读器自动向管理中心发送消息，根据管理中心的要求，装有阅读器的运送车会将放错的货物重新放到规定的位置。

4. 出库作业

采用 RFID 技术使得货物出库运输实现自动化。配送中心仓库出口处安装有阅读器，当贴有 RFID 电子标签的货物出库时，阅读器无须扫描和接触便可以读取到 RFID 电子标签信息，并将信息发送到仓储管理系统，经系统确认无误后，货物便可出库，通过 RFID 电子标签可实现对货物配送运输过程的实时监控，从而确保货物及时、准确、安全地送达零售商处。

RFID 技术应用于配送中心，解决了配送中心信息采集的自动化问题，贴在单个商品、包装箱或者托盘上的 RFID 电子标签，提供了配送中心货物的信息流与商品流的相互通信的便利，同时依靠互联网传递从电子标签上采集的数据信息。应用 RFID 技术大大降低了获取产品信息的人工成本，使配送中心很多环节实现操作上的自动化，加速存货周转，提高了配送中心出入库货物信息的记录采集速度与准确性，减少了库存盘点时的人工失误，提高了盘点的速度和准确性。

(资料来源：李倩，张嫚，2018. RFID 技术在物流配送中的应用[J]. 现代营销(11): 101；田丰功，2021. RFID 技术在物资仓储配送中的应用[J]. 中小企业管理与科技(2): 158-159.)

本 章 小 结

RFID 技术是一项利用 RF 信号通过空间耦合(交变磁场或电磁场)实现无接触信息传递，通过所传递的信息达到识别目的的技术。与条码识别技术相比，RFID 技术可实现全自动识别多个标签,识别距离更远,抗污染能力更强。RFID 标准体系是将 RFID 技术作为一个大的系统形成一个标准体系,国际上形成了三大标准化组织,分别代表了国际上不同团体或者国家的利益,分别是美国的全球产品电子代码管理中心(EPC Global)、日本的泛在 ID 中心(Ubiquitous ID Center,UIC)和 ISO/IEC。在现代物流管理中,RFID 技术被广泛应用于仓储、运输和配送管理。

关键术语

(1) RF (2) RFID (3) 电子标签 (4) 阅读器
(5) EPC Global (6) ISO/IEC 标准

习　题

1. 选择题

(1) 以下(　　)不是 RFID 技术的特点。
　　A. 全自动快速识别多目标　　B. 数据记忆量大
　　C. 应用面广　　D. 安全性能不高
(2) 下列有关 RFID 标签的说法中,不正确的一项是(　　)。
　　A. 主动式标签能传输较强的信号,因而具有更远的读写距离
　　B. 主动式标签的使用寿命与电池寿命无关
　　C. 被动式标签可分为"有源"和"无源"两种模式
　　D. 被动式标签比主动式标签具有更广阔的应用领域
(3) RFID 的低频系统和高频系统的主要区别在于(　　)。
　　A. 成本的高低　　B. 频率的不同
　　C. 标签内存的大小　　D. 阅读距离
(4) 阅读器工作的核心是(　　)。
　　A. 载波产生器　　B. 接收通道
　　C. 微控制器　　D. 天线
(5) 下列(　　)不是按照工作方式对 RFID 系统进行分类的。
　　A. 双全工系统　　B. 时序系统
　　C. 倍频式系统　　D. 半全工系统
(6) 根据读取电子标签数据的技术实现手段,RFID 系统可分为 3 大类,其中不包括(　　)。
　　A. 广播发射式系统　　B. 倍频式系统
　　C. 反射调制式系统　　D. 有源系统
(7) 通常情况下,RFID 阅读器发送的频率称为 RFID 系统的(　　)。
　　A. 使用频率　　B. 最高频率
　　C. 最低频率　　D. 载波频率

(8) 在下列的应用中，（　　）多使用 RFID 的低频系统。
   A. 门禁控制　　B. 火车监控　　C. 高速公路收费　　D. 产品跟踪

2. 判断题

(1) EPC Global 体系框架包含 3 种主要的活动——EPC 物理对象交换、EPC 基础设施和 EPC 数据交换。（　　）
(2) 阅读器的频率决定了 RFID 系统工作的频段，其功能决定了 RFID 的有效距离。（　　）
(3) RFID 的低频系统主要用于长距离、高成本的应用中。（　　）
(4) 在一次写入多次读出标签中，用户一次写入数据，写入后也能对数据进行修改。（　　）
(5) RFID 采用的是激光，可以透过外部资料读取数据，而条形码靠无线电 RF 来读取数据。（　　）
(6) 与条码技术相比，RFID 技术的使用受恶劣环境的影响更严重。（　　）
(7) 电子标签中一般保存有约定格式的电子数据，由耦合元件及芯片组成，内置 RF 天线，用于和主机系统进行通信。（　　）
(8) ISO/IEC 标准体系可以分为技术标准、数据内容标准、性能测试标准和应用标准。（　　）

3. 简答题

(1) 简述 RFID 技术的特点。
(2) RFID 使用的主要频率标准有哪些？
(3) 简述 RFID 的基本原理。
(4) 简述 RFID 工作的基本流程。
(5) 简述 RFID 的主要国际标准体系。
(6) 简述 RFID 系统的分类。
(7) 简述 RFID 技术和条码识别技术的优、缺点。
(8) RFID 技术在物流管理中的应用主要有哪些？

案例分析

案例 1

RAIN RFID 掌握了供应链的主动管理权

在抗击新冠疫情期间，众多公司在世界各地的供应链中十分依赖人工智能和物联网等信息技术。这些数字化解决方案，有助于公司准确地捕获一些重要数据，并最终用自己的第一方数据提高供应链的管理效率，并且更好地保护供应链中的薄弱环节。

与此同时，RAIN RFID 技术在支持物联网解决方案上发挥的作用也变得越来越大。企业可以采用 RAIN RFID 捕获物品数据，然后将 RFID 读写器所获得的这些数据输入 AI 系统，进而更好地识别供应链中的低效率情况，从而让企业能够作出更为明智的决策。

1. RAIN RFID 的定义

RAIN RFID 技术是指连接到云端的 RFID 解决方案,使消费者、企业和各种其他利益相关者能够有效地识别、验证、定位和接触各种物体。RAIN RFID 解决方案仅用 UHF RFID 技术,为了确保在整个供应链统一识别中用相同的 RFID 标签。RAIN RFID 解决方案包括各种 RFID 标签、阅读器、软件和相关服务。

简言之,RAIN RFID 技术是一种强大的射频识别技术,可逐项地收集庞大的数据。把小型无电池标签贴附于物品后,企业就可通过 RAIN RFID 技术去识别、定位和验证每一件物品,随后用各种设备(包括手持式、固定式和可穿戴式读取器等)收集物品的相关数据。事实上,RAIN RFID 能够做到在同一时间内多次扫描数千件物品。

RAIN RFID 解决方案能够在正确的时间和地点准确找出正确数量的物品,从而极大地提高了企业的运营能力。在抗击新冠疫情期间,RAIN RFID 一直是防止零售业和制造业的供应链发生中断情况的关键技术,因为,RAIN RFID 能够增强仓库中库存和资产的可见性,同时,也不断提高货物管理的流动性和效率。

2. RAIN RFID 助力解决供应链问题的 3 种方法

RAIN RFID 用于简化工作流程、实时维护库存、提高生产率及助力管理劳动力的短缺情况,下面是关于 RAIN RFID 助力解决供应链的问题的 3 种重要方法。

(1) 装运验证自动化。在货物装运过程中,仍需要大量劳动力进行多次手动扫描条码。即使在没有光线的情况下,RAIN RFID 标签也能够自动读取物品的一些数据,这就意味着,工人不再需要暂停、定位条码和扫描条码。供应链中应用 RAIN RFID 实现发货验证流程的自动化,可以将仓库的管理效率提高 25%。

(2) 提供实时可视化。零售系统研究(Retail Systems Research)机构的调查显示,76%的供应链调查受访者表示,库存实时可视化是他们提高绩效的关键点之一。供应链经理一旦缺乏有关进出仓库的资产和货物状态的信息时,自己的运营信心就会受到打击,从而在一定程度上影响生产力。

不过,RAIN RFID 解决方案正好可以提高供应链经理的运营信心,进而提高供应链中的生产效率。供应链领导者通过 RAIN RFID 实时了解物品的标识、使用情况和位置。有了这些重要信息,他们可以快速查询有关库存和资产的目前情况,进而降低库存管理和资产管理的投资成本。

(3) 提高订单准确性。公司依靠冗余人工检查、验证编号正确的纸箱是否装载到与之相对应的托盘上。通过使用 RAIN RFID,供应链工作人员可以自动对托盘进行构建验证,从而简化其工作流程,并且提高订单的准确性。事实上,奥本大学在最近的一项研究发现,RAIN RFID 可以帮助企业实现高达 100%的订单准确性,从而提高客户对企业提供服务的满意度,进而减少索赔成本。

3. RAIN RFID 可增加人工智能分析的价值

在因人工智能的驱动而快速决策的环境中,RAIN RFID 具有独特的能力,能够使系统运行得更加有效。这是因为它提供了用于跟踪和定位数十亿件物品的物品标识符,从衣服到食品、药品、工具、包装、托盘等。

在没有光线的情况下,RAIN RFID 也可以自动读取数据,为曾经不可用的位置和易忽视的过程细节提供可见性。RAIN RFID 系统提供的数据让人工智能驱动的解决方案变得更有实用性,不仅让人们能够看到整个供应链中的单个项目,还让人们能够了解整个供应链的运作方式,并让人们察觉有哪些方面需要改进。

随着企业加速数字化转型,以及企业对新技术和物联网的投资激增,互联网数据也会呈现增长的趋势。不过,随着货物实时流动的准确数据量的增加,人们对运营团队的需求也在增加,运营团队需要自信、快速地作出合理的业务决策。因此,人工智能驱动的系统有助于运营团队依靠人工智能的数据分析作出更好的决策。

例如,在过去几年中,达美航空通过投资 RAIN RFID、物联网等技术,如 RAIN RFID 行李实时跟踪系统,以及通过 Fly Delta 移动应用程序实现自动办理登机手续,而这些技术的应用无疑提升了客户的体验。目前,达美航空正在利用对这一系列的技术投资来实施人工智能驱动的平台,该平台能够分析数百万个运营数据点，从行李移动到飞机位置，从机组人员限制到机场条件，等等。该系统模拟操作运营情景，并创建一些假设的场景，从而帮助达美航空的专业人员作出关键的运营决策，以改善客户的航空体验。

(资料来源：http://www.iotworld.com.cn/html/News/202108/1f2d120ab65370c7.shtml. [2023-06-24].)

案例2

沃尔玛RFID技术的应用——RAIN RFID标签

2022年年初，沃尔玛宣布要求其供应商在2022年9月之前使用RAIN RFID标记家居用品、体育用品、电子产品、玩具等，并计划将要求扩展到更多类别的商品。沃尔玛销售高级总监说："我们在确保为客户提供产品的能力方面取得了显著成果，从而提高了在线订单履行和客户满意度。"因为其规模和影响力，沃尔玛经常成为美国零售业的"领头羊"。随着RAIN RFID扩展到几个新产品类别，沃尔玛RFID技术可能会引发连锁反应，使美国零售业普遍采用RAIN RFID技术。

沃尔玛销售高级总监也提到RAIN RFID解决方案使零售商能够查看供应链和商店中物品的实时位置和状态。沃尔玛明确表示，将把RAIN RFID用于库存和供应链管理。同时，全球各地的零售商都开始发现RAIN RFID，除了用在库存和供应链的管理上，还可以实现更多功能，包括可以为零售商提供全渠道履行所需的实时库存可见性，包括"在线购买，店内提货""在线购买，路边提货"等选项，以及从商店发货。RAIN RFID可以绕过笨拙的条码扫描，改善自助结账系统，增强客户的体验并减少客户的排队时间。沃尔玛RFID技术解决方案可以通过向零售商准确展示丢失的物品、丢失的时间和地点，以及如何适应商店趋势来加强损失预防。

以下是RAIN RFID解决方案在零售业的典型工作方式。

(1) 每件物品都贴有沃尔玛RAIN RFID标签，其中包括一个细天线和一个包含该物品标识符的微型标签芯片。标签可以做得非常小，可以嵌入吊牌、包装甚至织物中。

(2) RAIN RFID阅读器，无论是手持式RFID阅读器还是固定在转换点的固定式RFID阅读器，都使用无线电信号来读取存储在这些标签上的标识符。与条码不同，最多可在10米的距离内一次读取多达一千个RAIN RFID标签，无须视线接触。

(3) 阅读器将该标签数据发送到与现有企业系统接口的软件中。有了这些数据，零售商可以立即知道商品是否有货，或者向在线购物者提供准确的产品信息。

沃尔玛是零售业中RAIN RFID的早期推动者，在抗击新冠疫情期间，RAIN RFID的优势变得更加明显。在除服装之外的产品上应用沃尔玛RFID技术的潜力变得显而易见。

核查货架上的商品原来需要耗费数小时，采用沃尔玛RFID技术后，现在只需30分钟就能完成，沃尔玛的供应链效率得到明显提升。系统自动产生电子订单，货品的库存实时更新，节省了仓库空间，提高了沃尔玛的资金流动率。不仅如此，沃尔玛RFID技术还有效地减少了供应链管理的人工成本，让信息流、物流、资金流更为紧凑有效，增加了效益。

沃尔玛表示"我们期待将沃尔玛RFID技术扩展到更多类别，以进一步提高整个企业的库存准确性，为客户提供更好的店内购物体验。"

(资料来源：https://baijiahao.baidu.com/s?id=1730437380995196880&wfr=spider&for=pc. [2023-06-24].)

讨论题

(1) 结合案例1、案例2，分析RAIN RFID技术对供应链的影响。

(2) 分析上述案例，你认为RAIN RFID技术还可应用于哪些领域？

第4章 全球卫星定位系统

【本章教学要点】

知识要点	掌握程度	相关知识
GPS 的概念	了解	全球卫星定位系统
GPS 的发展历程	了解	GPS 计划历经方案论证、系统论证、生产实验 3 个阶段
GPS 的特点	熟悉	6 个特点
GPS 的分类	掌握	根据接收机的用途、载波频率、通道数、工作原理进行分类
GPS 的构成	掌握	空间部分——GPS 卫星星座,地面监控部分——地面监控系统,用户设备部分——GPS 信号接收机
GPS 的常用术语	了解	坐标、路标、路线、前进方向、导向、日出日落时间、足迹线等概念
GPS 的基本工作原理	掌握	测定卫星的准确位置及卫星信号传输时间
GPS 的定位方式	掌握	依据各种标准将定位方式分为绝对定位、相对定位、动态定位、静态定位等
网络 GPS	了解	网络 GPS 的特点、组成、工作流程
GPS 的应用	熟悉	在导航、交通运输、定位测量等方面有广泛应用

成品油销售企业利用GPS技术实现物流配送路径的优化
——以中石化集团广东石油分公司为例

中国石油化工集团有限公司广东石油分公司成立于1950年，是中国石化销售有限公司在广东的直属销售企业，主营成品油、润滑油的零售和批发业务。多年来以保障广东油品市场供应为己任，坚持"质优、量足、热情、便捷"的服务宗旨，现已发展成为一个下辖21个市分公司、2500多座加油网点、40多座油库，总资产超210亿元的国有大型企业，形成了遍布广东省的营销网络和日臻完善的服务体系，是广东省成品油市场的主要供应商。该公司精心调度资源，优化物流配送，保障广东省成品油市场供应稳定。

1. 传统物流配送路径存在的弊端

运距测量是成品油销售企业的物流管理工作中的重要一环，确保运距真实合理是物流配送线路优化的基础和前提。然而传统运距测量主要靠人工进行实地测量，这种方式主要存在以下几个弊端。

(1) 配送路径效率低、成本高。

绝大多数成品油销售企业的配送路径都存在变化快、通道多的特点，而人工实地测量耗时耗力，因而效率十分低下。广东石油分公司按要求每半年开展一次全面运距复测，但该企业配送路径多达2700余条，累计21万多公里，按每天行驶500公里来人工测量，至少需用420天，总耗时近14个月。

(2) 配送路径选择主观因素多、精度低。

测量人员往往参照百度和高德等导航软件规划的线路进行测量。导航软件规划的线路一般是小轿车的行驶线路，不是货车行驶线路，更不是危化品车辆运输线路。因为油罐车在实际运输中会存在很多限高、限行和限重等交通管制问题，所以使用导航软件会存在测量路径与实际油罐车行驶路径不符等情况。

(3) 配送路径覆盖率低、时效性差。

以往运距复测完成后测绘人员再与承运商对接，若存在较大争议，还需进行二次复测。由于测量线路较多，通常采用抽查的方式进行复测，选定标准一般为存在差异或附近路网发生变化的线路，此时承运商就会提出线路结算负差异，而对存在正差异的线路则不予理会。

2. 基于GPS运距测量新方法

鉴于广东石油分公司承运的车辆均装配GPS定位设备，因此可通过油罐车GPS轨迹数据，"投影"形成车辆行驶轨迹，完成"库—站"线路自动匹配，以大数据驱动实现运距测量智能化。

GPS轨迹数据是目前较为成熟和完善的数据资源，安装了GPS的油罐车已经实现全天候行驶数据的采集。基于大数据的智能化运距测量，可从GPS轨迹中提取优化路径，从而提升运距测量效率。应用智能锁控系统可采集大量油罐车GPS轨迹数据，但如何有效利用这些数据，解决运距测量中心"效率低、耗时长、耗人力"，是运距测量管理中迫切需要解决的难题。通过获取油罐车运行的GPS历史数据，可以点一点投影连线形成车辆行驶轨迹，然后与配送单据匹配找出从油库至加油站的运输线路。

结算运距是运费计算的主要构成部分，按照销售企业与运输企业签订的运输合同，每季度对公路运费结算中的运距标准进行复测修订。通过智能化运距测量系统分析一段时间内配送车辆实际行驶线路和距离，并与结算运距进行对比。运距复核重点对象包括年销量5000吨以上的加油站、新增加油站、高速公路沿途加油站、路网变化后运距有变化或流向调整的加油站以及加油站新增到非定位油库的公路运距。

由于交通路网变化和地方政府对危运车辆管制，配送线路也在不断优化。当运距核增时，运输企业会立即提请复测并按新增运距结算；反之运距核减时，运输企业未必会主动提请复测，运距更新滞后可能会导致运费虚增。通过大数据"明察秋毫"地监测运输线路变化，规范车辆行驶线路，让车辆尽量跑在最优化的线路上，一旦发现车辆偏离最优运输线路，立即提醒相关运输企业给予纠正。

3. 大数据驱动实施运距测量的效果

通过 GPS 轨迹大数据驱动实施运距测量后的成果主要体现以下 4 个方面。

(1) 降费效果显著。

通过对 2700 多条运距进行复核，一个季度共核减配送运距 442 条，核减配送里程 5186 公里，以现行运价评估，可节费 443 万元。

(2) 实现全覆盖实时测量。

测量周期由以前的耗时数月提升至即时完成，有效地解决了传统人工测量中路网不熟、人为偏差等问题，极大提高了测量的精准度，测量费用下降 95%以上。据测算可节约人工运距复测的差旅成本约 25 万元/年，节约 2 万人工时。

(3) 实现运输路线变化有迹可循。

基于 GPS 轨迹大数据的智能化运距测量可以对油罐车有无偏离线路，运输过程有无长时间停车等异常情况进行监督。同时针对油品未按时送达，计划员可事后调出轨迹和时间，分析存在的问题，提出解决措施。此外，所有运输数据长期保存，对争议线路和历史问题实现有据可查，有迹可循。

(4) 实现全物流运行统筹平衡。

"库—站"配送是加油站保供的最后一道环节，智能化运距测量有助于精准测算出油库因辐射范围，以及跨省提油辐射范围，减少车辆迂回空跑，提高车辆周转效率，实现精准配送；有助于与油站销量、油站液位仪库存、路网等实时数据联动，可实现油品自动补货功能；有助于智能配送系统合理选配送时间，确保油站不脱销；有助于与油库液位仪数据联动，可实时动态调整油库可发量，及时调整车库直接调配，确保油库不停发。

4. 结论

基于 GPS 轨迹大数据的智能运距测量新方法具有较强的可操作性和可靠性，能够实现石油配送的智能化运距测量和实时监控。智能运距测量新方法能够有效提升销售企业成品油物流配送效率，具有明显的经济效益，可为后续销售企业开展智能配送、库存分析、全物流联动拓实基础数据。智能运距测量新方法有助于提升企业物流优化水平，尤其对于油站多、路网变化快、路径复杂的企业，更具有广阔的应用和发展空间。

(资料来源：刘柏东，2021. GPS 轨迹大数据在优化成品油配送路径中的应用[J]. 电子测试(3): 56-58.)

讨论题

(1) 结合以上案例，分析 GPS 在成品油销售企业物流路径优化中发挥的作用。

(2) 通过该案例分析，谈谈 GPS 在现代物流交通中的发展前景及其带来的影响。

全球定位系统(Global Positioning System，GPS)是由美国国防部研制建立的一种具有全方位、全天候、全时段、高精度的卫星导航系统，能为全球用户提供低成本、高精度的三维位置、速度和精确定时等导航信息，是卫星通信技术在导航领域的应用典范，它极大地提高了地球社会的信息化水平，有力地推动了数字经济的发展。本章主要介绍的内容包括 GPS 的基本概念与发展历程、GPS 的构成与定位方式、网络 GPS 的概念和作用及 GPS 在物流中的应用。

4.1 GPS 概述

GPS 具有全天候、高精度和自动测量的特点,作为先进的测量手段和新的生产力,已经融入了国民经济建设、国防建设和社会发展的各个应用领域。

4.1.1 常见卫星导航系统的发展历程

【4-1 拓展视频】

全球定位系统(GPS)是由美国国防部开发的一个基于卫星的无线导航系统。GPS 利用分布在高度为 20200km 的 6 个轨道上的 24 颗卫星对地面目标的状况进行精确测定,每条轨道上拥有 4 颗卫星,在地球上任何一点、任何时刻都可以同时接收到来自 4 颗卫星的信号,卫星所发射的空间轨道信息覆盖整个地球表面。

GPS 主要应用于船舶和飞机的导航、对地面目标的精确定时和精密定位、地面及空中交通管制、空间与地面灾害的监测等。GPS 能对静态或动态对象进行动态空间信息的获取,快速、精度均匀、不受天气和时间限制地反馈空间信息。GPS 不仅可以定点导航,还可以向全球用户提供连续、定时、高精度的三维位置、速度和时间信息,以满足军事部门和民用部门的需要。

1. 第一代卫星导航系统

20 世纪 50 年代末,苏联发射了人类第一颗人造地球卫星,美国科学家在对其跟踪研究中,发现了多普勒频移现象,并利用该原理建成了子午卫星导航系统(Navy Navigation Satellite System,NNSS),又称多普勒卫星导航定位系统。该系统采用 6 颗卫星,并且每颗卫星都通过地球的南北极运行,地面上同一点上空子午卫星通过的间隔时间长,而且低纬度地区每天的卫星通过次数远低于高纬度地区。由于子午卫星轨道高度低、信号载波频率低、轨道精度难以提高,使得定位精度较低,其应用受到较大的限制,难以满足大地测量或工程测量的要求,更不可能用于天文或地球动力学研究。

子午卫星导航系统存在的缺陷促使美国海军和空军研究更先进的卫星导航系统,以提高导航性能。海军提出的计划称为"时间导航",空军的计划名为 621B。这两个方案差别很大,各有优缺点。"时间导航"方案采用 12~18 颗卫星组成全球定位网,卫星高度约 10000km,轨道呈圆形,周期为 8 小时,并于 1967 年 5 月和 1969 年 11 月分别发射了两颗试验卫星。"时间导航"方案基本上是一个二维系统,它不能满足空军的飞机或导弹在高度动态环境中连续给出实时位置参数的要求。空军的 621B 计划能在高度动态环境下工作。为了提供全球覆盖,621B 计划采用 3~4 个星座,每个星座由 4~5 颗卫星组成,中间 1 颗采用同步定点轨道,其余几颗用周期为 24 小时的倾斜轨,每个星座需要一个独立的地面控制站为它服务。而该系统存在的主要问题有两个:一是极区覆盖问题;二是国外设站问题。

2. 第二代卫星导航系统

(1) GPS。

为了解决子午卫星导航系统存在的众多问题,1973 年,美国国防部在时间导航和 621B

计划两个方案的基础上,决定发展各军种共同使用的 GPS。美国国防部指定这个计划由空军牵头负责研制。在空军系统司令部空间部成立了国务会议联合计划办公室,具体负责 GPS 的研制、试验、采购和部署工作。参加的单位有空军、陆军、海军、海军陆战队、海岸警卫队、运输部、国防地图测绘局及国防预研计划局。1978 年,一些北大西洋公约组织成员和澳大利亚通过双边协议也参加了 GPS 计划。

GPS 从 1973 年开始筹建,于 1989 年发射正式工作卫星,并于 1994 年全部建成并投入使用。该系统能在全球范围内,向任意多用户提供高精度的、全天候的、连续的、实时的三维测速、三维定位和授时。自 1974 年以来,GPS 计划已经历了方案论证、系统论证、生产试验 3 个阶段,总投资超过 200 亿美元。

GPS 的发展大约经历了 3 个阶段。

第一阶段为原理方案可行性验证阶段。1978—1979 年,共发射了 4 颗试验卫星,建立了地面跟踪网,研制了地面 GPS 接收机,对系统的硬件和软件进行了试验,结果令人满意。

第二阶段为系统的研制与试验阶段。1980—1984 年,又陆续发射了 7 颗试验卫星。第一阶段和第二阶段共发射了 11 颗试验卫星,这些试验卫星被称为第一代卫星——Block Ⅰ。与此同时,科研人员研制了各种导航型接收机和测地型接收机。试验表明,GPS 的定位精度大大超过设计标准,其中粗码(C/A 码)的定位精度超过设计指标高达 20m。由此证明,GPS 计划是成功的。

第三阶段为最后的工程发展与完成阶段。从 1989 年 2 月 4 日发射第一颗 GPS 工作卫星到 1994 年 3 月 10 日,共研制发射了 28 颗工作卫星。这些工作卫星被称为 Block Ⅱ 和 Block Ⅱ A。与 Block Ⅱ 相比,Block Ⅱ A 增强了军事应用功能,扩大了数据存储容量。与此同时,科研人员不仅研制了高精度导航型接收机,还研制了能对卫星载波信号进行相位测量的定位精度极高的接收机和采用相位差分的 GPS 载体姿态测量接收机,满足了精密导航与制导等一系列军事项目的要求。

GPS 从根本上解决了人类在地球及其周围空间的导航及定位问题,它不仅可以广泛地应用于海上、陆地和空中运动目标的导航、制导和定位,而且可以为空间飞行器进行精密定轨,满足军事部门的需要。同时,它在各种民用部门也获得了成功的应用,在大地测量、工程勘探、地壳监测等众多领域展现了极其广阔的应用前景。

(2) GNSS。

1992 年 5 月,国际民用航空组织在未来空中航行系统会议上审议通过了 GNSS(Global Navigation Satellite System)计划方案。该系统是一个全球性的位置和时间的测定系统,包括一个或几个卫星星座、机载接收机和系统完好性监视系统设备。其具体方案为:工作卫星星座由分布在 8 个高度为 $1.15×10^5$km 的圆形轨道平面上的 30 颗中高度卫星和分布在一个椭圆轨道的平面上的 6~8 颗静止卫星组成。该系统建成后,不仅能提供与 GPS 和 GLONASS 类似的导航定位功能,还具有全球卫星移动通信的能力。国际民用航空组织为了打破少数几个国家独霸卫星全球导航系统的被动局面,将 GNSS 的所有权、控制权和运营权实行国际化,贯彻"集资共建,资源共享"的方针。

伽利略定位系统(Galileo Positioning System)是欧洲联盟(以下简称欧盟)

【4-2 拓展视频】

一个正在建造中的卫星定位系统。2003年3月，伽利略定位系统计划正式启动。伽利略定位系统可与美国的GPS和俄罗斯的GLONASS兼容，但比它们更安全、更准确、更商业化，有助于欧洲太空业的发展。伽利略定位系统的卫星数量多达30颗，轨道位置高、轨道面少，更多用于民用，可为地面用户提供3种信号，且定位精度高。2003年起中国也积极参加了伽利略定位系统计划。

1995年，中国成立了中国卫星导航定位协会。中国的航天科技事业跻身于世界先进水平的行列，成为世界空间强国之一。同时，中国已着手建立自己的卫星导航系统(双星定位系统)。北斗卫星导航系统是由中国建立的区域导航定位系统。该系统由4颗(2颗工作卫星、2颗备用卫星)北斗定位卫星(北斗一号)、地面控制中心为主的地面部分、北斗用户终端3个部分组成。

【4-3 拓展视频】

北斗卫星导航系统由空间端、地面端和用户端3部分组成。空间端包括5颗静止轨道卫星和30颗非静止轨道卫星。地面端包括主控站、注入站和监测站等若干个地面站。用户端由北斗用户终端及与美国的GPS、俄罗斯的GLONASS、欧盟伽利略定位系统等其他卫星导航系统兼容的终端组成。

北斗卫星导航系统建设的目标是满足国家安全与经济社会发展需求，为全球用户提供连续、稳定、可靠的服务；发展北斗产业，服务经济社会发展和民生改善；深化国际合作，共享卫星导航发展成果，提高全球卫星导航系统的综合应用效益。

北斗卫星导航系统的建设形成了"三步走"发展战略：2000年年底，建成北斗一号系统，向中国提供服务；2012年年底，建成北斗二号系统，向亚太地区提供服务；2020年，建成北斗三号系统，向全球提供服务。2020年7月31日，北斗三号全球卫星导航系统正式开通。我国计划到2035年，将建设完善更加泛在、更加融合、更加智能的综合时空体系，进一步提升时空信息服务能力，为人类走得更深更远作出更大的贡献。

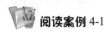

阅读案例 4-1

捅破 GPS 封锁 100% 自主可控！北斗产业链起飞

1. 背景导读

正如北斗卫星定位系统的广泛覆盖率一样，其应用场景也已经渗透到了人们生活的方方面面。而"北斗三号"作为全自主可控的国之重器，经历了攀越突破，已成为中国科技能力的新名片。

《鹖冠子·环流》中有"斗柄东指，天下皆春；斗柄南指，天下皆夏；斗柄西指，天下皆秋；斗柄北指，天下皆冬。"古时，人们以北斗七星的轮转变化来判断方位、季节甚至时辰。星河流转，千百年后的今天，"北斗"依然是指引中国人走向自主可控的国之重器。

中国卫星导航定位协会2022年5月发布的《2022中国卫星导航与位置服务产业发展白皮书》显示，2021年我国卫星导航与位置服务产业总体产值达到4690亿元人民币，较2020年增长16.29%。当前，我国卫星导航与位置服务领域企事业单位总数保持在14000家左右，从业人员数量超过50万人。

2. "捅破天"来之不易

北斗导航实验卫星系统工程获得国家批准后，受限于研发资金、技术门槛等多方面因素，我国选择了"三步走"的发展战略——第一步仅覆盖国内区域，第二步逐渐覆盖亚太区域，第三步再覆盖全球。这也是北斗一号、北斗二号、北斗三号的由来。

2020年6月,"北斗三号"系统最后一颗全球组网卫星顺利入轨。至此,"北斗三号"全球卫星导航系统星座部署全面完成,北斗系统也正式进入了全球导航定位的新时代。更重要的是,北斗三号卫星系统的核心器部件已实现了100%自主可控。

3. "北斗应用"顺势而为

(1) 在智能手机领域,传闻已久的卫星通信终于在2022年由华为率先实现——华为Mate 50系列首发支持北斗卫星通话功能,随后有消息称,华为还在持续研发卫星通信功能,或将支持双向收发短信。

(2) 在导航方面,百度地图不久前宣布正式切换为优先运用北斗系统进行定位,"百度地图智能定位开放服务"升级更名为"百度地图北斗定位开放平台",更是升级实现了车道级导航、车位级导航等多项功能。

(3) 在防灾救灾场景下,结合北斗卫星系统的导航定位、授时服务、短报文通信等功能,可以覆盖灾害预警、救灾指挥、灾情通信、监测灾情实时情况等一系列紧急救险需求。

(4) 在军用领域,北斗导航系统凭借可精确到0.1米的高精度时空数据提供,让军事领域的精确打击、人机交互、船舶导航、弹药制导等功能得以实现,加载北斗系统的军用弹载、车载、舰载、机载导航产品也逐渐得到推广。

(5) 在综合管理方面,陕西诺维北斗信息科技股份有限公司在全球范围内首次将北斗技术应用在城市停车管理中,研发了"北斗智慧停车项目",打造了车位查询、停车引导、即停即走、无感支付的智慧化停车体系,系统性地协调静态交通和动态交通,有效缓解停车困难和交通拥堵。此外,陕西航天技术应用研究院开发的智慧旅游系统产品可以实时收集景区游客流量,及时发现游客位置异常情况。

(6)在智能座舱领域,基于北斗可实现厘米级的车载高精度定位,为车道级导航、自动驾驶或高阶辅助驾驶、车路协同等场景提供支持。

4. "北斗+"引爆升维竞赛

北斗卫星定位系统无疑是我国自主可控勋绩中浓墨重彩的一笔,随着"北斗三号"开启了北斗卫星定位系统的全球覆盖时代,"北斗+"应用进一步爆发,全产业链都迎来了全新的发展机遇。

下一步,工业和信息化部将继续落实好《关于大众消费领域北斗推广应用的若干意见》,通过夯实基础能力、培育优质企业、创新应用场景、营造良好环境推动北斗产业高质量发展,主要是提升北斗芯片关键性能,着力补齐产业短板;同时促进北斗与5G、物联网、车联网、卫星互联网等新技术的融合创新,丰富北斗产品形态,培育北斗大众消费应用新模式、新业态。

目前,国内企业在北斗芯片及"北斗+"应用产业均有所布局。其中,在底层技术方面,随着应用场景逐渐丰富,高精度、低功耗、高集成度成为北斗芯片的发展趋势。在可以预见的未来,"北斗+"与5G、卫星物联网、AI等技术的融合创新也将带来更多惊喜。

"北斗"已经成为党的二十大报告提到的"科技自立自强""科技强国"的鲜明旗帜。

(资料来源:https://ee.ofweek.com/2022-10/ART-8440-2806-30577253.html. [2023-06-28].)

4.1.2 GPS的特点和功能

1. GPS的特点

(1) 定位精度高。

GPS的定位精度很高,其精度由许多因素决定。采用C/A码做差分定位时的精度是5m,采用动态差分定位的精度小于10cm,静态差分定位精度达到百万分之一厘米。GPS的测速精度为0.1m/s。

(2) 覆盖面广。

GPS 可以在任何时间、任何地点连续覆盖全球范围，从而大大提高了 GPS 的使用价值。

(3) 观测时间短。

随着 GPS 的不断完善，软件的不断更新，目前，以 20km 为相对静态定位，仅需 15~20min；快速静态相对定位测量时，当每个流动站与基准站相距在 15km 以内时，流动站观测时间只需 1~2min，可随时定位，每站观测只需几秒。

(4) 被动式和全天候的导航能力。

GPS 被动式、全天候的导航定位方式隐蔽性好，不会暴露用户位置，用户数据也不受限制，接收机可以在各种气候条件下工作，系统的机动性强。

(5) 操作简便。

随着 GPS 接收机不断改进，自动化程度越来越高，接收机的体积越来越小，质量越来越轻，极大地减轻了测量工作者的工作紧张程度和劳动强度。

(6) 功能多且应用广。

随着人们对 GPS 认识的加深，GPS 不仅在测量、导航、测速、测时等方面得到更广泛的应用，而且应用领域还将不断扩大，如汽车自定位、跟踪调度、陆地救援、内河及远洋船队最佳航程和安全航线的实时调度等。

(7) 可测算三维坐标。

通常所用的大地测量方式是将平面与高程采用不同方法分别施测。GPS 可同时精确测定测站点的三维坐标。目前 GPS 水准可满足四维水准测量的精度。

2．GPS 的功能

国外 GPS 技术已经被广泛应用于公交、地铁、私家车等各方面。国内 GPS 的应用还处于萌芽状态，但发展势头迅猛，交通运输业已充分意识到它在交通信息化管理方面的优势，并且已经开始逐渐发挥它的作用，主要体现在以下几个方面。

(1) 导航功能定位。

导航功能也就是电子地图功能，这个功能是 GPS 的最正统、最基本的功能。车主只要输入起点和终点，该系统便可立即将两地之间的最佳路径指给车主。目前市场上已有了很多不同种类的 GPS 导航产品，可以为车主提供便利的导航功能，这大大地方便了汽车出行。这一功能的发挥需要与 GIS 技术相结合使用。

(2) 实时跟踪功能。

监控中心能设定跟踪网内的任何汽车，时间可以是几秒一次(可精确到秒级)或者几分钟、几小时监控一次，监控时间和次数都由中心设定。被监控的车辆能直观地显示在中心电子地图上并详细地记载行驶路线，以便管理人员随时回顾查询。

(3) 防盗报警功能。

当车主离开汽车，汽车处于安全设防状态时，如果有人非法开启车门或发动汽车，汽车会自动报警，此时车主手机、车辆监控中心同时会收到报警电话，监控中心的值班人员会立即报警，且汽车自动启动断油、断电程序。

(4) 反劫功能。

车主将车尤其是出租车开到郊外，如果遇到几个劫匪，已不再是孤军奋战，因为有强大的 GPS 支持，车主只要按下报警开关，汽车就会向监控中心发出遇劫报警。如果报警开关被劫匪发现并遭到破坏，则遭到破坏的系统能自动发出报警信号，监控中心便立即启动实现自动跟踪系统，立即将汽车的位置信息反馈给公安机关，以便对车主进行及时营救。

4.1.3 GPS 的分类

1. 按接收机的用途不同分类

接收机按用途可以分为以下几种。

(1) 导航型接收机：此类接收机主要用于运动载体的导航，它可以实时给出载体的位置和速度。这类接收机一般采用 C/A 码伪距测量，单点实时定位精度较低，一般为±25m，这类接收机价格便宜，应用广泛。根据应用领域的不同，GPS 的导航型接收机还可以进一步进行分类，见表 4-1。

表 4-1 GPS 的导航型接收机的分类

类型	用途
车载型	用于车辆导航定位
航海型	用于船舶导航定位
航空型	用于飞机导航定位，由于飞机运行速度快，因此在航空上用的接收机要求能高速运动
星载型	用于卫星的导航定位，由于卫星的运动速度达 75km/s 以上，因此对接收机的要求更高

(2) 测地型接收机：此类接收机主要用于精密的大地测量和精密的工程测量。这类仪器主要采用载波相位观测值进行相对定位，定位精度高。但仪器结构复杂，价格较贵。

(3) 授时型接收机：此类接收机主要利用 GPS 卫星提供的高精度时间标准进行授时，常用于天文台及无线电通信。

2. 按接收机的载波频率不同分类

接收机按载波频率不同可以分为以下两种。

(1) 单频接收机：此类接收机只能接收 L1 载波信号，测定载波相位观测值进行定位。由于不能有效消除电离层和延迟影响，单频接收机只适用于短基线的精密定位。

(2) 双频接收机：此类接收机可以同时接收 L1、L2 载波信号，利用双频对电离层延迟不同的特点，可以消除电离层对电磁波信号延迟的影响，因此双频接收机可用于长达几千千米的精密定位。

3. 按接收机的通道种类不同分类

GPS 接收机能同时接收多颗 GPS 卫星信号，并且将不同卫星信号进行分离，同时对卫星信号进行跟踪、处理和测量，因此被称为天线信号通道。根据通道种类，接收机分为多通道接收机、序贯通道接收机、多路多用通道接收机。

4. 按接收机工作原理分类

接收机按工作原理不同可以分为以下 4 种。

(1) 码相关型接收机：此类接收机利用码相关技术得到伪距观测值。

(2) 平方型接收机：此类接收机利用载波信号的平方技术去掉调制信号，来恢复完整的载波信号,通过相位计测定接收机内产生的载波信号与接收到的载波信号之间的相位差,测定伪距观测值。

(3) 混合型接收机:此类接收机综合了上述两种接收机的优点,既可以得到码相位伪距,也可以得到载波相位观测值。

(4) 干涉型接收机:此类接收机是将 GPS 卫星作为射电源,采用干涉测量方法,测定两个测站间的距离。

4.2 GPS 的构成和定位方式

GPS 导航系统是以全球 24 颗定位人造卫星为基础,向全球各地全天候地提供三维位置、三维速度等信息。其基本原理是测量出已知位置的卫星到用户接收机之间的距离,然后综合多颗卫星的数据就可知道接收机的具体位置。

4.2.1 GPS 的构成

GPS 系统包括空间部分——GPS 卫星星座、地面监控部分——地面监控系统和用户设备部分——GPS 信号接收机三大部分。GPS 的构成如图 4.1 所示。

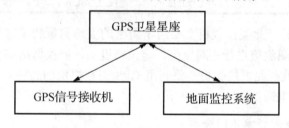

图 4.1 GPS 的构成

1. 空间部分——GPS 卫星星座

GPS 卫星星座由均匀分布在 6 个轨道平面上的 24 颗(其中有 3 颗备用卫星)高轨道工作卫星构成,每个轨道平面交点的经度相隔 60°,轨道平面相对地球赤道的倾角为 55°,每条轨道上均匀分布着 4 颗卫星,相邻轨道之间的卫星彼此呈 30°,以保证全球均匀覆盖的要求。GPS 卫星轨道平均高度约为 20200km,运行周期为 11h 58min。因此,地球上同一地点的 GPS 接收机的上空,每天出现的 GPS 卫星分布图形相同,只是每天提前约 4min。同时,位于地平线以上的卫星数目,随时间和地点的不同而相异,最少有 4 颗,最多可达 11 颗。3 颗在轨的备用工作卫星相间布置在 3 个轨道平面中,随时可以根据指令代替发生故障的其他卫星,以保证整个 GPS 空间星座正常而高效地工作。

GPS 卫星向广大用户发送的导航电文是一种不归零的二进制数据码 $D(t)$,码率 $f(d)$ 为 50Hz。为了节省卫星的电能、增强 GPS 信号的抗干扰性和保密性,实现遥远的卫星通信,GPS 卫星采用伪噪声码对 D 码进行二级调制,即先将 D 码调制成伪噪声码(P 码和 C/A 码),再将上述两噪声码调制在 L1、L2 两种载波上,形成向用户发射的 GPS 射电信号。GPS 信号包括两种载波(L1、L2)和两种伪噪声码(P 码和 C/A 码),这 4 种 GPS 信号的频率皆源于 10.23MHz(星载原子钟的基准频率)的基准频率。基准频率与各信号频率之间存在一定的比例。

GPS卫星具有以下作用。

(1) 用L波段的两个无线载波(波长为19cm和24cm)向广大用户连续不断地发送导航定位信号。每个载波用导航信息D(t)和伪随机码(PRN)测距信号进行双向调制，从而形成导航电文。由导航电文可以了解该卫星当前的位置和卫星的工作情况。

(2) 在卫星飞过地面注入站上空时，接收由注入站用S波段(10cm波段)发送到卫星的导航电文和其他有关信息，并通过GPS信号电路，适时地发送给广大用户。

(3) 接收地面主控站通过注入站发送到卫星的调度命令，适时地改正运行偏差或启用备用时钟等。

GPS卫星的核心部件是高精度的时钟、导航电文存储器、双频发射机和接收机及微处理机，GPS定位成功的关键在于高度稳定的频率标准。这种高度稳定的频率标准由高度精确的时钟提供。卫星钟由地面站检验，其钟差、钟速连同其他信息由地面站注入卫星后，再转发给用户设备。

2. 地面监控部分——地面监控系统

地面控制站是由美国国防部控制的，主要工作是追踪及预测GPS卫星、控制GPS卫星状态及轨道偏差、维护整套GPS卫星工作正常。GPS工作卫星的地面监控系统由3部分组成，包括1个主控站、3个注入站和5个监测站。地面监控系统主要用于追踪卫星轨道，根据接收的导航信息计算相对距离、校正数据等，并将这些资料传回主控制站，以便分析。

(1) 主控站。

主控站又称联合空间执行中心，它位于美国科罗拉多州斯普林市附近的福尔肯空军基地，其具有以下任务。

① 采集数据，推算、编制导航电文。主控站的大型电子计算机采集本站和5个监测站的所有观测资料，主要内容为监测站所测得的监测站与卫星的距离(因含误差而被称为伪距)和积分多普勒观测值、气象参数、卫星时钟、卫星工作状态参数、各监测站工作状态参数。根据搜集的全部数据，推算各卫星的星历、卫星钟差改正数、状态数据及大气改正数，并按一定的格式编辑成导航电文，传递到3个注入站。

② 给定GPS时间基准。GPS的监测站和各个卫星上都有自己的原子钟，它们与主控站的原子钟并不同步。在GPS中，以主控站的原子钟为基准，测出其他卫星钟和监测站站钟与基准钟的钟差，并将这些钟差信息编辑到导航电文中，传送到注入站，转发至各卫星。

③ 协调和管理所有地面监测站和注入站系统，诊断所有地面支撑系统和天空卫星的健康状况，加以编码后向用户指示，使整个系统正常工作。

④ 调整卫星运动状态，启动备用卫星。根据观测到的卫星轨道参数及卫星姿态参数，当发生偏离时，注入站发出卫星运动修正指令，使之沿预定轨道和正确姿态运行；当出现失常卫星时，主控站启用备用卫星取代失效卫星，以保证整个GPS的正常工作。

(2) 注入站。

3个注入站分别设在大西洋的阿森松岛、印度洋的迪戈加西亚岛和太平洋的卡瓦加兰岛。注入站的任务是将主控站传来的导航电文注入相应卫星的存储器中。每天注入3次，每次注入14天的星历。此外，注入站能自动向主控站发射信号，每分钟报告一次自己的工作状态。

(3) 监测站。

5个监测站除了位于1个主控站和3个注入站的4个站之外，还包括在夏威夷设立的一个监测站。监测站的主要任务是为主控站提供卫星的观测数据。每个监测站均用GPS信号接收机对每颗可见卫星每6min进行一次伪距测量和积分多普勒观测,采集气象要素及电离层和对流层所产生的延迟时间等数据。在主控站的遥控下自动采集定轨数据并进行各项改正,每15min平滑一次观测数据,依此推算出每2min间隔的观测值,然后将数据发送给主控站。

3. 用户设备部分——GPS信号接收机

GPS的空间星座部分和地面监控部分是用户应用该系统进行导航定位的基础,用户只有使用GPS信号接收机才能实现其定位、导航的目的。GPS信号接收机能够捕获到按一定卫星高度截止角所选择的待测卫星的信号,并跟踪这些卫星的运行,对所接收的GPS信号进行变换、放大和处理,以便测量出GPS信号从卫星到接收机天线的传播时间,解译出GPS卫星所发送的导航电文,实时地计算出测站的三维位置,甚至三维速度和时间。

GPS信号接收机的基本结构是天线单元和接收单元两部分。天线单元的主要作用是,当GPS卫星从地平线上升起时,能捕获、跟踪卫星,接收放大GPS信号;接收单元的主要作用是记录GPS信号并对信号进行解调和滤波处理,还原出GPS卫星发送的导航电文,求解信号的传播时间和载波相位差,实时地获得导航定位数据或采用测后处理的方式,获得定位、测速、定时等数据。其中微处理器是GPS信号接收机的核心,承担整个系统的管理、控制和实时数据处理。视屏监控器是接收机与操作人员进行人机交流的部件。

GPS信号接收机一般用蓄电池做电源,同时采用机内机外两种直流电源。设置机内电池的目的是更换外电池时不中断连续观测。在用机外电池的过程中,机内电池自动充电。关机后,机内电池为RAM存储器供电,以防止丢失数据。

目前主要存在两种基本的接收机类型:一种是同时跟踪C/A码和P码的接收机;另一种是仅跟踪C/A码的接收机。精确定位服务用户一般使用同时在载波L1和L2上跟踪P码的接收机。P码跟踪必须在加密单元的辅助下才能实现(如果卫星信号加密了,而接收没有合适的保密单元,接收机一般会放弃转而去跟踪载波L1上的C/A码)。另外,标准定位服务用户使用只跟踪载波L1上的C/A码的设备,这是因为载波L1是C/A码通常在其上面广播的唯一频率。在这两种基本接收机类型中,还有其他一些变形,如无码L2频率跟踪接收机。这种接收机跟踪L1频率上的C/A码,同时跟踪L1和L2频率上的载波相位。利用载波相位作为测量观测值,能够得到厘米级甚至毫米级的测量精度。

GPS信号接收机主要是为美国军方服务的。美军使用的导航型GPS信号接收机可为其飞机、导弹、舰艇、战车及野外作战人员提供导航和定位服务。近年来,出现了阵列式天线(十字形、三角形或四方形)的GPS信号接收机,不仅能提供精确位置信息,还能确定运动载体的姿态。星载接收机可以为低空侦察卫星定位,例如,法国的SPOT卫星就是利用星载GPS信号接收机来确定遥感图像的精确位置的。国际上用于工程测量工作的GPS信号接收机也有众多产品问世,它们被广泛地应用于交通、大地测量、勘探和地球物理等领域。目前,各种类型的GPS接收机体积越来越小,质量越来越好,便于野外携带操作。

4.2.2 GPS的定位原理

GPS定位采用空间被动式测量原理,即在测站上安置GPS用户接收系统,以各种可能的方式接收GPS发送的各类信号,由计算机求解站星关系和测站的三维坐标。GPS的基本定位原理是：卫星不间断地发送自身的星历参数和时间信息，用户接收到这些信息后，经过计算求出接收机的三维位置、三维方向及运动速度和时间信息。如图 4.2 所示，假设 t 时刻在地面待测点上安装 GPS 接收机，可以测定 GPS 信号到达接收机的时间 Δt，再加上接收机所接收到的卫星星历等其他数据，可以建立以下 4 个方程式：

$$\sqrt{(x_1-x)^2+(y_1-y)^2+(z_1-z)^2}+c(v_{t_1}-v_{t_0})=d_1$$
$$\sqrt{(x_2-x)^2+(y_2-y)^2+(z_2-z)^2}+c(v_{t_2}-v_{t_0})=d_2$$
$$\sqrt{(x_3-x)^2+(y_3-y)^2+(z_3-z)^2}+c(v_{t_3}-v_{t_0})=d_3$$
$$\sqrt{(x_4-x)^2+(y_4-y)^2+(z_4-z)^2}+c(v_{t_4}-v_{t_0})=d_4$$

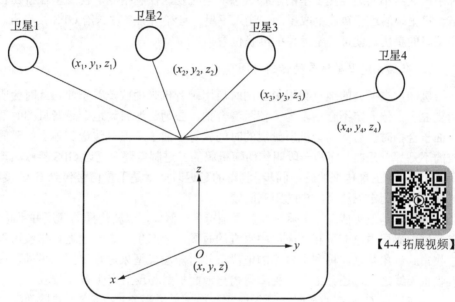

图 4.2 GPS 定位原理

【4-4 拓展视频】

4 个方程式中各个参数的意义如下。

待测点坐标 x、y、z 和 v_{t_0} 为未知参数，其中 $d_i = c\Delta t_i$ (i =1，2，3，4)，d_i (i =1，2，3，4)分别为卫星 1、卫星 2、卫星 3、卫星 4 到接收机之间的距离。Δt_i (i =1，2，3，4)分别为卫星 1、卫星 2、卫星 3、卫星 4 的信号到达接收机所经历的时间。x_i，y_i，z_i (i =1，2，3，4)分别为卫星 1、卫星 2、卫星 3、卫星 4 在 t 时刻的空间直角坐标，可由卫星导航电文求得。v_{t_i} (i =1，2，3，4)为卫星钟的钟差，由卫星星历提供，v_{t_0} 为接收机的钟差，c 为 GPS 信号的传播速度(即光速)。

由以上 4 个方程可解算出待测点的坐标 x，y，z 和接收机的钟差 v_{t_0}，即可求出目标的三维坐标和相对速度、方向，实现定位功能。

从原理上看，3 颗卫星就可以确定接收机所在位置。例如，一颗卫星在一个规定的时间发送一组信号到地面，假设每天 8:00 开始，如果地面接收机在 2s 后收到了这一组信号，那么信号从卫星到接收机的距离是电波花 2s 能够到达的距离，由于这颗卫星的位置和电波的速度已知，就可以肯定接收机就在以卫星为球心的一个球面上，再多测两颗卫星的距离，得到 3 个空间球，3 个空间球的焦点只有两个，逻辑排除一个不在地球表面的，剩下的即接收机的位置。但是，这只是假想的情况，卫星和接收机的时钟必须完全同步和准确，否则距离偏差会很大。实际上，如果接收机端不配备一个铯原子钟，定出来的位置肯定相差较远。而普通 GPS 信号接收机不会安装铯原子钟。所以，需要第 4 颗卫星校准时间。可以从方程中看到，时间都不是绝对时间，而是以卫星之间的钟差来计量的。由以上可知，要实现精确定位需解决两个问题：一是要确定卫星的准确位置；二是要准确测定卫星信号的传输时间。

1. 确定卫星的准确位置

要确定卫星所处的准确位置，首先要优化设计卫星运行轨道，而且要由监测站通过各种手段连续不断地监测卫星的运行状态，适时发送控制指令，使卫星保持在正确的运行轨道。将正确的运行轨迹编成星历，注入卫星，且经由卫星发送给 GPS 接收机。正确接收每个卫星的星历，就可确定卫星的准确位置。

2. 准确测定卫星信号的传输时间

例如，在所处的地点和卫星上同时启用录音机来播放一首乐曲，此时会听到一先一后两支曲子，但一定不合拍。为了使两者合拍，必须延迟启动地上录音机的时间。当听到两支曲子合拍时，启动录音机所延迟的时间就等于曲子从卫星传送到地上的时间。实际上播放的不是那首乐曲，而是一段叫作伪随机码的二进制电码。延迟 GPS 接收机产生的伪随机码，与接收到卫星传来的码字同步，测得的延迟时间就是卫星信号传到 GPS 接收机的时间。这就解决了测定卫星至用户的距离问题。

但上述是理想情况，实际情况要复杂得多。例如，电波传播的速度并不总是一个常数，在通过电离层中电离子和对流层中水汽的时候，会产生一定的延迟。一般可以先利用监测站收集到气象数据，再利用典型的电离层和对流层模型来进行修正。另外，在电波传送到接收机天线之前，还会由于各种障碍物与地面折射和反射产生多径效应。

故在设计 GPS 接收机时，要采取相应措施以提高 GPS 接收机的精确度。GPS 接收机中的时钟，不可能是卫星上那种昂贵的铯原子钟，所以就利用测定第 4 颗卫星，来校准 GPS 接收机的时钟。如上所述，每测量 3 颗卫星定位一个点，利用第 4 颗卫星和前面 3 颗卫星的组合，可以测得另一些点。理想情况下，所有测得的点都应该重合，但实际上并不完全重合。利用这一点，反过来可以校准 GPS 接收机的时钟。测定距离时选用卫星的相互几何位置对测定的误差也有一定影响。为了精确地定位，可以多测一些卫星，选取几何位置相距较远的卫星组合，测得误差要小。

4.2.3　GPS 的定位方式

GPS 依据不同标准有多种定位方式，不同的定位方式各具特性和优势，在一定的环境条件下有其各自合理的使用范围。

【4-5 拓展知识】

1. 根据定位的模式不同分类

(1) 绝对定位。

绝对定位又称单点定位，通常是指在协议地球坐标系中，采用一台接收机，直接确定观测站相对于坐标系原点(地球质心)绝对坐标的一种定位方法。利用 GPS

进行绝对定位的基本原理，是以 GPS 卫星和用户接收机天线之间的距离(或距离差)测量为基础，并根据已知的卫星瞬时坐标，来确定用户接收机天线所对应的点位，即观测站的位置。

这种定位模式的特点是作业方式简单，可以单机作业，一般用于对导航和精度要求不高的作业中。

(2) 相对定位。

相对定位又称差分定位，这种定位方式采用两台或者两台以上的接收机，同时对一组相同的卫星进行观测，以确定接收机天线间的相互位置关系。在相对定位中，至少其中一点或几个点的位置已知，即其在 WGS84 坐标系的坐标为已知，称为基准点。

在 GPS 定位过程中，存在三部分误差：第一部分为每一个用户接收机所共有的，如卫星钟误差、星历误差、电离层误差、对流层误差等；第二部分为不能由用户测量或由矫正模型来计算的传播延迟误差；第三部分为各用户接收机所固有的误差，如内部噪声、通道延迟、多径效应等。利用差分技术，第一部分误差可以完全消除，第二部分误差大部分可以消除，这和基准接收机至用户接收机的距离有关，第三部分误差则无法消除，只能靠提高 GPS 接收机本身的技术指标。此外，在提到测量误差时，要考虑美国的 SA 政策。美国政府在 GPS 设计中，计划提供两种服务：一种为 SPS，利用 C/A 定位，精度约为 100m，提供给民用；另一种为 PPS，利用 P 码定位，精度达到 10m，提供给军方和特许民间用户使用。多次试验表明，SPS 的定位精度已高于原设计。美国政府出于对自身安全的考虑，对民用码进行了一种称为"选择可用性"(Selective Availability，SA)的干扰，以确保其军用系统具有最佳的有效性。由于 SA 通过卫星在导航电文中随机加入了误差信息，使得民用信号 C/A 码的定位精度降至二维，均方根误差在 100m 左右。

采用差分 GPS 技术可消除以上所提到的大部分误差，以及由于 SA 所造成的干扰，从而提高卫星导航定位的总体精度，使系统误差达到 10~15m。例如，在距离用户 500km 之内，设置一部基准接收机和用户接收机同时接收某一卫星的信号，信号传至两部接收机所途经电离层和对流层的情况基本相同，所产生的延迟也相同。由于接收同一颗卫星信号，故星历误差、卫星时钟误差也相同。通过其他方法确知所处的三维坐标(也可以用精度很高的 GPS 接收机来实现，其价格比一般 GPS 接收机高得多)，就可从测得的伪距中扣除误差，达到更精确的定位。但相对定位要求，各站接收机必须同步跟踪观测相同的卫星，因而其作业组织和实施较为复杂，且两点间的距离受到限制。

相对定位是高精度定位的基本方法，广泛应用于高精度大地控制网、精密工程测量、地球动力学、地震监测网和导弹火箭等外弹道测量方面。

2. 根据获取定位结果的时间不同分类

(1) 实时定位。

实时定位是根据接收机观测到的数据，实时地解算出接收机天线所在的位置。

(2) 非实时定位。

非实时定位又称后处理定位，它是对接收机接收到的数据先处理再定位的方法。

3. 根据定位时接收机的运动状态不同分类

(1) 静态定位。

静态定位就是 GPS 接收机在捕获和跟踪 GPS 卫星的过程中固定不变，接收机测量 GPS

信号的传播时间,利用 GPS 卫星在轨的已知位置,解算出接收机天线所在位置的三维坐标。在测量中,静态定位一般用于高精度的测量定位,其具体观测模式为多台接收机在不同的测站上进行静止同步观测,时间有几分钟、几小时甚至数十小时不等。

(2) 动态定位。

动态定位就是在进行 GPS 定位时,认为接收机的天线在整个观测过程中的位置是变化的,是 GPS 接收机对物体运动轨迹的测定。GPS 信号接收机所位于的运动物体叫作载体(如航行中的船舰、空中的飞机、行驶的车辆等),载体上的 GPS 信号接收机可以实时地测得运动载体的状态参数(瞬间三维位置和三维速度)。

4.3　网络 GPS 的概念及作用

GPS 在经过多年的发展之后,当前已经进入了实用阶段并深入军事与民用的各个领域中。随着互联网的蓬勃发展,GPS 也进入了网络时代。GPS、GIS、GSM 等各项先进技术的强强联合造就了现代的网络 GPS,它的出现将大大促进物流产业的发展。

网络 GPS 移动跟踪与通信服务平台,由专门提供公共 GPS 服务的公司运营,向运输企业或货主提供车辆、货物监控服务。网络 GPS 会员可以在世界的任何地方使用浏览器,通过 Internet 访问运营这个平台的网站,即可对移动物品(如车辆)进行跟踪定位。同时也可以实现双方或者多方通信,而所有车辆的情况都显示在监控中心的电子地图上,一目了然。

4.3.1　网络 GPS 的概念和特点

网络 GPS 就是指在互联网上建立起来的一个公共 GPS 监控平台,它同时融合了卫星技术、GSM 技术及国际互联网技术等多种目前世界上先进的科技成果。网络 GPS 结构示意图如图 4.3 所示。

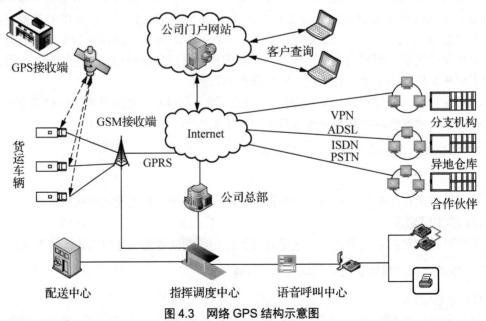

图 4.3　网络 GPS 结构示意图

网络 GPS 综合了 Internet 与 GPS 的优势与特色，取长补短，解决了原来使用 GPS 无法克服的障碍。首先，可降低投资费用。网络 GPS 免除了物流运输公司自身设置监控中心的大量费用，不仅包括各种硬件配置，还包括各种管理软件。其次，网络 GPS 一方面利用互联网实现无地域限制的跟踪信息显示；另一方面又可通过设置不同权限做到信息的保密。网络 GPS 具有以下特点。

(1) 功能多、精度高、覆盖面广，在全球任何位置均可进行车辆的位置监控工作，充分保障了网络 GPS 所有用户的要求实现度。

(2) 定位速度快，有力地保障了物流运输企业能够在业务运作上提高反应速度，降低车辆空驶率，降低运作成本，满足顾客需求。

(3) 信息传输采用 GSM 公用网络，具有保密性高、系统容量大、抗干扰能力强、漫游性能好、移动业务数据可靠等优点。

(4) 构筑在国际互联网这一最大的网上公共平台上，具有开放度高、资源共享程度高等优点。

4.3.2 网络 GPS 的组成

GPS 是 21 世纪具有开创意义的高新技术之一，其全球性、全能性、全天候的导航定位、定时、测速优势必然会在诸多领域中得到越来越广泛的应用。在发达国家，GPS 技术已经应用于多个方面。GPS 技术在中国物流等领域的应用还不成熟，随着我国经济的发展，GPS 技术的应用研究将逐步深入，其在物流管理中的应用也会更加广泛和深入，并发挥更大的作用。网络 GPS 由 3 部分组成，如图 4.4 所示。

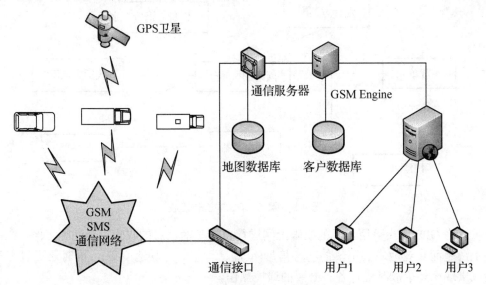

图 4.4 网络 GPS 系统组成结构

1. 网上服务平台

网上服务平台由能为其提供服务的运营商负责运营管理。

2. 用户端设备

用户只需要具备一台可以与互联网连接的普通计算机,当接收服务时,用户通过普通的互联网浏览器使用授权的用户名和口令就可进入服务系统用户界面,从而对所希望监控的移动体编组监控及调度。

3. 车载终端设备

车载终端设备主要由 GPS 定位信息接收模块及通信模块组成,用来实现监控中心对移动体的跟踪定位与通信。

4.3.3 网络 GPS 的工作流程

车载单元即 GPS 接收机在接收到 GPS 卫星定位数据后,自动计算出自身所处的地理位置的坐标,后经 GSM 通信机发送到 GSM 公共数字移动通信网,并通过与 MIS 连接的 DDN 专线将数据送到物流信息系统监控平台上,中心处理器将收到的坐标数据及其他数据还原后,与 GIS 的电子地图相匹配,并在电子地图上直观地显示车辆实时坐标的准确位置。网络 GPS 的工作流程如图 4.5 所示。

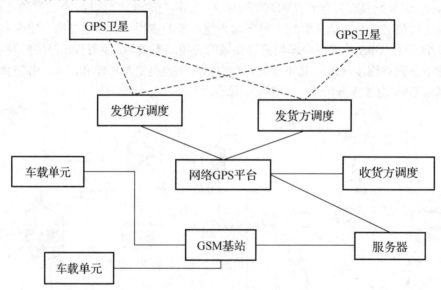

图 4.5 网络 GPS 的工作流程

各网络 GPS 用户可用自己的权限上网进行自有车辆信息的收发、查询等工作,在电子地图上清楚而直观地掌握车辆的动态信息(位置、状态、行驶速度等),同时还可以在车辆遇险或出现意外事故时进行各种必要的遥控操作。

4.3.4 网络 GPS 对物流所起的作用

1. 实时监控功能

在任意时刻通过发出指令查询运输工具所在的地理位置(经度、纬度、速度等信息),并在电子地图上直观地显示出来。

2. 双向通信功能

(1) 网络 GPS 的用户可使用 GSM 的语音功能与司机进行通话，或者使用系统安装在运输工具上的移动设备的汉字液晶显示终端进行汉字信息收发对话。

(2) 驾驶员通过按下相应的服务键、动作键，把相关信息反馈到网络 GPS 监控中心，质量监督员在网络 GPS 工作站的显示屏上确认其工作的正确性，以便了解并控制整个运输作业的准确性(发车时间、到货时间、卸货时间、返回时间等)。

3. 动态调度功能

(1) 调度人员能在任意时刻通过调度中心发出文字调度指令，并得到确认信息。因为网络 GPS 能够实时监控到自有车辆的位置及状态，所以能做到真正意义上的实时动态调度。

(2) 可快速解决客户问题，满足客户日益增长的服务需要。公司操作人员在接到客户来电或接到其他查询指示后，能立即通过查询数据库来显示客户关心的资料及相关信息，能够做到就近调派运力，提高运能，并能在最短的时间为客户提供服务。

(3) 可实时掌握车辆的动态，当临时任务发生时，可依照各个车辆位置及运输作业状态进行临时性工作调派，以达到争取时间、争取客户、节约运输成本的目的。

(4) 可进行运输工具待命计划管理。操作人员通过在途信息的反馈，在运输工具未返回车队前即做好待命计划，可提前下达运输任务，减少等待时间，加快运输工具周转速度。

4. 运能管理

将运输工具的运能信息、维修记录信息、车辆运行状况信息、司机人员信息、运输工具的在途信息等多种信息提供给调度部门，帮助调度部门进行决策，使得调度部门能够更合理、更准确、更科学地进行调度，提高重车率，尽量减少空车时间和空车距离，充分利用运输工具的运能。

5. 数据存储、分析功能

实现路线规划及路线优化，事先规划车辆的运行路线、运行区域，何时应该到达什么地方等，并将这些信息记录在数据库中，以备以后查询、分析使用。

6. 可靠性分析

汇报运输工具的运行状态，了解运输工具是否需要较大的修理，预先做好修理计划，计算运输工具平均差错时间，动态衡量该型号车辆的性价比。

7. 服务质量追踪

在中心设立服务器，并提供车辆的有关信息(运行状况、在途信息、运能信息、位置信息等用户关心的信息)，让有该权限的用户能在异地方便地获取自己需要的信息。同时，还可将客户索取的信息中的位置信息用相对应的地图传送过去，并将运输工具的历史轨迹印在上面，使该信息更加形象化。依据资料库存储的信息，可随时调阅每台运输工具以前的工作资料，并可根据各管理部门的不同要求制作各种不同形式的报表，使各管理部门更准确地做出判断及提出新的指示。

4.4 GPS 在物流中的应用

【4-6 拓展知识】

GPS 在物流中的应用十分广泛,在物流管理、货物配送、第三方物流中都发挥了重大作用。

4.4.1 GPS 在物流管理中的应用

1. 用于汽车导航、跟踪调度、陆地救援

汽车导航系统是在 GPS 基础上发展起来的一门实用技术。它通常由 GPS 导航、自律导航、车速传感器、陀螺传感器、微处理器、CD-ROM 驱动器、LCD 显示器组成。它通过 GPS 接收机接收到多颗 GPS 卫星的信号,经过计算得到汽车所处位置的经纬度坐标、汽车行驶速度和时间信息。它通过车速传感器检测出汽车行驶速度,通过陀螺传感器检测出汽车行驶的方向,再依据时间信息计算出汽车行驶的动态轨迹。将汽车实际行驶的路线与电子地图上的路线进行比较,并将结果显示输出,可以帮助驾驶人员在正确的行驶路线上行驶。

通过采用 GPS 对车辆进行定位,在任何时候,调度中心都可以知道车辆所在位置、距目的地的距离;同时还可以了解到货物尚需要多长时间才能到达目的地,其配送计划可以精确到小时,这样就提高了整个物流系统的效率。另外,借助于 GPS 提供的准确位置信息,可以对故障或事故车辆实施及时的救援。

2. 用于铁路运输管理

我国铁路部门开发了基于 GPS 的计算机管理信息系统。该系统可通过 GPS 和计算机网络实时收集全路列车、机车、车辆、集装箱以及所运货物的动态信息,可实现列车、货物的追踪管理。只要知道某一货车的车种、车型和车号信息,就可以立即从近 10 万 km 的铁路网上流动着的几十万辆货车中查找到该货车,从而得到该货车现在何处运行或停在何处,以及其所载货物情况等信息。

3. 用于内河及远洋船队最佳航程和路线的测定、航向的实时调度、监测及水上救援

在我国,GPS 最早是被应用于远洋运输船舶的导航。我国三峡工程也利用了 GPS 来改善航运条件,提高运航能力。若国内船运物流公司都能采用 GPS 技术,必然能提高其运营效率,取得更好的经济和社会效益。

4. 用于军事物流

全球卫星定位系统最初是为军事目的所建立的,其已被广泛应用于军事物流中的后勤保障方面。

物流对于社会经济生活的重要性是不言而喻的,但我国在物流领域和国际先进水平相比仍有很大差距,物流及物流管理发展的滞后已经成为我国国民经济发展的制约因素之一。当前,信息化已经成为现代物流必然的发展方向和趋势,加强信息技术在物流领域的应用和研究,以信息技术为依托全面更新和装备我国物流产业,对实现我国经济可持续发展具

有重要意义。GPS 以其独特的性能和应用优势，在物流信息化建设中有着重要的位置。探索和实践 GPS 在我国物流领域中的应用，增强国内物流企业竞争能力和服务功能已经成为当务之急。

4.4.2 GPS 在货物配送中的应用

目前，GPS 技术备受人们关注，其中一个重要原因是 GPS 在物流领域的运用已被证明是卓有成效的，尤其是在货物配送领域中。由于货物配送过程是实物空间位置的转移过程，所以在货物配送过程中，对可能涉及的货物的运输、仓储、装卸、快递等处理环节，对各个环节所涉及的问题如运输路线的选择、仓库位置的选择、仓库的容量设置、合理装卸策略、运输车辆的调度和投递路线的选择等都可以运用 GPS 的车辆追踪。信息查询等功能进行有效的管理和决策分析，这无疑将有助于配送企业有效地利用现有资源，降低消耗，提高效率。具体来看，GPS 在货物配送中主要运用了下列功能。

1. 车辆跟踪功能

GPS 与地理信息系统(GIS)技术、无线移动通信系统(如 GSM)及计算机车辆管理信息系统相结合，可以实现车辆跟踪功能。借助于 GPS 和 GIS 技术，可以在电子地图上实时显示出车辆所在位置，并可以进行放大、缩小、还原、地图更换等操作；可以使显示区域随目标移动，从而使目标始终显示在屏幕上；还可以实现多窗口、多车辆、多屏幕同时跟踪，从而对重要的车辆和货物进行跟踪运输。通过车辆跟踪功能，能够掌握车辆基本信息、对车辆进行远程管理，有效避免车辆的空载现象，同时客户也能通过互联网，了解自己货物在运输过程中的细节情况。

【4-7 拓展视频】

2. 货物配送路线规划功能

货物配送路线规划是 GPS 的一项重要辅助功能。通过与 GIS 软件相结合，可以进行自动路线规划，即由驾驶员指定起点与终点，由计算机软件按照要求自动设计出最佳行驶路线，包括行驶时间最短的路线、最简单的路线、通过高速公路段数次数最少的路线等。如果驾驶员没有按照指定的路线行驶，其行驶信息将会以偏航报警的方式显示在计算机屏幕上。也可以进行人工线路设计，由驾驶员根据自己的目的地设计起点、终点和途经点等，自动建立路线库。线路规划完毕后，显示器能够在电子地图上显示设计路线，并同时显示汽车运行路径和运行方法。

3. 信息查询

客户能够在电子地图上根据需要进行某些目标的查询。查询结果能够以文字、语音或图像的形式输出，并能在电子地图上显示被查询目标的位置。另外，检测中心可以利用监测控制台对区域内任意目标的所在位置进行查询，车辆信息能够被很方便地显示在控制中心的电子地图上。

4. 话务指挥

指挥中心可以监测区域内车辆的运行状况,对被监控车辆进行合理调度,指挥中心可随时与被跟踪目标进行通话,实行有效管理。

5. 紧急救援

通过 GPS 的定位和监控功能,相关部门可以对遇有险情或发生事故的车辆进行紧急援助。监控台的电子地图可显示出报警目标和求助信息,并以声、光报警方式提醒值班人员进行快速应急处理。

4.4.3 GPS 在物流三方中的应用

GPS 在物流中得到普及应用后,可通过互联网实现信息共享,实现三方应用,即车辆使用方、运输公司、接货方对物流中的货车位置及运行情况等都能及时准确地掌握。这有利于物流三方协商好商务关系,从而制订出最佳的物流方案,获取最大的经济效益。

1. 车辆使用方

运输公司可以将自己的车辆信息部分开放给合作客户(车辆使用方),让客户能够在网上较为直观地看到车辆分布和运行情况,从而找到适合自己使用的车辆,省去不必要的协商环节,提高车辆的使用频率,缩短运输配货的时间。在货物发出之后,发货方(车辆使用方)可随时通过互联网或者手机来查询车辆在运输过程中的运行情况和已到达的位置,掌握货物在途的实时信息,确保货物运输时效。

2. 运输公司

运输公司可以通过互联网实现对车辆的动态监控式管理和货物的及时合理配载,以加强对车辆的管理,减少资源浪费和费用开销。同时通过将有关车辆的信息开放给客户后,既方便了客户的使用,又减少了不必要的协商环节,同时提高了公司的知名度和可信度,拓展了公司的业务面,提高了公司的经济效益与社会效益。

3. 接货方

接货方只需要通过发货方所提供的相关资料与权限,就可通过互联网实时查看货物信息,掌握货物在途的情况和大概的运输时间,以此来提前安排货物的接收、存储以及销售等环节,从而提前完成货物销售链的过程。

本 章 小 结

GPS 是由美国国防部开发的一个基于卫星的无线导航系统。由 GPS 卫星星座(空间部分)、地面监控系统(地面监控部分)和 GPS 信号接收机(用户设备部分)组成,它能对静态、动态对象进行动态空间信息的获取,快速、精度均匀、不受天气和时间限制地反馈空间信息。其定位采用空间被动式测量原理,即卫星不间断地发送自身的星历参数和时间信息,用户接收到这些信息后,经过计算求出接收机的三维位置、三维方向及运动速度和时间信息。网络 GPS 就是指在互联网上建立起来的一个公共 GPS 监控平台，它同时融合了卫星定位技术、GSM 技术及国际互联网技术等多种目前世界上先进的科技成果。网络 GPS 系统由 3 部分组成：网上服务平台、用户端设备、车载终端设备。GPS 在物流领域中有着广泛的应用，包括在货物配送领域的应用(车辆跟踪、货物配送、路线规划、信息查询、话务指挥和紧急救援)，在物流三方中的应用。

关键术语

(1) GPS　　　　(2) 接收机　　　　(3) 主控站　　　　(4) 定位
(5) 导航　　　　(6) 差分定位　　　(7) 多普勒频移　　(8) 网络 GPS

习　题

1. 选择题

(1) 美国科学家利用(　　)原理建成了子午卫星导航系统。
　　A．多普勒频移　　B．时间导航　　C．双星定位　　D．载波射频

(2) GPS 信号包括两种载波(L1、L2)和两种伪噪声码(P 码和 C/A 码)，其中，(　　)为精确码，美国为了自身的利益，只供美国军方、政府机关及得到美国政府批准的民用用户使用。
　　A．C/A 码　　B．P 码　　C．D 码　　D．以上各项

(3) 以下(　　)是 GPS 信号接收机的核心，承担整个系统的管理、控制和实时数据处理。
　　A．视屏监控器　　B．原子钟　　C．蓄电池　　D．微处理器

(4) 主要用于运动载体的导航(　　)可以实时给出载体的位置和速度。
　　A．测地型接收机　　　　　　B．单频接收机
　　C．授时型接收机　　　　　　D．导航型接收机

(5) GPS 数据核心(　　)，它是构成"路线"的基础。
　　A．坐标　　B．路标　　C．前进方向　　D．导向

(6) 根据定位的模式，GPS 定位可以分为(　　)。
　　A．绝对定位和相对定位　　　B．实时定位和非实时定位
　　C．静态定位和动态定位　　　D．差分定位和非差分定位

(7) 网络 GPS 是由网上服务平台、用户端设备、(　　)这 3 部分组成。
　　A．运输终端设备　　　　　　B．物流终端设备
　　C．车载终端设备　　　　　　D．网络终端设备

(8) 以下不是网络 GPS 的功能特点是(　　)。
　　A．功能多、精度高、覆盖面广　B．观测时间短
　　C．定位速度快　　　　　　　　D．信息传输可靠性高

(9) 以下不属于 GPS 在物流应用中的物流三方的是( )。
   A．车辆使用方　　　　　　　　B．运输公司
   C．接货方　　　　　　　　　　D．客户

2．判断题

(1) GPS 不仅可以定点导航，还可以向全球用户提供连续、定时、高精度的三维位置、速度和时间信息。( )

(2) GPS 只能对动态对象进行动态空间信息的获取，空间信息反馈快速、精度均匀、不受天气和时间的限制。( )

(3) GPS 卫星的核心部件是高精度的时钟、导航电文存储器、双频发射机和接收机及微处理机，而对于 GPS 定位成功的关键在于高度稳定的载波信号。( )

(4) GPS 工作卫星的地面监控系统由 3 部分组成，包括 1 个主控站、3 个注入站和 4 个监测站。( )

(5) 网络 GPS 可以利用互联网实现无地域限制的跟踪信息显示，但是无法通过设置不同权限做到信息的保密。( )

(6) GPS 信号接收机的基本结构是天线单元和接收单元两部分。天线单元的主要作用是：当 GPS 卫星从地平线上升起时，能捕获、跟踪卫星，接收放大 GPS 信号。( )

(7) 网络 GPS 综合了 Internet 与 GPS 的优势与特色，取长补短，解决了原来使用 GPS 所无法克服的障碍，但是投资费用较高。( )

(8) GPS 在应用过程中，通常与无线移动通信技术、Internet 技术、GIS 技术相结合，构成一个网络化的 GPS 应用系统。( )

(9) 车辆跟踪监控系统能够为用户提供主要物标，如道路的准确位置、沿路设施、旅游景点、宾馆等数据库。( )

3．简答题

(1) 简述 GPS 的发展历程。
(2) GPS 的特点有哪些？
(3) 地面监控系统中的主控站的主要任务是什么？
(4) 简述 GPS 各种定位方式的适用范围。
(5) 简述网络 GPS 的工作流程。
(6) 网络 GPS 的功能有哪些？
(7) 简述 GPS 与网络 GPS 各自的特点。
(8) 全球定位系统在货物配送领域中有哪些应用？

案例分析

水泥企业物流监控信息化系统的建设

水泥企业原燃材料购进存在同一物资多订单、多产地的情况，因产地不同而造成购进单价和运费不同；水泥销售同样存在因销售区域或客户的不同，水泥出厂单价而有所不同。通过建设运输车辆物流监控信息

化系统，可对货物产地、车辆行驶轨迹、卸货地点和载重等数据进行全程跟踪记录，利用信息化技术提高水泥企业对物流运输的监管效率。

1. 水泥企业物流运输现状

(1) 原燃材料购进运输情况。

水泥企业原燃材料的购进，存在着同一物资有多种订单、多处产地的情况。原燃材料产地不同，购进单价和运费也不尽相同。一般原燃材料的采购是货到结算，即原燃材料的运输由供应商负责。供应商采用的运输车辆大多是社会化的非固定车辆，虽按政府监管部门要求安装了 GPS，但可行性较低。目前，水泥企业监管部门大多采用人工监管的方式。即监管人员先通过采购管理系统查看货物收货信息(供应商、物料、产地、车牌号等)，再通过 GPS 平台查看原燃材料承运车辆的 GPS 历史轨迹，最后人工判断货物产地和行驶轨迹的合法性。

(2) 水泥销售运输情况。

水泥企业的水泥销售有区域管控的需求，即销往不同区域和不同客户的水泥，出厂单价可能有所不同。水泥销售一般采用出厂结算的方式，即水泥运输由客户自行负责。水泥销售运输一般由相对固定的运输公司车辆承担，在这些运输车辆上统一安装 GPS 和载重监控系统可满足水泥企业对物流运输全方位管控需求，而且可有效节省人力成本。

2. 物流监控信息化系统的构成

先进水泥企业运输车辆物流监控信息化系统由车载终端、信息化系统数据接口、物流管控平台三部分构成。通过该系统，水泥企业可为矿山运输、原燃材料运输、熟料购进、水泥销售、混凝土销售等运输车辆统一安装车载终端，或从运输车辆已有的 GPS 平台中获取 GPS 数据；通过称重传感器得到车辆运输货物载重信息，从采购管理系统、销售管理系统等信息系统中获取采购收货、销售发货数据；将采集数据上传至物流信息监控平台。

3. 物流监控信息化系统建设目标

(1) 搭建采购运输车辆物流监控信息系统。统一固定采购运输车辆 GPS，或从临时采购运输车辆已有的 GPS 平台中获取 GPS 数据；从采购管理系统中获取采购收货信息；自动判断货物产地、车辆行驶轨迹的合法性，对异常情况进行预警。

(2) 搭建销售运输车辆物流监控信息系统。为销售运输车辆统一安装 GPS 和载重监控终端；从销售管理系统中获取销售发货信息；自动判断车辆行驶轨迹、卸货地点和载重记录的合法性，对异常情况进行预警。

4. 物流监控信息系统的工作模式及主要功能模块

(1) 采购运输车辆物流监控系统工作模式。

支持社会化 GPS 平台数据(经交管部门备案)的集成，通过社会化 GPS 平台可获取采购运输车辆 GPS 行驶轨迹。采购物资相对固定的承运车辆必须安装使用公司自建的 GPS 平台，非固定运输车辆可安装使用其他 GPS 平台。

支持采购管理系统的数据集成，可从采购管理系统中获取收货信息，包括采购订单、进厂时间、车牌号码、毛重、皮重、净重数据等。

支持从采购管理系统中手动同步产地信息，即由权限用户设定收货单位(集团下属各分公司)所采购物资的各产地的合法区域电子围栏及非法区域电子围栏(黑名单区域，即实际中可能存在串货的另一产地)，设定产地到收货单位的运输时间(受控时间，可以比实际平均运输时间稍长)等。电子围栏的设定支持点区域、行政区域、自定义区域等多种模式。行政区域模式可精确到乡镇。围栏管理支持多级审核。

采购运输车辆在原燃材料产地装货后，由供应商、司机在手机 App(或小程序)中录入装载信息(包括车牌号、货物)，物流监控系统自动获取车辆位置信息。运输车辆在厂内堆场卸货后，物流监控系统从采购管理系统中获取收货信息，从 GPS 系统中获取车辆行驶轨迹，自动进行装货地点及车辆行驶轨迹的合法性判断和异常情况预警。

(2) 销售运输车辆物流监控系统工作模式。

为纳入物流监控的销售运输车辆安装 GPS 主机、车辆载重传感器。销售物资承运车辆必须由水泥企业统一安装监控终端设备(包括GPS主机和车辆载重传感器)。

提供监控终端设备离线报警和断电报警功能。即监控终端设备自带电池，当车辆在启动状态时，监控终端设备由车辆供电；当车辆在熄火状态时，监控终端设备由电池供电；当监控系统检测到监控终端电源被拔掉且车辆行驶时，监控终端设备会自动预警。

支持"一车多卡"，即一辆牵引车可以对应多辆挂车。

支持销售管理系统的数据集成，可从销售管理系统中获取发货信息，包括销售订单、进厂时间、发货单信息、车牌号码、毛重、皮重、净重数据、出厂时间等。

支持从销售管理系统中手动同步客户信息。即由权限用户设定客户的卸货地点(支持多地点卸货)电子围栏，设定分公司电子围栏。监控系统从销售管理系统中手动同步分公司(各水泥二级企业)信息。与采购运输车辆一样，销售运输车辆卸货地点电子围栏也支持点区域、行政区域、自定义区域等多种模式。行政区域模式可精确到乡镇。电子围栏管理支持多级审核。

(资料来源：徐建辉，2021. 水泥企业物流监控信息化系统的建设[J]. 水泥技术(6):74;76+82.)

讨论题

(1) 水泥企业的物流运输有哪些特征？GPS在水泥企业有哪些应用？

(2) 通过该案例分析，谈谈GPS在企业物流系统中有何作用？

第5章 地理信息系统

【本章教学要点】

知识要点	掌握程度	相关知识
地理信息系统的基本概念	掌握	地理、信息、地理信息、信息系统、地理信息系统
地理信息系统的发展历程	了解	地理信息系统在国内外的发展历程
地理信息系统的特点	了解	地理信息系统具有的主要特点
地理信息系统的分类	了解	按内容、功能、数据结构分类
地理信息系统的组成	掌握	计算机硬件系统、计算机软件系统、地理空间数据、系统管理操作人员
地理信息系统的基本功能	掌握	空间信息查询和分析、可视化、制图、辅助决策
地理信息系统的基本原理	掌握	地理信息系统中的信息存储方式、数字地图的显示与输出、GIS的数据来源
地理信息系统的工作流程	熟悉	数据采集与输入、数据编辑与更新、数据存储与管理、空间统计与分析、数据显示与输出
地理信息系统空间分析技术	熟悉	空间缓冲区分析和空间叠置分析
地理信息系统的应用	熟悉	测绘与地图制图、资源管理、城乡规划、灾害监测、环境保护、国防、宏观决策支持
地理信息系统的发展趋势	熟悉	与CAD的集成和3S集成等
地理信息系统在物流领域的应用	熟悉	应用于物流配送系统与物流分析等

GIS 在农业物流中的应用研究

中国是世界前列的农业大国，农业是我国国家经济发展的根本。党的二十大报告中指出，全面建设社会主义现代化国家，最艰巨最繁重的任务仍然在农村。坚持农业农村优先发展，坚持城乡融合发展，畅通城乡要素流动。加快建设农业强国，扎实推动乡村产业、人才、文化、生态、组织振兴。随着全球经济化的发展，我国的农业水平无论从现代化程度还是发展规模来看都取得了不错的成绩。但我国地域辽阔，各种各样的农产品具有明显的区域性和季节性特点，这就提升了对农产品运输的要求。农产品物流耗时较长、耗损大，直接导致了农产品的成本提升，也间接提高了农产品的整体价格。因其流通效率较低，农产品物流逐渐成为限制农业发展的重要因素。我国目前的农业物流已经无法满足市场的具体需求，智能化与信息化是农业物流发展的必经之路。在物流行业中广泛应用信息技术以及供应链的管理，通过云计算、物联网、GIS 等现代技术实现货物运输的高效管理和自动化运作，有效提升物流行业的整体水平，降低自然资源、市场资源以及运营成本的消耗，积极推动物流行业的智能化发展。

在农业物流系统中采用 GIS 技术能够有效提升运输以及仓储等运营环节的管理效率。使用 GIS 技术能够让企业对资源进行合理的配置，避免不必要的资源消耗，有效降低成本，提升运营效率。GIS 技术应用于农业物流运营中能够将物流信息化技术与现代化发展进行融合，满足市场对农业物流的发展要求。根据研究得出结论，物流管理的过程中地理环境的信息数据占整个物流数据总额达 80% 以上，通过使用 GIS 技术结合物流管理能够对车辆信息、物流路线进行实时监控和优化，有效提升物流工作的效率和整体质量。另外，在物流系统中采用 GIS 技术能够对物流信息进行更为全面的完善，用户能够随时查找货物相关信息，便于消费者对货物的动态信息进行实时了解，提升用户的满意度。物流信息技术在我国农业物流的现阶段发展过程中起着重要的作用，农业物流系统中最为重要的问题是网络信息平台的完善问题。GIS 系统具有收集数据、整理数据、绘图以及数据可视化等功能，内存地理数据库并且具备网络数据分析的功能。GIS 技术能够有效改善农业物流信息沟通不畅的问题，完善物流分析技术，具备较强的规划以及预测市场的能力。地理信息系统主要是以地理信息数据为基础来对数据进行分析，能够对农业物流路径进行有效的规划，对周边地理环境信息进行收集和整理，分析数据后提供最优路径方案，数据具备较强的实时性、准确性，同时也能够做到可视化。GIS 在物流中的应用主要包括以下几个方面。

1. 建立 GIS 动态物流网

以 GIS 技术为基础的动态物流网络系统能够为物流企业的管理人员提供对企业业务的有效分析和对全局的掌控。物流企业的仓库分布范围较广，在数据表格的统计方面工作量庞大，采用人工管理的方式难免会出现误差，针对这些问题，GIS 动态物流网络系统不但提供了邮编管理的功能，还能够对边线进行自定义绘制，工作人员可以对不同的区域进行标记，将物流服务精细化。物流服务地区范围广泛，客户分布较多而且复杂，采用传统的表格数据形式无法精准地将仓库的距离和关系表达出来。采用 GIS 系统能够对地址进行匹配，将仓库的点在地图上进行分类显示，同时工作人员也能够在地图上进行编辑修改。物流企业可以对特定区域中的仓库点进行统计，GIS 系统具备统计功能，便于工作人员进行统计和修改。物流企业的派送服务可以通过 GIS 系统进行区域划分，确保工作效率，也能够为企业区域划分提供有效的参考，确保区域派送车辆的调度和安排，为企业的物流管理起到了指导的作用。

2. 优化农业物流体系

加大交通运输设施的建设，通过 GIS 技术来完善运输网络。注重公路路面的实际情况，提升高速公路的建设量与深度和能力，真正实现公路、航空以及铁路多联式运输系统的无缝衔接。为农业物流开辟绿色通道，改进农业物流运输设备并且引进国外先进的运输设备，加强运输设备的食品卫生标准、保险、冷藏等措施。通过 GIS 动态物流网来加强仓库的定点和建设，对老旧仓库进行及时的处理或者革新，对新仓库进行统一有效的管理，加大储存的力度。仓库建设方面应当朝简便立体的方向发展，对农产品的温室控制、防霉防虫防鼠害、温湿度控制以及出入库等进行自动化和机械化升级，针对特种仓库加大低温库和冷藏库的建设和完善。加大冷链物流的发展力度，进一步确保商品的品质和新鲜程度，从生产到加工到理货到运输直到上柜销售，整个过程要确保在低温的环境中进行作业，通过冷冻保鲜技术能够极大程度提升商品的质量和新鲜程度。结合 GIS 系统来对车辆最佳路线进行规划，缩减运送时间，运送过程中对车厢内部温度进行随时调控，确保商品始终处于设定的温度中，采用温度自动记录器来对车厢内的温度进行实时记录，配送任务结束后，将数据和资料录入计算机随时可以进行查询。目前我国在农业物流运输方面的研究较少，农业物流不仅具有一般的物流运输特性，更存在着独有的个性特征。企业在引进 GIS 系统时要结合农业物流的实际情况和自身特征来对系统中的地图、仓库、路线、配车等内容进行适当的调整。充分考虑到农业商品的时效性和新鲜度，提升网站的使用效率。中国在农业物流方面的基础设施尚不完善，整体技术水平略微落后，发达国家的果蔬损失率能够有效控制在 6% 以下，我国平均每年有超过 21% 的食物消耗在存储和运输的过程中。其中一些农产品在采摘、运输以及存储的过程中损失率超过 38%。我国的农产品数量繁多，运输量较大，在运输的过程中除了采用冷链的运输方式，也需要重视农业物流的运输规模等硬件条件。

3. 提升物流从业人员的专业水平

随着农业物流行业信息化的深入推广，从业人员的知识技能与操作技术也需要不断地提升。从业人员应当加强学习和锻炼，熟练掌握物流网站的操作和业务流程，提升自身综合素质。学习科学知识是企业发展必不可少的路径，学习农业科学不仅可以促进农业发展提升单位产量以及单位效益，还能够改变农业物流体系当中农民的自身利益。对现有的农业物流资源进行合理科学的配置，我国目前的农业物流服务市场仍然处于分散无秩序竞争的状态，想要提升农业物流企业的竞争力就必须加强客户服务意识、提升服务水平，对资源进行合理整合，这样才能够获得更好的回报。通过 GIS 系统建立动态物流交易平台，让农业物流企业能够通过平台来结合企业发展以及市场的具体需求对资源进行整合，找到农业物流服务与客户需求的最佳重合点，对人力资源、信息资源以及客户资源进行整合，优化企业配置。农业物流企业应当加强经营管理理念的革新，确定自身立场，通过 GIS 动态物流网来寻找适合的服务区域，根据农业物流服务的具体需求结合企业自身情况对企业内部进行调整，逐渐形成匹配市场需求的服务系统。积极引进国外先进技术，知识经济时代中创新才是企业发展的必经之路，引进 GIS 动态物流网能够加快企业的技术创新，构建出农业物流独有的信息平台，提升企业竞争力。

讨论题

(1) 通过本案例分析农村物流有何特点，以及 GIS 在农村物流中是如何应用的。

(2) GIS 在农村物流中有哪些积极意义？

GIS 可以降低物流成本，开发物流增值服务，克服多频次、小批量配送等方面的负面影响，并利用 GIS 强大的地理数据功能来完善物流分析技术，能够建立功能强大的物流信息系统，使物流更有时效性并且成本最优，因此，GIS 技术对于现代物流的发展起了积极的推动作用。本章主要内容包括 GIS 的基本概念与发展历程、GIS 的组成与功能、GIS 的工作流程、GIS 空间分析技术及 GIS 的应用及发展趋势。

【5-1 拓展视频】

5.1 GIS 概述

地理以及描述地理的信息与日常生活息息相关。人们所作出的每一个决定几乎都受着地理信息方面的影响。运输需要选择最便捷的道路，对流行疾病的研究和控制要确定其流行面积和传播速度，农业区划需要知道土地利用状况、土壤类型、气候等。正是基于这种需求和时代背景，一种利用计算机来进行管理和分析空间数据的技术——GIS 应运而生并迅速发展。如今，GIS 不仅仅是一种日趋成熟的技术或工具，而且还发展成为一门科学——空间系统科学。

5.1.1 GIS 的概念与发展历程

1. GIS 的概念

信息是向人们或机器提供关于现实世界新的事实的知识，是数据、消息中所包含的意义，它不随载体物理设备形式的改变而改变。信息具有客观性、实用性、传输性、共享性等特点。数据是指对某一目标定性、定量描述的原始资料，包括数字、文字、符号、图形、图像及它们能转换成的数据等形式。地理数据是指表征地理圈或地理环境固有要素或物质的数量、质量、分布特征、联系和规律的数字、文字、图像和图形等的总称。

地理信息是有关地理实体的性质、特征和运动状态的表征和一切有用的知识，它表示地球表层物体及环境固有的数量、质量、分布特征、相互联系和变化规律，是对地理数据的解释。在地理信息中，其位置是通过数据进行标识的，这是地理信息区别于其他类型信息的最显著的标志。地理信息具有空间性、多维结构和动态变化的特性。地理数据的种类、特征是与其地理位置联系在一起的，因此具有空间性。地理信息具有多重结构，即在同一经纬度位置上可以有多种专题和属性的信息结构。例如，在同一地域有其相应的高程值、地表状况等多种信息。此外，地理信息还有明显的时序特征，即动态变化特征。这就要求及时采集和更新地理信息，并根据多时相的数据或信息来寻求随时间分布和变化的规律，进而对未来作出预测或预报。

信息系统是具有数据采集、管理、分析和表达数据能力的系统，它能够为单一的或有组织的决策过程提供有用的信息。GIS 是以空间数据库为基础，在计算机软件硬件的支持下，对空间数据进行采集、处理、分析、模拟和显示，为地理研究、综合评价和管理、定量分析和决策而建立的计算机应用系统。

GIS 是一种特定的十分重要的空间信息系统。它是在计算机硬件、软件系统支持下，对整个或部分地球表层(包括大气层)空间中的有关地理分布数据进行采集、存储、管理、处理、分析、显示和描述的技术系统。GIS 处理、管理的对象是多种地理空间实体数据及其关系，包括空间定位数据、图形数据、遥感图像数据、属性数据等，用于分析和处理在一定地理区域内分布的各种现象和过程，解决复杂的规划、决策和管理问题。

GIS 的物理外壳是计算机化的技术系统，它由若干个相互关联的子系统构成，如数据采集子系统、数据管理子系统、数据处理和分析子系统、

【5-2 拓展视频】

图像处理子系统、数据产品输出子系统等。这些子系统的优劣、结构直接影响 GIS 的硬件平台、功能、效率、数据处理的方式和产品输出的类型。

GIS 的操作对象是空间数据，即点、线、面、体这类有三维要素的地理实体。空间数据的最根本特点是每一个数据都按统一的地理坐标进行编码，实现对其定位、定性和定量的描述，这是 GIS 区别于其他类型信息系统的根本标志，也是其技术难点之所在。

GIS 的技术优势在于它的数据综合、模拟与分析评价能力，可以得到常规方法或普通信息系统难以得到的重要信息，实现地理空间过程演化的模拟和预测。

2. GIS 的发展历程

自人类社会形成以来，人们在生产活动和社会活动中总在进行着信息的获取、交换和使用。从古代文明到现代社会，地理工作者、测绘工作者、航海家都致力于空间数据的收集整理，制图工作者则以地图的形式表示这些数据。地图作为空间数据的载体长期为航海、军事以及现代经济建设服务。纵观 GIS 的发展历程，国际上的发展已较为成熟，而国内起步较晚，但也取得了一定的发展。

(1) GIS 在国际上的发展历程大致可分为以下几个阶段。

① 20 世纪 50 年代的萌芽阶段：20 世纪 50 年代由于计算机技术的发展，测绘工作者和地理工作者逐渐利用计算机汇总各种来源的数据，借助计算机处理和分析这些数据，最后通过计算机输出一系列结果，作为决策过程的有用信息。1956 年，奥地利测绘部门首先利用电子计算机建立了地籍数据库，此后许多国家的土地测绘部门都相继发展了土地信息系统。

② 20 世纪 60 年代的开拓发展阶段：20 世纪 60 年代，计算机开始用于地图量算、分析和制作，由于其具有快速、廉价、灵活多样、易于更新、操作简便、质量可靠、便于存储等优点而迅速发展起来。1963 年，加拿大测量学家 R. F. Tomlinson 首先提出了"地理信息系统"这一术语，并建立了世界上第一个实用的地理信息系统——加拿大地理信息系统；用于自然资源的管理和规划。该系统由加拿大政府组织于 1963 年开始研制实施，到 1971 年投入正式运行，被认为是国际上最早建立的、较为完善的大型实用的地理信息系统。20 世纪 60 年代中期，由于对自然资源和环境的规划管理与应用加速增长的需要，对大量空间环境数据存储、分析和显示技术方法改进的要求，以及计算机技术及其在自然资源和环境数据处理中应用的迅速发展，促使对地图进行综合分析和输出的系统日益增多。这时，地理信息系统的特征是和计算机技术的发展水平联系在一起的，表现在计算机存储能力小，磁带存取速度慢，机助制图能力较强，地学分析功能比较简单；实现了手扶跟踪的数字化方法，可以完成地图数据的拓扑编辑，分幅数据的自动拼接；开创了格网单元的操作方法，发展了许多面向格网的系统。

③ 20 世纪 70 年代的巩固阶段：进入 20 世纪 70 年代以后，由于计算机硬件和软件技术的飞速发展，尤其是大容量存取设备(硬盘)的使用，为空间数据的录入、存储、检索和输出提供了强有力的手段。特别是人机对话和随机操作的应用，可以通过屏幕直接监视数字化的操作，而且制图分析的结果能很快看到，并可以进行实时编辑，促使 GIS 朝着实用方向迅速发展。这时，由于计算机技术及其在自然资源和环境数据处理中的应用，促使地理信息系统迅速发展。一些发达国家先后建立了许多不同专题、不同规模、不同类型的各具特色的地理信息系统。

④ 20世纪80年代的突破阶段：由于计算机的发展，推出了图形工作站和个人计算机等性能价格比大为提高的新一代计算机，计算机和空间信息系统在许多部门广泛应用。随着计算机软硬件技术的发展和普及，地理信息系统也逐渐走向成熟。这一时期是地理信息系统发展的重要时期。计算机价格的大幅度下降，功能较强的微型计算机系统的普及和图形输入、输出和存储设备的快速发展，大大推动了地理信息系统软件的发展，并研制了大量的微机 GIS 软件系统。GIS 基础软件和应用软件的发展，使得地理信息系统的应用领域迅速扩大，从资源管理、环境规划到应急反应，从商业服务、区域划分到政治选举分区等，涉及了许多的学科与领域，如古人类学、景观生态规划、森林管理、土木工程及计算机科学等。许多工业化国家把土地信息系统作为有关部门的必备工具，投入日常运转。这一时期，很多国家制定了本国的地理信息系统发展规划，启动了若干科研项目，建立了一些政府性、学术性机构。

⑤ 20世纪90年代应用普及阶段：由于计算机的软硬件均得到飞速的发展，网络已进入千家万户，地理信息系统已成为许多机构必备的工作系统，尤其是政府决策部门在一定程度上由于受地理信息系统影响而改变了现有机构的运行方式、设置与工作计划等。另外，社会对地理信息系统认识普遍提高，需求大幅度增加，从而导致地理信息系统应用的扩大与深化。国家级乃至全球性的地理信息系统已成为公众关注的问题，例如地理信息系统已列入美国政府制订的"信息高速公路"计划，戈尔提出的"数字地球"战略也包括地理信息系统。毫无疑问，地理信息系统将发展成为现代社会最基本的服务系统。

(2) 国内发展状况。

我国地理信息系统方面的工作自20世纪80年代初开始。以1980年中国科学院遥感应用研究所成立全国第一个地理信息系统研究室为标志，在几年的起步发展阶段中，我国地理信息系统在理论探索、硬件配置、软件研制、规范制定、区域试验研究、局部系统建立、初步应用试验和技术队伍培养等方面都取得了进步，积累了经验，为在全国范围内展开地理信息系统的研究和应用奠定了基础。

地理信息系统进入发展阶段的标志是从1986年前后开始的。地理信息系统研究作为政府行为，正式列入国家科技攻关计划，开始了有计划、有组织、有目标的科学研究、应用实验和工程建设工作。许多部门同时开展了地理信息系统研究与开发工作。如全国性地理信息系统(或数据库)实体建设、区域地理信息系统研究和建设、城市地理信息系统、地理信息系统基础软件或专题应用软件的研制和地理信息系统教育培训。通过近年的努力，在地理信息系统技术上的应用开创了新的局面，并在全国性应用、区域管理、规划和决策中取得了实际的效益。

自20世纪90年代起，地理信息系统步入快速发展阶段。执行地理信息系统和遥感联合科技攻关计划，强调地理信息系统的实用化、集成化和工程化，力图使地理信息系统从初步发展时期的研究实验、局部应用走向实用化和生产化，为国民经济重大问题提供分析和决策依据，努力实现基础环境数据库的建设，推进国产软件系统的实用化、遥感和地理信息系统技术一体化。在地理信息系统的区域工作重心上，出现了"东移"和"进城"的趋向，促进了地理信息系统在经济相对发达、技术力量比较雄厚、用户需求更为急迫的地区和城市首先实用化。这期间开展的主要研究及今后尚需进一步发展的领域有：重大自然灾害监测与评估系统的建设和应用；重点产粮区主要农作物估产；城市地理信息系统的建设与应用；建立数字化测绘技术体系；国家基础地理信息系统建设与应用；专业信息系统与数据库的建设和应用；基础通用软件系统的研制与建立；地理信息系统规范化与标准化；基于地理信息系统的数据产品研制与生产。同时经营地理信息系统业务的公司逐渐增多。

总之，中国地理信息系统事业经过数十年的发展，取得了重大的进展。地理信息系统的研究和应用正逐步形成行业，具备了走向产业化的条件。

5.1.2 GIS 的特点与分类

1. GIS 的主要特点

GIS 具有以下主要特点。

(1) GIS 使用了空间数据与非空间数据，并通过数据库管理系统(Database Management System，DBMS)将两者联系在一起共同管理、分析和应用；而 MIS 只有非空间数据库的管理，即使存储了图形，也往往以文件形式机械地存储，不能进行有关数据的操作，如空间查询、检索、相邻分析等，不能进行复杂的空间分析。

(2) GIS 强调空间分析，GIS 所具备的空间叠置分析、缓冲区分析、网络路径分析、数字地形分析等功能是一般的计算机辅助设计(Computer Aided Design，CAD)系统所不具备的。

(3) GIS 的成功应用不仅取决于技术体系，而且依靠一定的组织体系(包括实施组成、系统管理员、技术操作员、系统开发设计者等)。

(4) 信息的可视化。GIS 将不同区域的各个属性如人口等显示在地图上，形象、直观，一目了然。

2. GIS 的分类

(1) 按内容分类。

① 专题 GIS。专题 GIS 指具有有限目标和专业特点的 GIS，为特定的、专门的目的服务，如道路交通管理信息系统、水资源管理信息系统、矿产资源信息系统、农作物估产信息系统、水土流失信息系统、环境管理信息系统等。

② 区域 GIS。区域 GIS 主要以区域综合研究和全面信息服务为目标，可以有不同规模，如国家级、地区或省级、市级或县级等为各不同级别行政区服务的区域信息。也有以自然分区或流域为单位的区域信息系统。

(2) 按功能分类。

① 工具型 GIS。工具型 GIS 常称 GIS 工具、GIS 开发平台、GIS 外壳、GIS 基础软件等，它具有 GIS 的基本功能，但没有具体的应用目标，只是供其他系统调用或用户进行二次开发的操作平台。由于在应用 GIS 技术解决实际问题时，有大量软件开发任务，如果各种用户重复开发，就对人力、财力造成很大的浪费。而有了工具型 GIS，只要在其中加入地理空间数据，加上专题模型和界面，就可开发成为一个应用型的 GIS 了。

工具型 GIS，如国外的 ARC/Info、MapInfo 软件，国内的 MAPGIS、GeoStar 软件等是建立应用型 GIS 的支持软件。工具型 GIS 具有图形图像数字化、数据管理、查询检索、分析运算和制图输出等 GIS 的基本功能，通常能适应不同的硬件条件。

② 应用型 GIS。应用型 GIS 具有具体的应用目标、特定的数据、特定的规模和特定的服务对象。通常，应用型 GIS 是在工具型 GIS(基础软件)的支持下建立起来的。这样，可节

省大量的软件开发费用，缩短系统的建立周期，提高系统的技术水平，使开发人员能把精力集中于应用模型的开发，且有利于标准化的实行。

(3) 按数据结构分类。

① 矢量型 GIS。当空间数据是由矢量数据结构表示地理实体时，这种 GIS 称为矢量型 GIS。

② 栅格型 GIS。当空间数据是由栅格数据结构表示标的物或现象的分布时，这种 GIS 称为栅格型 GIS。

③ 混合型 GIS。这是指矢量、栅格数据结构并存的 GIS。

5.1.3 GIS 的组成

完整的 GIS 主要由 4 个部分构成：计算机硬件系统，计算机软件系统，地理空间数据，以及系统开发、管理和使用人员。其核心部分是计算机软、硬件系统，空间数据库反映 GIS 的地理内容，而管理人员和用户则决定系统的工作方式和信息的表现方式。GIS 的组成如图 5.1 所示。

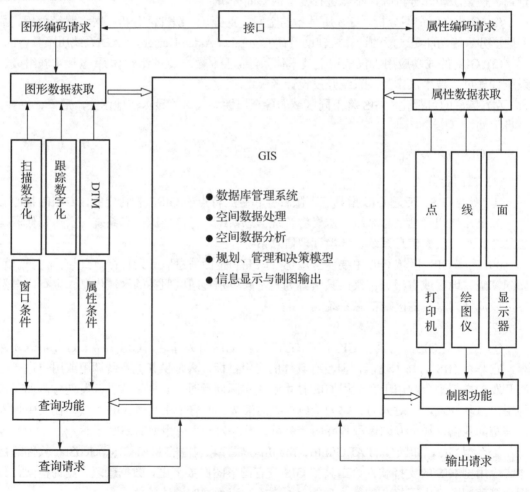

图 5.1　GIS 的组成

1. 计算机硬件系统

计算机硬件是计算机系统中的实际物理装置的总称，可以是电的、磁的、机械的、光的元件或装置，是 GIS 的物理外壳，系统的规模、精度、速度、功能、形式、使用方法甚至软件都与硬件有极大的关系，受硬件指标的支持或制约。GIS 由于其任务的复杂性和特殊性，必须有计算机设备支持。GIS 硬件配置一般包括以下 4 个部分。

(1) 计算机主机：显示器、键盘、鼠标等。

(2) 数据输入设备：数字化仪、图像扫描仪、手写笔、光笔等。

(3) 数据存储设备：光盘刻录机、磁盘阵列、光盘塔、移动硬盘等。

(4) 数据输出设备：喷墨绘图仪(打印机)、激光打印机等。

2. 计算机软件系统

计算机软件系统指 GIS 运行所必需的各种程序，通常包括以下几种。

(1) 计算机系统软件：由计算机厂家提供的、为用户开发和使用计算机提供方便的程序系统，通常包括操作系统、汇编程序、编译程序、诊断程序、库程序及各种维护使用手册、程序说明等，是 GIS 日常工作所必需的。

(2) GIS 软件和其他支撑软件：可以是通用的 GIS 软件，也可包括数据库管理软件、计算机图形软件包、CAD 软件、图像处理软件等。

GIS 软件应包括 5 类基本模块，即以下诸子系统。

① 数据输入模块：将系统外部的原始数据(多种来源、多种形式的信息)传输给系统内部，并将这些数据从外部格式转换为便于系统处理的内部格式的过程，如将各种已存在的地图、遥感图像数字化，或者通过通信或读磁盘、磁带的方式录入遥感数据和其他系统已存在的数据；还包括以适当的方式录入各种统计数据、野外调查数据和仪器记录的数据。

数据输入方式与使用的设备密切相关，常见的有三种形式：第一是手持跟踪数字化仪的矢量跟踪数字化，它是通过人工选点或跟踪线段进行数字化，主要输入有关图形点、线、面的位置坐标；第二是扫描数字化仪的光栅扫描数字化，主要输入有关图像的网格数据；第三是键盘输入，主要输入有关图像、图形的属性数据(即代码、符号)，在属性数据输入之前，须对其进行编码。

② 数据存储与管理模块：GIS 的关键组成部分之一。数据存储和数据库管理涉及地理元素(表示地表物体的点、线、面)的位置、连接关系及属性数据如何构造和组织等。用于组织数据库的计算机系统称为数据库管理系统。空间数据库的操作包括数据格式的选择和转换，数据的连接、查询、提取等。

③ 数据分析与处理模块：指对单幅或多幅图件及其属性数据进行分析运算和指标量测，在这种操作中，以一幅或多幅图输入，而分析计算结果则以一幅或多幅新生成的图件表示，在空间定位上仍与输入的图件一致，故可称为函数转换。空间函数转换可分为基于点或像元的空间函数，如基于像元的算术运算、逻辑运算或聚类分析等；基于区域、图斑或图例单位的空间函数，如叠加分类、区域形状测量等；基于邻域的空间函数，如像元连通性、扩散、最短路径搜索等。量测包括对面积、长度、体积、空间方位、空间变化等指标的计算。函数转换还包括错误改正、格式变化和预处理。

④ 数据输出与表示模块：指 GIS 内的原始数据或经过系统分析、转换、重新组织的数

据以用户可以理解的某种方式提交给用户,如以地图、表格、数字或曲线的形式表示于某种介质上,或采用 CRT(Cathode Ray Tube,阴极射线管)显示器、胶片复制、点阵打印机、笔式绘图仪等输出,也可以将结果数据记录于存储介质设备或通过通信线路传输到用户的其他计算机系统。

⑤ 用户接口模块:该模块用于接收用户的指令、程序或数据,是用户和系统交互的工具,主要包括用户界面、程序接口与数据接口。由于 GIS 功能复杂,且用户又往往为非计算机专业人员,用户界面(或人机界面)是 GIS 应用的重要组成部分,它通过菜单技术、用户询问语言的设置,还可采用人工智能的自然语言处理技术与图形界面等技术,提供多窗口和光标或鼠标选择菜单等控制功能,为用户发出操作指令提供方便。该模块还随时向用户提供系统运行信息和系统操作帮助信息,这就使 GIS 成为人机交互的开放式系统。而程序接口和数据接口可分别为用户连接各自特定的应用程序模块和使用非系统标准的数据文件提供方便。

(3) 应用分析程序:是系统开发人员或用户根据地理专题或区域分析模型编制的用于某种特定应用任务的程序,是系统功能的扩充与延伸。在优秀的 GIS 工具支持下,应用程序的开发是透明的和动态的,与系统的物理存储结构无关,而随着系统应用水平的提高不断优化和扩充。应用程序作用于地理专题数据或区域数据,构成 GIS 的具体内容,这是用户最为关心的真正用于地理分析的部分,也是从空间数据中提取地理信息的关键。用户进行系统开发的大部分工作是开发应用程序,而应用程序的水平在很大程度上决定系统的实用性、优劣和成败。

3. 地理空间数据

地理空间数据是指以地球表面空间位置为参照的自然、社会和人文景观数据,可以是图形、图像、文字、表格和数字等,由系统的建立者通过数字化仪、扫描仪、键盘、磁带机或其他通信系统输入 GIS,是系统程序作用的对象,是 GIS 所表达的现实世界经过模拟抽象的实质性内容。不同用途的 GIS 的地理空间数据的种类、精度是不同的,但基本包括 3 种互相联系的数据类型。

(1) 某个已知坐标系中的位置,即几何坐标。标志地理实体在某个已知坐标系(如大地坐标系、直角坐标系、极坐标系、自定义坐标系)中的空间位置,可以是经纬度、平面直角坐标、极坐标,也可以是矩阵的行、列数等。

(2) 实体间的空间相关性,即拓扑关系。表示点、线、面实体之间的空间联系,如网络节点与网络线之间的枢纽关系,边界线与面实体间的构成关系,面实体与外部或内部点的包含关系等。空间拓扑关系对于地理空间数据的编码、录入、格式转换、存储管理、查询检索和模型分析都有重要意义,是 GIS 的特色之一。

(3) 与几何位置无关的属性,即常说的非几何属性或简称属性,是与地理实体相联系的地理变量或地理意义。属性分为定性和定量两种,前者包括名称、类型、特性等;后者包括数量和等级。定性描述的属性如岩石类型、土壤种类、土地利用类型、行政区划等;定量的属性如面积、长度、土地等级、人口数量、降雨量、河流长度、水土流失量等。非几何属性一般是经过抽象的概念,通过分类、命名、量算、统计得到。任何地理实体至少有一个属性,而 GIS 的分析、检索和表示主要是通过属性的操作运算实现的,因此属性的分类系统、量算指标对系统的功能有较大的影响。

GIS 特殊的空间数据模型决定了 GIS 特殊的空间数据结构和特殊的数据编码，也决定了 GIS 具有特色的空间数据管理方法和系统空间数据分析功能，成为地理学研究和资源管理的重要工具。

4. 系统开发、管理和使用人员

人是 GIS 中的重要构成因素，GIS 不同于一幅地图，而是一个动态的地理模型，仅有系统软硬件和数据还不能构成完整的 GIS，需要人进行系统组织、系统管理、系统维护和数据更新。一个成熟的 GIS 也需要人来不断更新完善，需要人来利用系统的功能完成显示、分析、决策和研究。因此，GIS 行业中的技术人员是 GIS 的重要组成部分。

GIS 是信息技术、数据和数据处理过程的综合体，一个机构在开发和使用 GIS 时，不仅需要对技术人员本身有足够的了解，还需要具备有效、全面和可行的组织和管理能力。GIS 的管理是多层次的，从高到低可以分为决策性管理层、计划性管理层和实施性管理层。决策性管理层主要是指机构或企业制定 GIS 战略的高级决策层。计划性管理层是指决策管理层制定了 GIS 的战略方向后，计划 GIS 实施的阶层。实施性管理层则是具体进行管理的阶层。对于大型机构或企业，这三级管理层是很明显的。例如，一个城市 GIS 的建立，常常首先是市级主管技术的领导层从整个城市的发展角度出发来制定有关 GIS 对该城市的发展的战略方向；这种战略方针确定以后，将下达到有关的部门，由下一层领导该项目的发展和实施。这种组织可能是暂时建立的，如城市 GIS 发展委员会或类似机构，它的成员可能是从各个实施层的部门中调用，也可能是一个常设的机构。而实施管理层是由各具体的市政部门组成，可以包括市政部门、税务部门、交通部门、土地管理部门和环境保护部门等。

GIS 的组织者要尽量使整个生产过程形成一个整体。要真正做到这些，不仅要在硬件和软件方面投资，还要在适当的组织机构中重新培训工作人员和管理人员方面投资，使他们能够应用新技术。近年来，硬件设备连年降价，而性能则日趋完善与增强，但有技能的工作人员及优质廉价的软件仍然不足。只有在对 GIS 合理投资与综合配置的情况下，才能建立有效的 GIS。

5.2 GIS 的功能原理与工作流程

GIS 具有数据采集与编辑和空间信息查询等功能。GIS 的工作原理为把地理事物的空间数据和属性数据以数字的方式存储在计算机中，再利用计算机图形技术、数据库技术及各种数学方法来管理、查询、分析和应用，输出各种地图和地理数据。一般的 GIS 需要完成以下 5 个任务或过程：数据采集与输入、数据编辑与更新、数据存储与管理、空间统计与分析、数据显示与输出。

5.2.1 GIS 的基本功能

GIS 将表格类数据(无论它来自数据库、电子表格还是直接在程序中输入)转换为地理图形显示出来，然后对显示的结果进行浏览、操作和分析。其显示范围可以从洲际地图到非常详细的街区地图，显示对象包括人口、销售情况、运输路线及其他内容。GIS 具有以下基本功能。

【5-3 拓展视频】

1. 数据采集与编辑功能

GIS 的核心是一个地理数据库，为此必须将地面上实体图形数据和描述它的属性数据输入数据库中。输入的数据要求有统一的地理基础，并要求对输入的图形及文本数据进行编辑和修改；具体来说包括以下几项内容：人机对话窗口，文件管理数据获取，图形显示，参数控制，符号设计，建立拓扑关系，属性数据输入与编辑，地图修饰，图形几何要素计算统计，查询，图形接边处理及属性数据采集、编辑、分析等功能。

2. 空间信息查询和分析功能

空间信息的查询和分析是 GIS 的基本功能。例如，GIS 可以在各种咨询服务中为房地产开发商找到适合开发的土地；农业人员可以利用 GIS 寻找粮食、土壤和天气之间的相关关系等。GIS 不仅能提供静态的查询和检索，还可以进行动态的分析，如空间信息量测与分析、地形分析、网络分析、叠置分析等。

空间查询是 GIS 及许多其他自动化地理数据处理系统应具备的最基本的分析功能，而空间分析是 GIS 的关键性功能，也是 GIS 与其他计算机系统的根本区别。空间分析是在 GIS 的支持下，分析和解决现实世界中与空间相关的问题，是 GIS 应用深入的重要指标。GIS 的空间分析可分为 3 个不同的层次。

(1) 空间检索。其包括从空间位置检索空间物体及其属性和从属性条件集检索空间物体。空间索引是空间检索的关键技术，如何有效地从大型的 GIS 数据库中检索出所需数据，将影响 GIS 的分析能力；另外，空间物体的图形表达也是空间检索的重要部分。

(2) 空间拓扑叠加分析。空间拓扑叠加实现了输入要素属性的合并，以及要素属性在空间上的连接，其本质是空间意义上的布尔运算。

(3) 空间模型分析。在空间模型分析方面，目前多数研发工作着重于如何将 GIS 与空间模型分析相结合。其研究可分为以下 3 类。

① GIS 外部的空间模型分析，将 GIS 当作一个通用的空间数据库，而空间模型分析功能则借助于其他软件。

② GIS 内部的空间模型分析，试图利用 GIS 软件提供空间分析模块及发展适用于问题解决模型的宏，这种方法一般适用于基本空间的复杂性与多样性分析，且易于了解和应用，但由于 GIS 软件所能提供的空间分析功能极为有限，这种紧密结合的空间模型分析方法在实际的 GIS 设计中较少使用。

③ 混合型的空间模型分析，其宗旨在于尽可能地利用 GIS 提供的功能，同时也充分发挥 GIS 用户的主动性。

3. 可视化功能

GIS 通过对跨地域的资源数据进行处理、分析，揭示其中隐含的模式，发现其内在的规律和发展趋势，而这些在统计资料和图表里并不是很直观地表示出来。GIS 把空间和信息结合起来，实现了数据的可视化。对于许多类型的地理信息操作，最好的结果是以地图或图形显示出来。GIS 把数据显示集成在三维动画、图像或多媒体形式中输出，使用户能在短时间内对资料数据有直观的、全面的了解。

4. 制图功能

制图功能是 GIS 最重要的一项功能,对多数用户来说,也是用得最多、最广的一项功能。GIS 的综合制图功能包括专题地图制作,在地图上显示出地理要素,并赋予数值范围,同时可以放大和缩小以表明不同的细节层次。GIS 不仅可以为用户输出全要素图,而且可以根据用户需求分层输出各种专题地图,以显示不同要素和活动的位置,或有关属性内容,如矿产分布图、城市交通图、旅游图等。通常这种含有属性信息的专题地图主要有多边形图、线状图、点状图这 3 种基本形式,也可由这几种基本图形综合组成各种形式和内容的专题图。

5. 辅助决策功能

GIS 技术已经被用于辅助完成一些任务,如为计划调查提供信息,为解决领土争端提供信息服务,以最小化视觉干扰为原则设置路标等。GIS 可以用来帮助人们在低风险、低犯罪率的地区,以及离人口聚集地近的地区进行新房选址。所有的这些数据都可以用地图的形式简洁而清晰地显示出来,或者出现在相关的报告中,使决策的制定者不必将精力浪费在分析和理解数据上。GIS 快速的结果获取,使多种方案和设想得到高效的评估。

5.2.2 GIS 的基本原理

GIS 的基本原理:GIS 把地理事物的空间数据和属性数据以数字的方式存储在计算机中,再利用计算机图形技术、数据库技术及各种数学方法来管理、查询、分析和应用,输出各种地图和地理数据。

1. GIS 中的信息存储方式

一幅地图包含的最基本的信息有两种:空间信息和描述性信息。前者反映了地理特征的位置和形状及特征间的空间关系,后者则反映了这些地理特征的一些非空间属性。例如,地图上的一个城市,其经纬坐标属于空间信息,而城市名称、级别、人口等都属于描述性信息。点、线、面作为组成地图的 3 种基本元件,分别反映了不同的地图特征,其中点特征用一个独立的位置来代表,它所反映的地图对象因太小而无法用线特征和面特征来表示,或者该对象不具备面特征(如机井、村庄等);线特征由一组有序的坐标点相连接而成,反映的是那些宽度太窄而无法表示为一个面积区域的对象(如水渠、道路)或本身就没有宽度的对象(如等高线);面特征由一个封闭的图形区来代表,其边界包围着同一性质的一个区域(如同一土地类型、同一行政区域等)。在地图上,一定的地图对象的地理特征及其非空间特性往往是用特定的符号同时反映出来的。

计算机 GIS 存储的地图(即数字地图),不是传统观念上的存储着一幅地图的计算机图形文件。数字地图是以数据库的形式存储的。数据库是 GIS 的中心概念,也是 GIS 与那些绘图系统或仅能产生好的图形输出的地图制作系统的主要区别。流行的 GIS 软件都结合了数据库管理系统。

数字地图同样包含两种类型的信息:空间信息和描述性信息。它们都是以一系列的数据库文件的形式存储于计算机中。

(1) 空间信息数据的存储。

地图实际上是将地球表面的特征以点、线、面的形式映射到一个二维平面上,过去采用笛卡儿坐标系确定地图位置与地面位置的对应关系。一个点可由一个独立的(x, y)坐标对代表，一条线段可由一系列的(x, y)坐标对表示。在 GIS 中，线与线间的交点称为结点，结点间的线段称为弧，线与线围合成的图形称为多边形，一个多边形是由一个或多个弧围成的。为了让计算机能区分地理特征间的空间关系、空间信息，在数据文件中存储时采用了拓扑学的方法。具体的记录结构是这样的：①对于点，每条记录可由点代号和坐标对共两个字段组成；②对于弧，每条记录可以由弧代号、起始结点、终了结点、左侧多边形代号、右侧多边形代号及坐标对系列共 6 个字段构成；③对于多边形，每条记录可以由多边形代号和弧代号系列共两个字段构成。

空间信息是与位置坐标(x, y)密切联系的。同平面地图一样，GIS 中采用的是平面坐标系(Planar Coordinate System，PCS)。地球是个球体，经度和纬度常用于表示地球表面上任何一点的位置，其单位为度、分、秒。但是，经度和纬度不能用作平面坐标系中的x、y坐标，因为同样的经度差所反映的地面距离是随纬度而变的。例如，1 的经度差值间的地面距离，在赤道上是 111km，在两极上则为 0。所以，要根据不同的需要，采用适合的坐标映射体系将地球表面映射到平面上。常用的映射体系有若干种，各自都在形状、面积、距离或方向等方面产生某些程度的失真。

(2) 描述性信息数据的存储。

对于一个地理特征的描述性信息，记录的字段数因该特征具有的信息项数而异。例如，对于城市道路，可以有 6 个字段：①路段(弧)代号；②类型；③路面材料；④宽度；⑤车道数目；⑥名称。可以想象，一个地理特征的描述性信息数据文件，就如同一个表格一样，记录着对应特征的非空间属性的信息，每一条记录就相当于一个表行，所以，描述性信息数据文件又称特征属性表。

(3) 数据间的连接。

通过前面的介绍还可以发现，不论在空间信息数据文件中还是在描述性信息数据文件中，都有一个共同的字段，即特征代号。这个代号可以是记录号，也可以是用户指定的识别码。这个代号必须是唯一的，也就是说，同一数据文件中，不同的记录必须有不同的代号，绝对不能重复，因为 GIS 正是通过这个代号存取和交换信息，在空间信息数据和描述性信息数据之间建立连接。两类数据之间借由识别代号保持一一对应的关系。通过用识别代码作桥梁，还可以将同一空间对象的两个或多个特征属性表合并为一个文件，这使得空间对象增加新的描述性信息变得很方便。

2. 数字地图的显示与输出

如前所述，GIS 并不以图形或图像文件的形式保存地图，而是存储着地图元件的空间信息数据库和描述性信息数据库。在显示数字地图时，GIS 能实时地访问空间信息数据库并读取其中的数据进行分析处理，然后在计算机屏幕上显示出相应的图形。这个过程可称为"添加主题"。可以同时添加多个主题，如干旱类型、土壤类型、渠道、道路及村镇等。所有主题都有"开"(ON)与"关"(OFF)的可控选择，可以根据需要，随时让某个主题显示(ON)或不显示(OFF)。还可以将某个主题移出(删除)。一般地，在添加主题(即访问空间信息数据库)的同时，GIS 还同时访问相应的描述性信息数据库，打开对应的特征属性表，并通过识别代码在二者之间建立联系。这样，用户可方便地进行双向查询。GIS 在退出时，将当前添加的主题及其开关状态、颜色、线形、符号等选项都保存在配置文件中，使得当前的所有选择能够在下次启动时快速重现。

在输出方面，GIS 提供了多种地图版式供用户选择。用户在选择了某个版式以后，还可以按自己的爱好对版面重新安排，如标题字体、字号、颜色，图例大小、位置，比例尺的样式、位置等，甚至还可以添加或删除某些成分，直到满意后再将结果输送到打印机或绘图仪。也可以把结果按一定的比例放大或缩小并转换为 BMP 或其他格式的图形文件，供图形图像软件处理。

3. GIS 的数据来源

GIS 可用的数据非常广泛，包括现有的地图、以计算机图形图像文件形式存放的影像资料和表格资料及绘图软件(如 AutoCAD)绘制的图形等。对现有的地图，可利用数字化仪对需要的地理图形进行数字化，并输入相应的描述性信息。先进的 GIS 软件都支持对数字化仪的操作。此外，还可以用扫描仪将地图扫描成图像文件。对表格文件，有的可以直接显示为视图，有的则作为与已有的空间信息相连接的描述性信息而成为特征属性表的内容。GIS 可直接利用以数据库文件及文本文件形式提供的表格资料。对影像资料和 CAD 图形资料，GIS 可通过一定的方法对其进行数字化处理。

随着空间技术的发展，遥感(Remote Sensing，RS)和 GPS 成为 GIS 重要的数据来源。尤其是 GPS，其技术不断完善，其定位的高精度和高灵活性是遥感和常规测量无法比拟的。由于其接收机价格逐渐降低，GPS 的应用将逐渐广泛，GIS 与 GPS 的结合将更趋紧密。

5.2.3　GIS 的工作流程

GIS 将现实世界从自然环境转移到计算机环境，其作用不仅仅是真实环境的再现，更主要的是 GIS 能为各种分析提供决策支持。也就是说，GIS 实现了对空间数据的采集、编辑、存储、管理、分析和表达等加工处理，其目的是从中获得更加有用的空间信息和知识。这里"有用的空间信息和知识"可归纳为位置、条件、趋势、模式和模拟 5 个基本问题，GIS 的价值和作用就是通过地理对象的重建，利用空间分析工具，实现对这 5 个基本问题的求解。

【5-4 拓展视频】

位置问题回答"某个地方有什么"，一般通过空间对象的位置(坐标、街道编码等)进行定位，然后利用查询获取其性质，如建筑物名称、地点、建筑时间、使用性质等。位置问题是地理学领域最基本的问题，反映在 GIS 中，则是空间查询技术。条件问题即"符合某些条件的地理对象在哪里"，它通过空间对象的属性信息列出条件表达式，进而查找满足该条件的空间对象的分布位置。在 GIS 中，条件问题虽然是查询的一种，但也是较为复杂的空间查询问题。趋势是"某个地方发生的某个事件及其随时间的变化过程"。它要求 GIS 能根据已有的数据(现状数据、历史数据等)对现象的变化过程作出分析判断，并能对未来作出预测和对过去作出回溯。例如，土地覆被变化研究中，可以利用现有的和历史的土地覆被数据，对未来土地覆被状况作出分析预测，也可展现不同历史时期的覆被情况。模式问题即"地理实体和现象的空间分布之间的空间关系问题"。例如，城市中不同功能区的分布与居住人口分布的关系模式；地面海拔升高、气温降低，导致山地自然景观呈现垂直地带分异的模式等。模拟即"某个地方如果具备某种条件会发生什么",是在模式和趋势的基础上,建立现象和因素之间的模型关系,从而发现具有普遍意义的规律。例如,通过对某一城市的犯罪概率和酒吧、交通、照明、警力分布等要素关系分析,对其他城市进行相关问题研究,一旦发现带有普遍意义的规律,即可将研究推向更高层次,建立通用的分析模型,进行未来的预测和决策。

在建立一个实用的 GIS 的过程中,面对以上 5 个问题,从数据准备到系统完成,必须经过各种数据转换,每次转换都有可能改变原有的信息。因此,一般的 GIS 需要完成以下 5 个任务或过程:数据采集与输入、数据编辑与更新、数据存储与管理、空间统计与分析、数据显示与输出。GIS 的工作流程如图 5.2 所示。

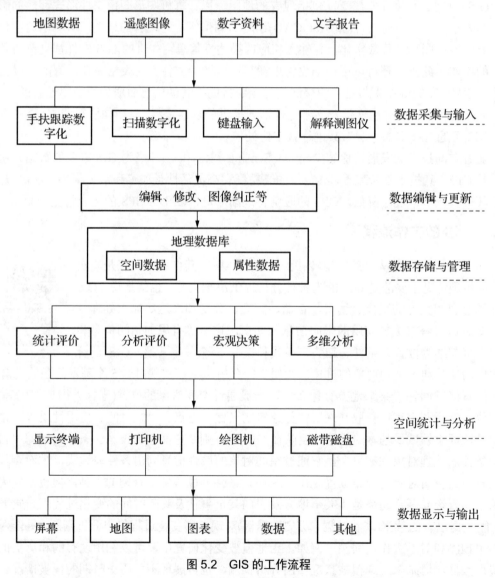

图 5.2 GIS 的工作流程

1. 数据采集与输入

根据任务的需要,将各种系统外部的原始数据转化为 GIS 软件可以识别的格式并加以利用的过程称为数据采集。数据采集就是保证各层实体的要素按顺序转化为 x、y 坐标及对应的代码输入计算机中。通常数据采集的方式有以下几种：通过纸质地图的数字化获取数据；直接通过数值数据获取数据；通过 GPS 采集数据；直接获取坐标数据。

数据输入是将系统外部的原始数据传输到系统内部，并将这些数据从外部格式转换为系统便于处理的内部格式的过程。对多种形式和多种来源的信息，可以实现多种方式的数据输入，主要有图形数据输入、栅格数据输入、测量数据输入和属性数据输入等。它包括数字化、规范化和数据编码 3 个方面的内容。

(1) 数字化是指根据不同信息类型，经过跟踪数字化或扫描数字化，进行模数转换、坐标变换等，形成各种数据文件，存入数据库。

(2) 规范化是指对不同比例尺、不同投影坐标系统和不同精度的外来数据，必须统一坐标和记录格式，以便在统一的数学基础上进一步工作。

(3) 数据编码是指根据一定的数据结构和目标属性特征，将数据转换为计算机识别和管理的代码或编码字符。数据输入方式与使用的设备密切相关，常用的有 3 种形式：手扶跟踪数字化、扫描数字化和键盘输入。

2. 数据编辑与更新

数据编辑主要包括图形编辑和属性编辑。图形编辑主要包括图形修改、增加和删除、图形变换、图幅拼接、投影变换、误差校正、建立拓扑关系等。属性编辑通常与数据库管理结合在一起完成，主要包括属性数据的修改、删除和插入等操作。

数据更新是以新的数据项或记录来替换数据文件或数据库中相应的数据项或记录，它是通过修改、删除和插入等一系列操作来实现的。由于空间信息具有动态变化的特征，人们所获取的数据只反映地理事物某一时刻或一定时间范围内的特征，随着时间推移，数据会随之改变。因此，数据更新是 GIS 建立空间数据的时间序列，满足动态分析的前提是对自然现象的发生和发展作出科学合理的预测预报的基础。

3. 数据存储与管理

数据存储，即将数据以某种格式记录在计算机内部或外部存储介质上。属性数据管理一般直接利用商用关系数据库软件，如 Oracle、SQL Server、FoxBase、FoxPro 等进行管理。但是，当数据量很大而且是多个用户同时使用数据时，最好使用一个 DBMS 来帮助存储、组织和管理空间数据。

4. 空间统计与分析

空间统计与分析是 GIS 的核心，是 GIS 最重要和最具有魅力的功能。其以地理事物的空间位置和形态特征为基础，以空间数据与属性数据的综合运算(如数据格式转换、矢量数据叠合、栅格数据叠加、算术运算、关系运算、逻辑运算、函数运算等)为特征，提取与产生空间的信息。

例如，依据 GIS，可以解决以下基于空间的简单统计查询。

(1) 这块土地属于谁？
(2) 两个地点之间距离是多少？
(3) 工业用地的边界在哪里？

(4) 哪些地方适合建新的住宅区？

(5) 如果要在这里建一条高速公路，将对周围用地产生怎样的影响？

只需要通过鼠标操作，GIS 就可以非常方便地提供从基本的空间查询到复杂的空间分析功能，为管理者和相关的分析专家提供及时而有用的信息。不同的商业 GIS 软件都具有支持缓冲区分析、叠置分析、网络路径分析和数字地形分析等基本的空间分析功能。

5. 数据显示与输出

数据显示是中间处理过程和最终结果的屏幕显示，通常以人机交互方式来选择显示的对象与形式，对于图形数据根据要素的信息量和密集程度，可选择放大或缩小显示。输出是将 GIS 的产品通过输出设备(包括显示器、绘图机、打印机等)输出。GIS 不仅可以输出全要素地图，还可以根据用户需要，分层输出各种专题地图、各类统计图、图表、数据和报告等。

5.3 GIS 空间分析技术

【5-5 拓展知识】

空间分析是 GIS 的主要特征，空间分析功能是评价 GIS 软件的主要指标之一。空间分析的根本目的在于通过对空间数据的深加工，获取新的地理信息。因此空间分析的定义为：空间分析是指以地理事物的空间位置和形态为基础，以地学原理为依托，以空间数据运算为特征，提取与产生新的空间信息的技术和过程，如获取关于空间分布、空间形成以及空间演变的信息。

按照空间数据的形式，可以把空间分析分为两种类型：矢量数据空间分析和栅格数据空间分析。矢量数据空间分析是指参与空间分析运算的空间数据主要是矢量数据结构，栅格数据空间分析是指参与空间分析运算的空间数据主要是栅格数据结构。矢量数据空间分析主要包括缓冲区分析、重置分析、网络分析等。

5.3.1 GIS 空间分析的概念

GIS 空间分析就是利用计算机对数字地图进行分析，从而获取和传输空间信息。由于空间分析对空间信息(特别是隐含信息)所具有的提取和传输功能，它不仅已经成为地理信息系统区别于一般信息系统主要的功能特征，也成为评价一个地理信息系统功能的主要指标之一。空间分析是基于地理对象的位置和形态特征的数据分析技术，是各类综合性地学分析模型的基础，为人们建立复杂的空间应用模型提供了基本工具。因此，空间分析与应用模型的关系是"零件"与"机器"的关系，不从概念上明确这一点，就无法在一个适当的综合程度上研究空间分析的体系，也无法改进 GIS 系统功能的设计。但是长期以来，空间分析的各种模型和方法没有形成一个统一的体系结构，甚至对空间分析的基本内容也没有形成普遍认同的界定，这一状况对空间分析的理论和方法的发展，对空间分析与 GIS 的集成都是不利的。

在 GIS 发展的早期，由于人们的注意力多集中在空间数据结构及计算机制图方面，空间分析的问题尚不尖锐。但是今天，对 GIS 空间数据结构的研究已经相对成熟，计算机制图也早已达到实用化水平，实用的 GIS 软件以及实际的 GIS 系统已有许多成功的实例，因此系统的空间分析功能就成为人们倍加关注的焦点。相对于 GIS 的其他分支领域而言，空间分析的研究是相对落后的，这已经引起 GIS 理论界的高度重视。

关于空间分析的定义目前还不统一。Robert Haining 给出如下定义："空间分析是基于地理对象布局的地理数据分析技术。"；郭仁忠等给出的定义是："空间分析是基于地理对象的位置和形态特征的空间数据分析技术，其目的在于提取和传输空间信息。"但是，"空间分析是 GIS 的主要特征，有无空间分析功能，这也是 GIS 与其他系统相区别的标志。"这一点已成为大家的共识。

5.3.2 典型的 GIS 空间分析技术

1. 空间缓冲区分析

空间缓冲区分析是围绕着空间的点、线、面实体，自动在其周围建立起一定宽度的范围，从而实现空间数据在水平方向上得以扩展信息的方法，也是指空间实体的影响范围或者服务范围；其中包括基于点的缓冲区分析、基于线的缓冲区分析和基于面的缓冲区分析。

建立点的缓冲区分析，是以点状实体为圆心，以缓冲区距离为半径绘制圆即可，线性缓冲区的建立，是以线实体为参考，在线的两边建立一定距离的与参考线平行的平行线，所以，其缓冲区都是面状，面的缓冲区的建立是以面为中心，在其周围建立一定距离的面状实体。

栅格缓冲区的建立主要是通过两个步骤：第一，对需要做缓冲区的栅格单元做距离扩散，即计算其他栅格到需要做缓冲区的栅格的距离；第二，按照设定的缓冲区距离提取符合要求的栅格。

2. 空间叠置分析

空间叠置分析是地理信息系统中常用的一种空间分析方法，是指在相同的地理坐标下，对同一地区的两个不同的地理要素进行叠加，以产生空间区域的多重属性特征，或建立地理对象之间的空间关系，这种分析涉及逻辑交、逻辑并、逻辑差等运算。

基于矢量的空间数据的叠加主要包括点与多边形的叠加、线与多边形的叠加和面积与多边形的叠加，主要是指点落在或者不落在某一个面域内，线经过或者不经过某一个面域，两个面之间的空间关系。在地理信息系统的叠加分析中，主要学习和使用的是面与面的叠加，可以分为图层擦除、图层合并、识别叠加、图层交集、对称区别和修正更新。

(1) 图层擦除(Erase)。

输出图层包括输入图层中除了擦除图层以外部分。从数学的逻辑讲，图层擦除是指 A-A∩B(A 为输入图层，B 为擦除图层)，具体如图 5.3 所示。

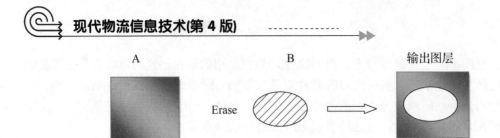

图 5.3 图层擦除示意图

(2) 图层合并(Union)。

图层合并是指将两个面状空间数据进行叠加,输出的图形包括输入两个图形的所有属性信息,在布尔运算上用的是"or"关键字,即输入图层"or"叠加图层,从数学角度看是指 A∪B(A、B 为两个输入图层),具体如图 5.4 所示。

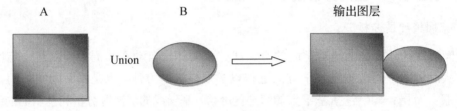

图 5.4 图层合并示意图

(3) 识别叠加(Identity)。

输入图层进行识别叠加,将图形叠合的区域的属性赋给输入图层,A 代表输入图层,B 代表识别图层,具体如图 5.5 所示。

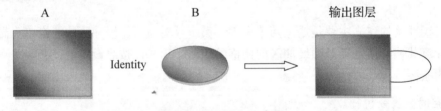

图 5.5 识别叠加示意图

(4) 图层交集(Intersect)。

图层交集是通过两个输入图层的叠加得到图层的交集部分,输出图层保留两个图层相交部分的属性信息。在数学中表达为 A∩B(A、B 代表两个输入图层),具体如图 5.6 所示。

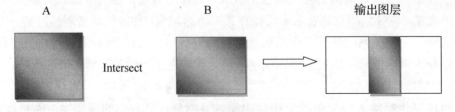

图 5.6 图层交集示意图

(5) 对称区别(Symmetrical Difference,SD)。

对称区别是指通过两个输入图层叠加得到除相交部分以外的输出图层,新生成的图层的属性也综合了两个输入图层的属性,数学中表达为 A∪B-A∩B(A、B 代表两个输入图层),

具体如图 5.7 所示。

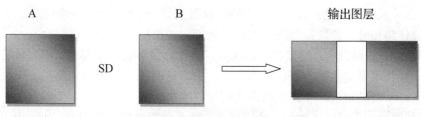

图 5.7 对称区别示意图

(6) 修正更新(Update)。

修正图层是指对输入图层和修正图层进行几何相交，输入图层被修正图层所覆盖的那一部分的属性将会被修正图层所替代，具体如图 5.8 所示。

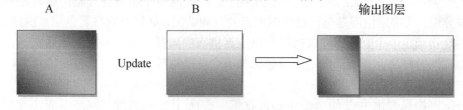

图 5.8 修正更新示意图

3. 网络分析

网络分析作为 GIS 应用最重要的功能之一，在电子导航、交通旅游、城市规划，以及电力、通信、供排水等各种管网的布局设计中发挥了重要作用。同计算机网络类似，GIS 中的网络是由一系列相互连接的线状要素组成。GIS 中网络基本要素及属性如下所述。

(1) 链：网络中有物质流动的线，如河流、道路、管线等，其状态属性包括阻力和需求。

(2) 障碍：禁止网络链上流动的点。

(3) 拐角点：位于网络链上的所有分割结点上，其状态属性包括阻力，如拐弯的时间限制和方向限制(如不允许右拐)。

(4) 中心：收集或分配资源的位置，如水库、变电站、商业中心等，其状态属性包括资源容量(如总资源量)和阻力限额(如距离或时间限制)。

(5) 站点：在路径中可进行资源增减的地点，如库房、火车站等，其状态属性包括需要被运输的资源需求，如货物数量等。

GIS 中网络分析的主要内容包括路径分析和资源分配等。

(1) 路径分析：路径分析是 GIS 中最基本的功能之一，其目的是在两点或多点之间寻找最佳路径。在给定了起点、终点、必须通过的若干中间点以及其他约束条件后，就可以通过路径分析算法求出最佳路径。最佳路径中的"佳"有多种含义，它不仅可以指一般地理意义上的距离最短，还可以指运输成本最低、时间最短，在军事应用中还可以指危险度最低。路径分析功能可应用于长途货运、邮件传递、公共交通、消防、救护、巡警巡视中的路线选择等。

最佳路径求解算法有几十种，其中最经典并被 GIS 广泛采用的算法是 Dijkstra(迪杰斯特拉)算法。

路径分析主要有以下4种。

① 静态计算最佳路径：首先由用户确定权值关系，即给定网络中每条弧段的属性，当需要计算最佳路径时，读取最佳路径的相关属性，求出最佳路径。

② N 条最佳路径分析：给定起点和终点，求代价最小的 N 条路径。因为软件在进行路径分析时，往往不可能将所有影响因素考虑进去，这时选出多条最佳路径，可由使用者进行最终决策，从而确定实际使用中的最佳路径。

③ 最短路径或最低成本路径：给定起点、终点和若干要经过的中间点，求出最短路径或最低耗费路径。

④ 动态最佳路径分析：在很多应用场景下，网络中的权值是动态变化的，而且还可能出现临时的障碍点、障碍区，这是需要动态计算最佳路径。

(2) 资源分配：资源分配用来解决一个或多个资源在网络中的最优分配问题，也称为资源定位与分配。其中定位问题是指已知需求点的分布情况，如何合理布置供应点的问题；而分配问题是指确定各个需求点应该由哪个供应点供应的问题。在大多数应用场合下，这两个问题需要同时解决。资源分配的应用包括物流企业仓库的设置、交通枢纽的设置、学校的选址、消防站点分布等。

资源分配网络模型由中心点(分配中心或收集中心)及其状态属性和网络组成。有两种分配形式：①由分配中心向四周输出；②由四周向分配中心集中。资源分配模型可用于计算中心点的等时区、等交通距离区和等费用距离等；可用于对商业中心、文体中心、港口等进行吸引范围分析，进行各种规划及模拟等。

5.4 GIS 的应用及发展趋势

由于世界上大多数信息都与其产生、代表、包含的地点有关，GIS 的用途十分广泛，不仅涉及国民经济的许多领域，如交通、能源、农林、水利、测绘、地矿、环境、航空、国土资源综合利用等，而且与国防安全密切相关。在未来"数字地球"和"数字城市"及"数字物流园区"的建设中，GIS 将起十分重要的作用。

5.4.1 GIS 的主要应用领域

【5-6 拓展视频】

经济、社会、人口、自然资源、环境等方面的大量信息，绝大多数都带有空间位置的属性，GIS 的最大特点就是能进行空间操作，即对空间数据进行存储、管理、分析和更新。这表明，GIS 的应用可以扩展到非常广泛的范围。

GIS 的优势，使它成为国家宏观决策和区域多目标开发的重要技术工具，也成为与空间信息有关各行各业的基本工具，下面简要介绍地理信息系统的一些主要应用。

1. 测绘与地图制图

GIS 技术源于机助制图，GIS 技术与遥感、全球定位系统技术在测绘界的广泛应用，为测绘与地图制图带来了一场革命性的变化。这种变化集中体现在：地图数据获取与成图的技术流程发生了根本的改变;地图的成图周期大大缩短;地图成图精度大幅度提高;地图的品种大大丰富。数字地图、网络地图、电子地图等一批崭新的地图形式为广大用户带来了巨大的应用便利。测绘与地图制图进入了一个崭新的时代。

2. 资源管理

资源管理是 GIS 最基本的职能,这时系统的主要任务是将各种来源的数据汇集在一起,并通过系统的统计和覆盖分析功能,按多种边界和属性条件,提供区域多种条件组合形式的资源统计和进行原始数据的快速再现。以土地利用类型为例,可以输出不同土地利用类型的分布和面积,按不同高程带划分的土地利用类型,不同坡度区内的土地利用现状,以及不同时期的土地利用变化等,为资源的合理利用、开发和科学管理提供依据。再如,美国能源部和威斯康星州合作建立了以治理土壤侵蚀为主要目的的多用途专用的土地 GIS。该系统通过收集耕地面积、湿地分布面积、季节性洪水覆盖面积、土壤类型、专题图件信息、卫星遥感数据等信息,建立了威斯康星州潜在的土壤侵蚀模型,据此,探讨了土壤恶化的机理,提出了合理的改良土壤方案,达到对土壤资源保护的目的。

3. 城乡规划

城市与区域规划中要处理许多不同性质和不同特点的问题,它涉及资源、环境、人口、交通、经济、教育、文化和金融等多个地理变量和大量数据。GIS 的数据库管理有利于将这些数据信息归并到统一系统中,最后进行城市与区域多目标的开发和规划,包括城镇总体规划、城市建设用地适宜性评价、环境质量评价、道路交通规划、公共设施配置,以及城市环境的动态监测等。这些规划功能的实现,是以 GIS 的空间搜索方法、多种信息的叠加处理和一系列分析软件(回归分析、投入产出计算、模糊加权评价、0-1 规划模型、系统动力学模型等)加以保证的。我国大城市数量居于世界前列,根据加快中心城市的规划建设,加强城市建设决策科学化的要求,利用 GIS 作为城市规划、管理和分析的工具,具有十分重要的意义。例如,北京某测绘部门以北京市大比例尺地形图为基础图形数据,在此基础上综合叠加地下及地面的八大类管线(包括供水、雨污、热力、电力、通信、广电、燃气、工业)以及测量控制网,规划路等基础测绘信息,形成一个测绘数据的城市地下管线信息系统。从而实现了对地下管线信息的全面的现代化管理。为城市规划设计与管理部门、市政工程设计与管理部门、城市交通部门与道路建设部门等提供地下管线及其他测绘部门的查询服务。

4. 灾害监测

利用 GIS,借助遥感遥测的数据,可以有效地用于森林火灾的预测预报、洪水灾情监测和洪水淹没损失的估算,为救灾抢险和防洪决策提供及时准确的信息。1994 年的美国洛杉矶大地震,就是利用 ARC/INFO 软件系统进行灾后应急响应决策支持,成为大都市利用 GIS 技术建立防震减灾系统的成功范例。日本通过对关东大地震的震后影响做出评估,建立各类数字地图库,如地质、断层、倒塌建筑等图库。把各类图层进行叠加分析得出对应属性有价值的信息,该系统的建成使有关机构可以对类似神户的城市大地震作出快速响应,最大程度减少伤亡和损失。再如,据我国大兴安岭地区的研究,通过普查分析森林火灾实况,统计分析十几万个气象数据,从中筛选出气温、风速、降水、温度等气象要素,春秋两季植被生长情况和积雪覆盖程度等 14 个因子,用模糊数学方法建立数学模型,建立危机信息系统的多因子的综合指标森林火险预报方法,对预报火险等级的准确率可达 73% 以上。

5. 环境保护

党的二十大报告中指出:"必须牢固树立和践行绿水青山就是金山银山的理念,站在人与自然和谐共生的高度谋划发展。"坚持山水林田湖草沙一体化保护和系统治理,全方位、全地域、全过程加强生态环境保护,生态文明制度体系更加健全,污染防治攻坚向纵深推进,绿色、循环、低碳发展迈出坚实步伐。GIS 在严密防控环境风险,深入推进中央生态环境保护督察方面发挥着重要的作用。

利用 GIS 技术建立城市环境监测、分析及预报信息系统;为实现环境监测与管理的科学化、自动化提供最基本的条件;在区域环境质量现状评价过程中,利用 GIS 技术的辅助,实现对整个区域的环境质量进行客观地、全面地评价,以反映出区域中受污染的程度以及空间分布状态;在野生动植物保护中,世界自然基金会采用 GIS 空间分析功能,帮助世界上最大的猫科动物改变它目前濒于灭种的境地。以上这些方面都取得了很好的应用效果。

6. 国防

现代战争的一个基本特点就是"3S"技术被广泛地运用到从战略构思到战术安排的各个环节。它在一定程度上决定了战争的成败。例如,海湾战争期间,美国国家图像和测绘局为战争的需要在工作站上建立了 GIS 与遥感的集成系统,它能用自动影像匹配和自动目标识别技术,处理卫星和高空侦察机实时获得的战场数字影像,及时地将反映战场现状的正摄影影像叠加到数字地图上,数据直接传送到海湾前线指挥部和五角大楼,为军事决策提供 24 小时的实时服务。

7. 宏观决策支持

GIS 利用拥有的数据库,通过一系列决策模型的构建和比较分析,为国家宏观决策提供依据。例如,系统支持下的土地承载力的研究,可以解决土地资源与人口容量的规划。我国在三峡地区研究中,通过利用 GIS 和机助制图的方法,建立环境监测系统,为三峡宏观决策提供了建库前后环境变化的数量、速度和演变趋势等可靠的数据。

总之,GIS 正越来越成为国民经济各有关领域必不可少的应用工具,相信它的不断成熟与完善将为社会的进步与发展作出更大的贡献。

5.4.2 GIS 在物流领域的应用

GIS 已广泛应用于土地管理、资源管理和环境监测等方面。在现代物流中,GIS 也发挥了重要作用,如 GIS 在物流配送系统中的应用以及在物流分析中的应用等,主要体现在以下几个方面。

1. GIS 在物流配送系统中的应用

GIS 不仅具有对空间和属性数据采集、输入、编辑、存储、管理、空间分析、查询、输出和显示功能,而且可为系统用户进行预测、监测、规划管理和决策提供科学依据。可见,将其应用于物流信息系统中,可大大加强对物流过程的全面控制和管理,实现高效、高质的物流服务。GIS 技术与物流管理技术的集成将是发展的必然趋势。如以某一城市中的物流配送过程为例(图 5.9),那么基于 GIS 的物流配送系统的需求主要集中在以下几方面。

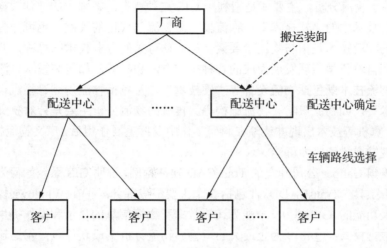

图 5.9 物流配送过程

(1) 通过客户提供的详细地址字符串,确定客户的地理位置和车辆路线。

(2) 通过基于 GIS 的查询、地图表现的辅助决策,实现对车辆路线的合理编辑(如创建、删除、修改)和客户配送排序。

(3) 用特定的地图符号在地图上表示客户的地理位置,不同类型的客户(如普通客户和会员客户,单位客户和个人客户等)采用不同的符号表示。

(4) 通过 GIS 的查询功能或在地图上点击地图客户符号,显示此客户符号的属性信息,并可以编辑属性。

(5) 在地图上查询客户的位置以及客户周围的环境以发现潜在客户。

(6) 通过业务系统调用 GIS,以图形的方式显示业务系统的各种相关操作结果的数值信息。

(7) 基于综合评估模型和 GIS 的查询,实现对配送区域的拆分、合并。

与单纯的数据库及 CAD 技术相比,GIS 具有独特的技术优势,主要表现在以下几方面。

图形显示输出上的优势,GIS 提供良好的图形展示界面,除了 CAD 的显示、出图功能以外,也能根据属性资料做不同的主题展示,将图形根据需要任意缩放。此外,GIS 制图可以解决传统单一主题叠合问题,将统一坐标系下的不同主题有效结合。

分析功能上的优势,CAD 等绘图软件着重于图形的绘制,不具备图形特征的相关属性内容,各点之间不具备拓扑关系,分析功能缺乏。一般的统计软件虽能处理大量的统计资料,但缺乏处理图形的能力。只有 GIS 能够将两者有机结合,使得图形资料能够灵活应用,任意叠合、分割、截取和统计分析。而且,GIS 的空间分析功能能够对点、线、面做不同的空间分析,获取相关信息。在物流的最短路径分析、配送区域分割中具有独特作用。

模型模拟上的优势,GIS 的强大功能还表现在它能够根据不同的模型对地物进行模拟,模拟目标物体发展过程。完全在可视化的操作界面下了解模拟目标物体发展过程。由于 GIS 具有以上技术优势,可以将 GIS 与 LMIS 集成构建企业物流管理系统。

2. GIS 在物流分析中的应用

GIS 应用于物流分析，主要就是指利用 GIS 这种特有的、强大的地理数据处理功能来完善物流分析技术中的"软技术"。物流技术是物流现代化的关键，也可分为狭义和广义两种。狭义的物流技术是指与物流诸要素全部活动有关的专业技术的总称，即根据物流活动实践经验和自然科学原理发展而成的各种操作方法和技能，如包装技术、流通加工技术等；广义的物流技术既包括物流设备等"硬技术"，又包括物流规划、物流设计、物流评价等"软技术"，如物流策略、物流结构等。传统的物流分析主要是针对狭义的物流技术而言，只有计算机等技术出现并逐渐在科研工作中发挥重要作用后，广义物流技术中的"软技术"的高度发展才能成为可能。

在此以美国 Galiper 公司开发的 TransCAD 软件为例，说明 GIS 系统如何为物流分析提供专门的分析工具。TransCAD 软件包括 5 个主要组成部分：①在 Windows 操作环境下使用的具有强大功能的 GIS；②一个能为运输数据和物流信息的显示和操作提供必不可少的工具的扩展数据模式；③迄今为止最大的运输、物流分析集成软件包；④运输、地理和人口统计的综合数据；⑤功能强大的用于生成宏、add-ins、服务程序和用户接口的开发语言。

以上 5 点是 TransCAD 的主要组成部分，同时也是 TransCAD 为适合交通运输、物流分析而区别于其他 GIS 软件的主要方面，其中尤其以扩展数据模式和运输、物流分析模型这二者最为典型。扩展数据模式使得描述和运用在传统 GIS 软件上不能表示的有关运输、物流方面的数据成为可能，从而把传统 GIS 强大的分析、模拟预测功能同运输和物流分析中的特殊的数据结构结合起来。运输网络分析和操作研究模型、先进的专业性分析模型及支持统计和经济分析的模型等运输、物流分析模型一方面使得对某些特殊的交通运输问题和物流问题的处理变得十分方便，同时也为一些运用已提供模型不能直接解决的问题提供了解决的思路；而基于 Windows 环境所具有的开放性和软件本身提供的二次开发工具则为 TransCAD 在更广阔范围内的应用提供了前提。

完整的 GIS 物流分析软件包中除包括为交通运输分析所提供的扩展数据结构、分析建模工具和二次开发工具外，还集成了若干物流分析模型，包括车辆路线模型、设施定位模型、网络物流模型、分配集合模型等，这些模型既可以单独使用，解决某些实际问题，也可以作为基础，进一步开发适合不同需要的应用程序，这些模型也较有代表性地说明了 GIS 在物流分析中的应用水平。下面就这些模型分别加以介绍。

(1) 车辆路线模型：车辆路线模型用于解决在一个起点、多个终点的货物运输问题中，如何降低操作费用并保证服务质量，包括决定使用多少车辆，每个车辆经过什么路线的问题。物流分析中，在一对多收发货点之间存在着多种可供选择的运输路线的情况下，应该以物资运输的安全性、及时性和低费用为目标，综合考虑，权衡利弊，选择合理的运输方式并确定费用最低的运输路线。例如，一个公司只有一个仓库，而零售店却有三十个，并分布在各个不同的位置上，每天用卡车把货物从仓库运到零售商店，每辆卡车的载重量或者货物尺寸是固定的，同时每个商店所需的货物重量或体积也是固定的，因此，需要多少车辆以及所有车辆所经过的路线就是一个最简单的车辆路线模型。

实际情况下，车辆路线问题还应考虑很多影响因素，问题也变得十分复杂。例如：仓库的数量不止一个，而仓库和商店之间不是一一对应的；部分或所有商店对货物送达时间有一定的限制，如某商店上午 8 点开始营业，因此要求货物在上午 5—7 点运到；仓库的发货时间有一定的限制，如当地交通规则要求卡车上午 7 点之前不能上路，而司机要求每天下午 6 点之前完成一天的工作；在每个车站，需要一定的服务时间。最常见的情况是不管卡车所运货物多少，在车站上都需要固定的时间让卡车进站接受检查，当然也有检查时间随着所运货物多少而变化的情况，等等。TransCAD 中的车辆路线模型可以综合考虑这些因素加以解决。

(2) 设施定位模型：设施定位模型用来确定仓库、医院、零售商店、加工中心等设施的最佳位置，其目的同样是提高服务质量，降低操作费用，以及使利润最大化等。

设施定位模型可以用于确定一个或多个设施的位置。在物流系统中，仓库和运输线共同组成了物流网络，仓库处在网络的"结点"上，运输线就是连接各个"结点"的"线路"，从这个意义上看，"结点"决定着"线路"。具体地说，在一个具有若干资源点及若干需求点的经济区域内，物资资源要通过某一个仓库的汇集中转和分发才能供应各个需求点，因此，根据供求的实际需要并结合经济效益等原则，在既定区域内设立多少仓库，每个仓库的地理位置在什么地方，每个仓库应有多大规模(包括吞吐能力和存储能力)，这些仓库间的物流关系如何等问题，就显得十分重要。而这些问题运用设施定位模型均能很容易地得到解决。设施定位模型也可以加入经济或者其他限定条件，运用模型的目的也可以是使各服务设施之间的距离最大或使其服务的人数总和最大，同时，也可以是在考虑其他已经存在设施的影响的情况下确定设施的最佳位置，等等。对于这些形式不一的问题，TransCAD 都可能通过运用现有的模型，或者修改一定的参数加以解决。

(3) 网络物流模型：TransCAD 包括许多解决网络物流问题的程序，这些程序可被用于解决诸如寻求最有效的分配货物路径或提供服务路径问题，即物流分析中的具有战略意义的网点布局问题。TransCAD 同时也提供了为解决网络物流问题整理数据的相关程序。下面举例说明网络物流问题的一般应用形式。

需要把货物从 15 个仓库运到 100 个零售商店，每个零售商店有固定的需求量，因此需要确定哪个仓库供应哪个零售商店，从而使运输代价最小。

在考虑线路上的车流密度前提下，怎样把空的货车从所在位置调到货物所在位置？在处理网络物流模型时，TransCAD 将用到扩展数据结构，这种数据结构是 TransCAD 自身特有的，是专门为处理交通问题设计的，包括矩阵、网络等。

TransCAD 的网络物流模型可以分为三种类型：第一种用来处理"一对一"的起点终点问题；第二种用来处理"一对一"或者"多对一"的起点终点问题，同时产生一个矩阵，计算出从各个起点到终点的物流；第三种也是用来处理"一对一"或"多对一"的起点终点问题，但是可以考虑网络各段路径的限制运量，其结果也是产生一个表示物流量大小的矩阵。

(4) 分配集合模型：分配集合模型可以根据各个要素的相似点把同一层上的所有或部分要素分成几组，可以用于解决确定服务范围、销售市场范围等问题。在很多物流问题中都涉及分配集合模型，例如，以下的情况。

① 某公司要设立 12 个分销点，要求这些分销点覆盖整个地区，且每个分销点的顾客数目大致相等。

② 某既定经济区域(可大至一个国家，小至某一地区、城市)内，考虑各个仓储网点的

规模及地理位置等因素，合理划分配送中心的服务范围，确定其供应半径，实现宏观供需平衡。

TransCAD 提供两个模型解决这些问题：区域分散模型和集中模型。在想把某一区域做地理分区时应使用区域分散模型，而想把某一层上的许多小的要素依据它们彼此之间的距离或旅行时间进行组合时则应使用集中模型。

3. GIS 技术与数字物流

随着网络时代的来临，基于 Internet 技术的地理信息系统——Web GIS 也得到了迅速发展。全球任一客户通过互联网访问 GIS 服务器，根据用户的权限可以进行浏览 Web GIS 站点中的空间数据、制作专题图，以及进行各种空间检索和空间分析，甚至是更改数据。由于大部分 Web GIS 可以使用通用浏览器进行浏览查询，额外的插件(Plug-in)、ActiveX 控件和 Java Applet 通常都是免费的，减少了终端用户的经济和技术负担，很大程度上扩大了 GIS 的潜在用户范围，从而使 Web GIS 更加容易推广。

物流行业的 GIS 一般都包括交通信息(公路、铁路、水路、海域、航空等)、储运资源信息(汽车、轮船、仓库等)、服务资源信息(营运网点、生产工厂等)以及后勤资源信息(加油站、修理厂等)等。由于整套系统全部是数字化的，这就使得用户有多种方式进行查询和统计，系统输出也可以人工控制，屏蔽不需要的信息，显示需要的，并且可将图表与数据结合，在数字地图上直接表示出来。

20 世纪 90 年代以来，GIS 在全球得到了空前迅速的发展，广泛应用于各个领域。发达国家和新兴工业国家大多已经建立了本国统一、规范、广泛共享的国家基础 GIS，积累了相当规模的数字化专业空间信息，多种形式的数字化地理信息产品广泛进入市场，相关的 GIS 产业已成为信息产业中一个重要的分支。

在我国，GIS 技术及其软件的开发和应用已经引起有关方面的高度重视，取得了一些重要成果，如初步建成了国家基础地理信息系统 1∶100 万数据库，并开始提供使用；一些资源调查、规划和环境、灾害检测等方面的专业地理信息系统研制成功，并在应用中取得了显著的经济效益；一批我国自行设计的 GIS 软件研制成功，陆续投入使用；GIS 产业化进程正在加快。但从整体来看，GIS 的应用及其产业的发展水平与发达国家相比，差距还很大，而且缺乏有效的宏观调控，至于把 GIS 应用于物流研究中，迄今为止还处于起步阶段。因此，结合我国的具体情况，借鉴国外先进的 GIS 物流分析技术，必将对提高我国物流分析的整体水平有很大的帮助。

5.4.3 GIS 的发展趋势

GIS 技术的发展是与计算机技术的发展密切相关的。近年来，随着计算机软硬件技术、数据库技术、网络技术、多媒体技术、客户机/服务器技术的迅速发展，GIS 的发展出现了新的特点，主要有以下几方面。

1. 多维数据结构和对象关系模型

在传统的 GIS 分析当中通常采用 2 维或 2.5 维来表示 3 维现象，3 维数据的处理通常是将 Z 值当作一个属性常数，这种 2 维或 2.5 维数据结构难以真正表达 3 维空间数据及随时间变化的空间数据。近年来，计算机技术的发展使显示和描述物体的 3 维几何属性成为可能。此外，由于空间和时间是许多实时世界现象的两个重要方面，在 GIS 研究中具有重要的意义，所以需要开发时空 4 维数据模型。目前，这方面的研究在逐渐深入。在数据管理方面，传统 GIS 一般采用图形和属性数据分开管理的方式，这使得 GIS 在开放性、互操作性、数据的整体管理和处理复杂对象等方面受到限制。为此，国外已在研究与开发对象—关系数据模型，用于 GIS 数据的管理。

2. 与 CAD 的集成

GIS 与 CAD 软件在功能和应用上均有差别：CAD 软件主要用于绘制范围广泛的技术图形，图形功能极强，但对非图形数据的管理功能较弱；GIS 是存储、管理与分析空间数据的有效工具与技术系统，其中的数据包括图形数据和属性数据。很长一段时间内，二者各自沿着不同的方向发展。当前的发展趋势是 CAD 与 GIS 技术交织在一起，相互结合、相互补充，创造下一代功能更强的 GIS。目前国际上已有些基于 CAD 的 GIS 软件包上市，可用于编辑和操作空间数据以及创建实体数据间的空间拓扑关系。

3. 与专家系统的结合

GIS 与专家系统的结合称为专家 GIS 或智能 GIS，它实际上是基于知识的专家系统(Expert System，ES)在 GIS 中的应用。目前 GIS 的应用还主要停留在建立数据库、数据库查询、空间叠加分析、缓冲区分析和成果显示输出上，缺乏知识处理和启发式推理的能力，无法为解决空间复杂问题提供足够的决策支持，因为这些问题的解决需要大量的经验和专家知识。所以，GIS 与 ES 相结合，组成专家 GIS，是解决一些空间复杂问题的重要途径。在专家 GIS 当中，由 GIS 完成空间位置分析工作，由 ES 来评价，二者相互补充。

4. 3S 集成

所谓 3S 集成，是指将 RS、GPS 以及各种地面测量资料和调查资料作为数据来源和快速准确的数据更新手段，将 GIS 作为一种搜集、管理和分析这些空间数据的灵活、高效、具有交互性和可视性的环境与平台，将 ES 作为实现管理与决策自动化和智能化的手段。"3S" 是目前的提法，其中未包括 ES，似乎不足以反映当前 GIS 的发展趋势，而用 "4S" 才更全面、更确切。

5. 与虚拟环境技术结合

虚拟环境(Virtual Environment，VE)是指靠计算机系统建立的一种仿真数字环境，通过计算机将数字转换成图像、声音和触摸感受，从而为人们提供一个逼真的模拟环境，用户可通过人的自然技能来与此环境进行沟通、对话。GIS 与虚拟环境技术相结合，将虚拟环境技术代入 GIS 将使 GIS 更加完美，GIS 用户在计算机上就能处理真三维的客观世界，在客观世界的虚拟环境中将能更有效地管理、分析空间实体数据。因此，开发虚拟地理信息系统(Virtual Geographic Information System，VGIS)已成为 GIS 发展的一大趋势。

6. 开放式 GIS

数据共享困难是当前 GIS 用户面临的一个主要问题，因为 GIS 的多种数据源、多种类型的数据格式之间、不同的 GIS 软件之间，有许多方面的不统一，造成各个系统彼此相对封闭、系统间的数据交换困难。随着 GIS 应用范围的迅速扩大及网络技术的快速提高，在大力发展资源共享的信息时代，建立面向用户的、资源共享的开放式 GIS 已是大势所趋。目前，越来越多的 GIS 软件商和地理数据库建设单位都将他们的产品和服务与 Internet 连接，越来越多的用户通过 WWW、FTP 等服务器从网上查询他们所需的 GIS 数据、GIS 软件等信息。

7. 提升空间大数据处理能力

传统 GIS 处理的是静态数据，而如今 98%都是动态的数据。在统一的空间大数据框架下，基于传感网的实时动态 GIS 可以实时管理与分析城市内部的人流、物流和事件流，因而能够在智慧城市中发挥重要作用。在空间大数据中，通过 GIS 技术去实现数据挖掘，通过 GIS 的空间分析、空间查询和空间可视化等技术优势为用户提供指导和决策。这就需要 GIS 具有大数据的相关技术支持，从各种各样类型的大数据中，快速获得有价值信息的技术的能力，包括数据采集、存储、管理、分析挖掘、可视化等技术集成为一体，传统 GIS 基础软件在空间数据的各个环节去扩展、升级、优化其大数据的处理能力，为空间大数据的挖掘提供平台支持。

8. 建立交通数字孪生系统

数字孪生是以数字化方式创建物理实体的虚拟模型，在交通运输行业，将道路平纵横设计绘制为计算机辅助设计图纸，将路网 GIS 矢量要素映射组织为电子地图都属于初级的数字孪生范畴。GIS 数据结构的丰富使得三维映射物理世界成为可能，即可利用点、线、面、不规则三角网、栅格、多面体、网络公用数据格式等数据结构将交通构筑物映射到数字地球，这一映射方式即为建模过程。在该过程中，关键技术为几何建模数据的获取与处理、三维几何建模技术、虚拟模型的数据组织和管理。

交通数字孪生系统可作为实现智慧交通、智慧城市的有效技术手段，交通运输系统在其全生命周期内实施数字孪生工程，可极大地提高规划、设计、施工、运营、安全方面管理水平，实现交通管理决策协同化和智能化，确保交通系统安全高效地运行。

本 章 小 结

GIS 是一种特定的十分重要的空间信息系统，用于分析和处理在一定地理区域内分布的各种现象和过程，解决复杂的规划、决策和管理问题。完整的 GIS 主要由 4 个部分构成，即计算机硬件系统、计算机软件系统、地理空间数据及系统开发、管理和使用人员。GIS 具备空间信息查询和分析功能、可视化功能、制图功能和辅助决策功能等，GIS 的工作原理包括信息存储方式、数字地图的显示与输出、GIS 的数据来源等。GIS 空间分析包括矢量数据空间分析和栅格数据空间分析，矢量数据空间分析主要包括缓冲区分析、叠置分析、网络分析等。GIS 的应用范围包括测图与地图制图、资源管理、城乡规划、灾难监测、环境保护、国防和宏观决策支持等方面。GIS 在物流领域的应用主要包括在物流配送系统中的应用和在物流分析中的应用等。

关键术语

(1) 地理　　　　　(2) 信息系统　　　(3) GIS　　　　　(4) 空间分析技术
(5) GIS 应用　　　(6) GIS 发展趋势　(7) 物流配送系统

习　题

1. 选择题

(1) 以下(　　)不是地理信息的特征。
　　A．空间性　　　　B．多维结构　　　C．静态特征　　　D．动态特征
(2) GIS 处理、管理的对象不包括(　　)。
　　A．空间定位数据　　　　　　　　　B．图形数据
　　C．图像数据　　　　　　　　　　　D．时间数据
(3) 数据输入方式与使用的设备密切相关，不是其常用形式的是(　　)。
　　A．键盘输入　　　　　　　　　　　B．光栅扫描数字化
　　C．编码输入　　　　　　　　　　　D．矢量跟踪数字化
(4) GIS 的基本功能不包括(　　)。
　　A．可视化功能　　　　　　　　　　B．制图功能
　　C．信息通信功能　　　　　　　　　D．空间信息查询
(5) 以下(　　)不是 GIS 输出的内容。
　　A．全要素地图　　　　　　　　　　B．各种专题图
　　C．各类统计图　　　　　　　　　　D．统计报表
(6) 下列不是 GIS 数据输入方法的是(　　)。
　　A．图形数据输入　　　　　　　　　B．矢量数据输入
　　C．属性数据输入　　　　　　　　　D．栅格数据输入
(7) 矢量空间数据面与面的叠加不包括(　　)。
　　A．图层擦除　　　　　　　　　　　B．识别叠加
　　C．图层交集　　　　　　　　　　　D．图层并集
(8) 基于 GIS 的物流配送系统模型不包括(　　)。
　　A．车辆路线模型　　　　　　　　　B．设施定位模型
　　C．网络物流模型　　　　　　　　　D．空间定位模型

2. 判断题

(1) 空间集合分析主要完成缓冲区分析。　　　　　　　　　　　　　　　　(　　)
(2) 建立空间要素之间的拓扑关系属于空间分析功能。　　　　　　　　　　(　　)
(3) 在 GIS 中，非空间数据又称为关系数据。　　　　　　　　　　　　　　(　　)
(4) 计算最短路径的经典算法是 Dijkstra。　　　　　　　　　　　　　　　(　　)

(5) 湖泊和河流周围保护区的定界可采用缓冲区分析。（　　）
(6) 地理信息区别于其他信息的显著标志是属于空间信息。（　　）
(7) 地理数据一般具有的三个基本特征是空间特征、地理特征和时间特征。（　　）
(8) "3S" 技术指的是 GIS、DSS 和 GPS。（　　）

3. 简答题

(1) 简述 GIS 的基本功能。
(2) GIS 的主要特点有哪些？
(3) GIS 由哪些部分组成？
(4) 什么是缓冲区分析？举例说明它有什么用途。
(5) 典型的 GIS 空间分析技术有哪些？
(6) 简述 GIS 的主要应用领域。

基于 GIS 的厂区大型物流车辆监控系统设计分析

1. 厂区大型物流基本情况

厂区物流是维系工业生产正常运营的关键性工作，管理好厂区物流车辆可以有效保障厂区的生产安全。结合 GIS 定位技术，设计出基于 GIS 的厂区物流车辆监控体系架构，建立了厂区物流车辆监控系统，为厂区交通提供车辆实时定位、监控预警和实时调度等功能，使厂区工作人员实时视觉掌握大型车辆工作情况信息，为厂区车辆调度提供行动依据，提高厂区车辆运输效率。

2017 年我国开始在工业生产中普及互联网、大数据技术，促使高速发展的信息技术为我国各工业生产厂区提供便捷物流服务，转变传统以人力排班、手动调度为主的物流运输模式，解决人力物力之间信息不对称问题，提高物流效率和生产效率，进一步控制和降低误工误产风险。除此之外，当前各工业生产厂区也有提高物流管理效率、控制产能、提高车辆与货品的共时效率以及减少物流车辆闲置等事关经济效益的实际需求。基于 GIS 技术框架搭建的厂区物流车辆监控系统主要通过车辆监控、统计查询、轨迹分析、信息发布及异常监控等发挥作用，利于优化厂区生产运输作业车辆的资源配置与作业归口管理，提高经济效益与生产效率。

通常情况下，GIS 技术在厂区大型物流车辆监控系统构成中占据重要地位。在全系统的 4 个子系统分支下，GIS 子系统承担了地图交互系统中的操作、编辑、地物数据查询等以显示为主的功能，其与负责监控/远控功能的综合监控系统、负责车载 GPS 数据处理功能的通信服务系统以及服务于人员及车辆资料管理的物流子系统共同构成系统模块 。

2. GIS 在厂区物流车辆监控中的应用优势

(1) 提升工业企业物流信息化程度

利用 GIS 建立厂区物流车辆监控系统能够提高企业日常作业的数字化程度，准确且高效调度各类大型物流车辆及设备，对工业生产及客户的货运服务都能做到精确、高效及数字化。此外，该系统可优化企业日常生产及运作流程，提升企业的现代化形象，为企业提高市场竞争力提供保障。

(2) 提高厂区流动运输车辆及设备的控制效率

基于 GIS 的厂区大型物流车辆监控系统会根据工业企业的物流资源仓储情况，通过 GPS 或北斗卫星系统实时获取厂区运输道路信息，为大型运输车辆提供行车路径及导航服务，以起到节时、提高费效比等作用。除此之外，利用系统功能还可以实现车辆的定位、跟踪、报警以及通信等远程管理功能，提高车辆使用效率，规范驾驶员作业流程。

(3) 使工业企业建立现代化物流模式

利用 GIS 建立厂区物流车辆监控系统能够使企业实时获取大型运输车辆的工作状态信息，方便进行工作调度和业务安排。同时也能够优化企业供应链物流服务，使供应管理业务流程简化且透明。根据应用实践，工业企业中物流车辆的业务接口多且复杂，管理起来多头监督比较困难。通过基于 GIS 技术的厂区物流车辆监控系统搭载微服务框架，将多个业务接口进行独立化的服务部署，数据采集层、数据存储层、应用支撑层以及展现层等链接均可在系统内实现。系统前端以大型可视化屏幕作为显示设备，能够集中展示车辆定位、电子信息推送、定位数据汇总、车辆行为分析以及行程统计等信息。

3. GIS 子系统

GIS 系统具有重要的作用，一般将其主要功能分为操作和结构两大类，也可总体分为 5 个模块：①地图编辑，该模块主要用于编辑地图上可能或已经发生的空间用途、功能、实体的变化情况，可随时提供修改电子地图及相关图层的信息修改、增容操作；②地图查询，该模块主要用于点击查询空间地理事物的属性和特征等信息，一般为弹出窗口化设计；③线路图层查询，该模块主要用于描述厂区内部交通组织线路，通常为线性图层设计并附有该线路的常态化信息作为运输路线的参考依据，一般也作弹出窗口化设计；④建筑物、服务性单位图层查询，该模块主要用于记载比较重要的建筑物或服务性单位等信息，例如，加油站、维修站、警察局等可为车辆异常状态就近提供帮助的具体建筑信息；⑤客户图层查询，该模块主要用于提供企业客户具体服务信息的备忘录。

(资料来源：梁成长, 2021. 基于 GIS 的厂区大型物流车辆监控系统设计分析[J]. 信息与电脑(理论版), 33(16):117-119.)

讨论题

(1) 建设厂区大型物流车辆监控系统的背景是什么？

(2) 结合本案例中 GIS 在厂区大型物流车辆监控中的优势说明 GIS 的应用对厂区物流带来的影响。

第6章 EDI技术

【本章教学要点】

知识要点	掌握程度	相关知识
EDI 的产生与发展	了解	EDI 的发展简史及 EDI 在我国的发展情况
EDI 的定义与特点	熟悉	传统 EDI 的定义；物流 EDI 的定义；EDI 的特点
EDI 的分类与作用	熟悉	根据系统功能和 EDI 的不同发展特点和运作层次对 EDI 进行分类；EDI 在企业中的作用
EDI 数据标准	了解	EDI 数据标准的形成；UN/EDIFACT 标准的规则及构成要素
EDI 系统构成要素	熟悉	EDI 技术标准、EDI 技术软件及硬件、EDI 技术通信网络
EDI 系统的特点与结构	熟悉	利用计算机与通信网络来完成标准格式的数据传输；5 个模块
EDI 系统的工作原理	掌握	EDI 的工作方式、通信方式；EDI 的工作流程
EDI 在物流中的应用	掌握	物流 EDI 的工作过程、构建技术及物流企业 EDI 模型；EDI 在企业中的应用

导入案例

中国远洋运输(集团)总公司 EDI 技术的应用

1. 企业背景资料

中国远洋运输(集团)总公司(以下简称中远集团)是我国最大的航运企业,也是由中央直管的特大型国企之一,它的前身是成立于 1961 年的中国远洋运输公司。中远集团经过几十年的艰苦创业,现发展成为拥有和经营着 800 余艘现代化商船、5000 余万载重吨、年货运量超过 2.6 亿吨的综合型跨国企业集团。作为以航运、物流为核心主业的全球性集团,中远集团在全球拥有近千家成员单位、8 万余名员工。在国内,中远集团分布在广州、上海、天津、青岛、大连、厦门、香港等地的全资船公司经营管理着集装箱、散装、特种运输和邮轮等各类型远洋运输船队;在海外,以日本、韩国、新加坡、北美、欧洲、澳大利亚、南非和西亚八大区域为辐射点,以船舶航线为纽带,形成遍及世界各主要地区的跨国经营网络。标有"COSCO"醒目标志的船舶和集装箱在世界 160 多个国家和地区的 1300 多个港口往来穿梭。

2. 中远集团早期的信息化探索

中远集团是国内最早实施 EDI 的企业之一,随着业务量的扩大,每天的信息处理量也在逐步增长。为此,中远集团从 20 世纪 70 年代开始进行在企业管理上运用计算机的研究,20 世纪 80 年代初开始使用计算机进行管理信息处理,在船期预报、动态跟踪等方面实施了一些点对点的数据交换。此时,中远集团已建立了比较完善的管理信息系统。然而,联系着中远集团及其贸易伙伴的这些单据具有强烈的时效性,而信息传递、处理不及时或不准确造成船舶在港口的延误、海关罚款等事件时有发生,这会引发严重的经济损失及在国际市场上的不良影响。

3. 中远集团的 EDI 研究和实践

20 世纪 90 年代初,中远集团与国际著名的 GEIS 公司合作开始了 EDI 中心的建设,由该公司为中远集团提供报文传输服务。1996—1997 年完成了中远集团 EDI 中心和 EDI 网络的建设。1997 年 1 月,中远集团正式开通公司网站,1998 年 9 月,中远集团在网站上率先推出网上船期公告和订舱业务。在当时,中远集团已经通过 EDI 实现了对舱单、船图、箱管等数据的 EDI 传送。在标准化工作方面,中远集团重点开发了基于 EDIFACT 标准的货物跟踪信息 EDI 报文标准、船期表 EDI 报文标准和货运单证 EDI 报文标准(3.1 版)等。中远集团采用 EDI 技术搭建了以下两个系统。

(1)货运单证交换服务系统,它是按照 ISO/OSI 开放系统互联标准开发的软件包,通信网络是电话网和分组交换网。中心服务系统包含单证邮箱管理功能及进一步开发的 EDI 应用程序的接口,用户端软件包含入网通信功能及用户应用程序接口。

(2)货运单证 EDI 应用系统,包括代理公司出口货运单证 EDI 应用系统、代理公司进口货运单证 EDI 应用系统、远洋系统船舶运费舱单 EDI 应用系统、理货单证数据 EDI 应用系统等。

中远集团 EDI 的实施取得了很大的成功,它为中远集团节约了大量的成本,在很大程度上提高了中远集团的工作效率,使得中远集团在激烈的国际竞争中始终处在前列。中远集团之所以能够在 EDI 实施方面取得如此大的胜利,主要原因在于:①中远集团 EDI 系统的实施是根据企业发展以及业务的需要进行的,满足企业业务发展的需求,能够直接改善企业的业务流程,提高工作效率,节约企业成本;②中远集团具有雄厚的资金支持,任何系统的建设都是需要投入的,尤其是像中远集团这样的大系统更是如此。

4. 总结

中远集团在 EDI 方面无疑是走在了前列。中远集团要想持续走在时代的前列,就要大力发展电子商务,从全球客户的需求变化出发,以全球一体化的营销体系为业务平台,以物流、信息流和业务流程重组为管理平台,以客户满意为文化理念平台,构建基于 Internet 的、智能的、服务方式柔性的、运输方式综合多样并与环境协调发展的网上运输和综合物流系统。

(资料来源:刘丙午,李俊韬,朱杰,等,2021. 现代物流信息技术及应用[M]. 北京:机械工业出版社.)

讨论题

(1) 中远集团为什么需要 EDI 技术?
(2) 简述中远集团对 EDI 研究和应用的历程。
(3) 简述 EDI 的应用给中远集团带来的变化。

随着电子商务及计算机网络技术的发展,越来越多的物流企业利用电子化的手段,尤其是利用互联网等通信载体来完成物流全过程的协调、控制和管理。在实际应用中,从让用户了解企业的产品,到在线交易过程中的合同、协议、订单、支付等过程,大量的数据和信息需要在企业、用户、金融机构等实体间进行多次交互流动。而 EDI 系统的引入实现了从网络前端到终端客户涉及所有中间过程的电子化数据交换服务。EDI 技术的普及和应用使企业降低了物流成本,改善了内部管理和操作并提高了人员的工作效率,从而有效地提高了企业在国际市场上的竞争能力。

6.1 EDI 概述

电子数据交换(Electronic Data Interchange,EDI)技术于 20 世纪 60 年代末产生于美国,当时的贸易商们在使用计算机处理各类商务文件的时候发现,由于人工输入一台计算机中的数据 70%是来源于另一台计算机输出的文件,存在过多的人为因素,影响了数据的准确性和工作效率的提高,人们开始尝试在贸易伙伴之间的计算机上使数据能够自动交换,EDI 应运而生。

6.1.1 EDI 的产生与发展

1. EDI 产生的背景

(1) 纸面贸易文件成了阻碍贸易发展的一个比较突出的因素。

纸面单证代表了货物所有权的转移,因此从某种意义上说,"纸面单证就是外汇"。全球贸易额的上升带来了各种贸易单证、文件数量的激增。

(2) 市场竞争出现了新的特征。

提高商业文件传递速度和处理速度成了所有贸易链中成员的共同需求。同样,现代计算机的大量普及和应用以及功能的不断提高,已使计算机应用从单机应用走向系统应用;同时通信条件和技术的完善,网络的普及又为 EDI 的应用提供了坚实的基础。

2. 促进 EDI 发展的因素

在世界贸易竞争日趋激烈的环境下,许多因素都在促使企业重新思考传统的贸易流程和运作方式,这些因素包括以下几方面。

(1) 国内外市场的激烈竞争。

随着国际贸易的发展和经济全球化的逐步深入,国内外市场的竞争日趋激烈,纸面贸易的方式已经无法满足现实的需要。

(2) 产品和服务的转移,即向质量化的方向发展。

质量时代的到来,营造了一种"人人重视质量、人人创造质量、人人享受质量"的社会氛围,贸易流程和运作方式也随之向质量化的方向发展。

(3) 企业内部的信息处理向更加分散的方向发展。

传统的企业内部信息处理比较集中,纸面文件完全可以应对,但随着信息处理方向的分散化,急需电子交换技术的产生。

(4) 企业之间快速准确的信息传播的重要性与日俱增。

商业文件传递速度和处理速度已成为评判当今企业工作高效化的标准,尤其是在业务繁多的国际贸易中,企业之间能否做到信息快速准确地传播关系到合作的成败。

3. EDI 的发展

(1) EDI 的发展简史。

EDI 技术是随着计算机和网络通信技术的迅速发展应运而生的产物,是商贸和行政管理向现代化、自动化发展的必然结果。从早期运用于同行业、同地区的一种电子商务手段(即封闭式 EDI),到现行的适应全球化商务活动的一种商务体系(即开放式 EDI),EDI 技术已经大大缩短了企业间的物流时间,然而采用这种 EDI 方式,从发出报文到接收报文存在一定的时滞,现今越来越多的商务活动要求 EDI 应用系统有较高的实时反应水平,因而以开放式 EDI 技术为基础的交互式 EDI 技术将是未来 EDI 的发展方向。

20 世纪 90 年代开始出现了 Internet EDI,即用廉价的互联网代替昂贵的专用网络进行电子数据交换,使 EDI 从专用网扩大到互联网,降低了实现成本,满足了中小企业对 EDI 的需求。到 20 世纪 90 年代中期,美国有 3 万多家公司采用 EDI;西欧有 4 万多家 EDI 企业用户,包括化工、电子、汽车、零售业和银行。到 1998 年年初,美国应用 EDI 的企业超过 5 万家。近年来,由于基于互联网的 EDI 技术、标准的不断出台和完善,一些采用专用网的 EDI 大用户开始考虑用互联网传输 EDI 文件,越来越多的企业分享并采用了 Internet Mail 和 Web-EDI 等新型 EDI 带来的好处。随着网络技术和计算机技术的不断发展和快速普及,基于互联网各种新技术的 EDI 必将被越来越多的企业应用,并从中得到更多的益处。

如今 EDI 的应用水平已经成为衡量一个企业在国际和国内市场上竞争能力大小的重要指标。目前,发达国家的多数企业已建立起大量的连接各子公司、同行企业(如银行、航空公司等)及相关合作伙伴(如海关、货运代理、船舶公司、集装箱经营人等)的 EDI 系统;在发展中国家,尤其是在亚洲,EDI 的发展也非常迅速。

(2) 国外 EDI 的发展。

美国是提出 EDI 技术最早的国家,早在 20 世纪 60 年代末期,为了解决运输业中大量货物运输数据的电子传送问题,以减少交货和缩短付款周期,美国率先提出了 EDI 的概念,并首先在美国工业交通同盟和美国运输协会内实现了电子数据传输。1968 年成立了美国交通运输数据协调委员会,开发制定了美国运输业的电子数据标准。1984 年,美国国家标准局和美国交通运输数据协调委员会成立了联合电子数据委员会,推出了美国 EDI 技术国家标准。1985 年,欧洲和北美代表在纽约成立了联合国电子数据交换小组,合作开发 EDI 技术国际标准。

【6-1 拓展视频】

在亚洲，新加坡政府自20世纪80年代中后期，决心首先在港口和航运部门推行集装箱运输EDI技术，提高集装箱装卸效率，缩短通关时间。在新加坡贸易工业部的领导下，国家电脑局、贸易发展局和新加坡国立大学组成项目组，对EDI技术应用进行研究，经过调研，编制了策略性报告和EDI技术总体设计方案，议会在对有关法律进行相应修改后，政府于20世纪90年代初正式在全国开始实施EDI技术。新加坡的EDI计划始于1986年末，首先开发的EDI网络应用产品TradeNet可连接国内贸易机构、相关政府机构以及全球的贸易机构。为进一步方便商贸活动和货物跟踪，TradeNet与新加坡港务局管理的区域货运网络——PortNet(用户包括港务局、船公司或其代理行、货主集装箱中转站和卡车运输业等1300多家及与它联网的计算机码头作业系统)相连。货运商可直接查询由PortNet提供的信息服务，包括船只进出港信息、舱位安排、货物在港所处的状态、预订舱位等。这个系统还计划和管理新加坡集装箱码头的所有作业系统联网，包括指定泊位、起重机布置、集装箱实时跟踪等。

日本的EDI技术使其物流处于世界领先地位。在日本，物流是非独立领域，由多种因素制约。物流(少库存多批发)与销售(多库存少批发)相互对立，必须利用统筹来获得整体成本最小的效果。EDI技术标准在日本国内已广泛应用，道路信息管理通信系统、不停车自动缴费系统、汽车安全系统、交通管理系统、传感信息系统、EDI技术标准所配套的物流作业通用标签(STAR标签)等的普遍应用，使日本物流在世界处于领先地位。如遍布全球的7-11便利连锁店，就利用了日本地域EDI技术以及高效物流，造就了7-11便利连锁店庞大的体系，成为日本大众日常生活的组成部分。在全球贸易中，没有EDI技术如同没有电话一样，就无法与外界进行交往。EDI技术将像集装箱、条码一样成为进入国际市场的通行证。同时，是否采用EDI技术，也成为一个企业、一个城市、一个地区乃至一个国家现代文明、科技和效益的象征。

(3) 我国EDI的发展。

国际EDI应用的迅猛发展促进了我国EDI的发展，目前我国还处于EDI应用的发展期，但是EDI的应用在各行各业中都有体现。EDIFACT概念在1990年首次引入我国，立即受到国内有关部门的高度重视。1991年由国务院电子信息系统推广应用办公室牵头成立了中国促进EDI应用协调小组(中国EDIFACT委员会的前身)，由国家技术监督局(现已并入国家市场监督管理总局)、对外贸易经济合作部(现已整合为商务部)、海关、银行、保险、交通运输等单位的主管业务领导组成。同年，我国以中国UN/EDIFACT委员会的名义首次参加了亚洲UN/EDIFACT理事会(ASEB)，并成为ASEB的正式成员国。

中国UN/EDIFACT委员会(以下简称CEC)自成立以后，确定了我国EDI应用的发展目标，并成立了相应的工作组，组织开展相应领域的EDI研究工作。目前，CEC的成员单位主要包括中国海关总署、国家市场监督管理总局、中国人民银行、中国人民保险公司、中国远洋海运集团有限公司、中国国际贸易促进委员会、中华人民共和国商务部、国家外汇管理局、中华人民共和国公安部、中国物品编码中心、中国民用航空局、中华人民共和国科技部、中华人民共和国邮电部、中华人民共和国工业和信息化部等部门。一些部门和地方根据需要也设立了EDI的组织协调机构(如EDI分会或领导小组)来负责本部门或当地EDI发展的统筹规划管理工作。

随着全球化贸易进程的加快，出于国际合作的需要，近年来，国内越来越多的企业正在通过引入 EDI 技术，提高企业自身的自动化水平。受全球新冠疫情影响，企业数字化转型速度加快，企业急需将逻辑复杂或由人工完成的大量重复性工作进行数字化处理。通过流程自动化，降低成本。在这个过程中 EDI 就发挥了重要作用。但是国内的 EDI 技术发展仍没有像国外那样成熟，这归结起来主要有以下几点原因。

① 对于中小型企业而言，在数据处理领域投入的预算有限，企业部署 EDI 系统需要资金的支持，而企业也需要衡量是否有足够的预算引入 EDI 技术，以及如此高昂的前期投资是否可以给企业带来等值甚至更多的收益。

② 市面上的 EDI 系统很大一部分是由国外引进的全英文系统，对国人而言操作难度大，使用门槛高。对于很多初次接触 EDI 的人而言，熟悉 EDI 知识本身就需要一定时间，EDI 系统中包含的各种 EDI 术语需要一定的积累才能够熟练操作。因此，全英文的界面提高了 EDI 系统的操作难度。

③ 当前市场对 EDI 技术的需求很大，带来的问题是专业的 EDI 供应商以及掌握 EDI 知识的专业人员短缺。这就要求企业尽早重视这一问题，培养相关人才，选择专业的 EDI 供应商。

6.1.2 EDI 的定义与特点

1. EDI 的定义

EDI 是 20 世纪 80 年代发展起来的一种新颖的电子化贸易工具，是计算机、通信和现代管理技术相结合的产物。ISO 将 EDI 描述成"将贸易(商业)或行政事务处理按照一个公认的标准变成结构化的事务处理或信息数据格式，从计算机到计算机的电子传输"。而 ITU-T(International Telecommunication Union-Telecommunication Standardization Sector，国际电信联盟-电信标准化部门)将 EDI 定义为"从计算机到计算机之间的结构化的事务数据互换"。由于使用 EDI 可以减少甚至消除贸易过程中的纸面文件，因此 EDI 又被人们通俗地称为"无纸贸易"。实际上，EDI 的应用并不局限于贸易领域，还广泛应用于其他领域，如医院中的信息交流也已采用 EDI 技术，并在国外得到了实际应用。

简单来说，EDI 就是供应商、零售商、制造商和客户等在其各自的应用系统之间利用 EDI 技术，通过公共 EDI 网络，自动交换和处理商业单证的过程。EDI 是一种利用计算机进行商务处理的方法，它将贸易、运输、保险、银行和海关等行业的信息，用一种国际公认的标准格式，通过计算机通信网络在各有关部门、公司与企业之间进行数据交换与处理，并完成

【6-2 拓展视频】

以贸易为中心的全部业务过程。需要强调的是，EDI 不是用户之间简单的数据交换，EDI 用户需要按照国际通用的消息格式发送信息，接收方也需要按国际统一规定的语法规则，对消息进行处理，并和其他相关系统的 EDI 系统进行综合处理。整个过程都是自动完成的，无须人工干预，减少了数据传输中可能会出现的差错，提高了工作效率。

2. 物流 EDI 的定义

所谓物流 EDI 是指货主、承运业主及其他相关的单位之间，通过 EDI 系统进行物流数据交换，并以此为基础实施物流作业活动的方法。物流 EDI 参与单位有发送货物业主(如生

产厂家、贸易商、批发商、零售商等)，承运业主(如独立的物流承运企业等)，实际运送货物的交通运输企业(如铁路企业、水运企业、航空企业、公路运输企业等)，协助单位(如政府有关部门、金融企业等)和其他的物流相关单位。

下面通过一个实例来说明 EDI 在企业物流系统中的应用，如图 6.1 所示。某企业采用 EDI 系统后，通过计算机通信网络接收到来自用户的一笔 EDI 方式的订货单，企业的 EDI 系统随即检查订货单是否符合要求和工厂是否接收订货，然后向用户回送确认信息。企业的 EDI 系统根据订货单的要求检查库存，如果需要则向相关的零部件和配套设备厂商发出 EDI 订货单；向铁路、海运、航空等部门预订车辆、舱位和集装箱；以 EDI 方式与保险公司和海关联系，申请保险手续和办理出口手续；向用户开 EDI 发票；同银行以 EDI 方式结算账目等。从订货、库存检查与零部件订货，办理相关手续及签发发货票等全部过程都由计算机自动完成，既快速又准确。

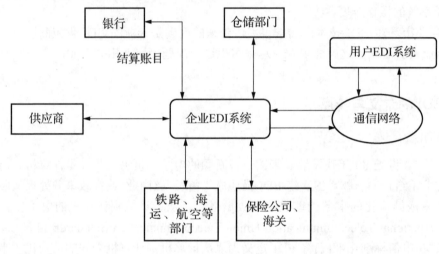

图 6.1　企业应用 EDI 实例

3. EDI 的特点

EDI 作为一种全球性的电子化贸易手段，具有以下显著的特点。

(1) 单证格式化。

EDI 传输的是格式化的数据，如订购单、报价单、发票、货运单、装箱单、报关单等，这些信息都具有固定的格式与行业通用性，而信件、公函等非格式化的文件不属于 EDI 处理的范畴。

(2) 报文标准化。

EDI 传输的报文符合国际标准或行业标准，这是计算机能自动处理的前提条件。目前，应用最为广泛的 EDI 标准是 UN/EDIFACT(Electronic Data Interchange For Administration, Commerce and Transport，联合国标准 EDI 规则适用于行政管理、商贸和交通运输)和 ANSI X.12(由美国国家标准化协会特命标准化委员会第 12 工作组制定)。

(3) 处理自动化。

EDI 信息的传递路径是从计算机到数据通信网络，再到商业伙伴的计算机。信息最终被传递到计算机应用系统，它可以自动处理 EDI 系统传递的信息。因此，EDI 是一种机-

机模式或应用-应用模式的数据交换技术,不需人工干预。

(4) 软件结构化。

EDI 功能软件由 5 个模块组成,即用户接口模块、报文生成及处理模块、格式转换模块、通信模块和内部接口模块。这 5 个模块功能分明、结构清晰,形成了较为成熟的 EDI 商业化软件。

(5) 运作规范化。

任何一个成熟、成功的 EDI 系统,都有相应的规范化环境为基础,如联合国国际贸易法委员会制定了《电子贸易示范法》,国际海事委员会制定了《CMI 电子提单规则》,上海市制定了《上海市国际经贸电子数据交换管理规定》等。此外,EDI 主要传递重要的业务票据或合同等,单证报文具有法律效力,这也要求其按照相关规范进行运作。

6.1.3 EDI 的分类与作用

1. EDI 的分类

从不同的角度可以对 EDI 进行不同的分类,根据系统功能可将 EDI 分为以下 4 类。

(1) 订货信息系统是最基本、最知名的 EDI 系统。又可称为贸易数据互换系统(Trade Data Interchange,TDI),它用电子数据文件来传输订单、发货票和各类通知。

(2) 电子金融汇兑(Electronic Fund Transfer,EFT)系统,即在银行和其他组织之间实行电子费用汇兑。EFT 已使用多年,但仍在不断地改进之中,其中最显著的改进是同订货信息系统联系起来,形成一个自动化水平更高的金融汇兑系统。

(3) 交互式应答(Interactive Query Response,IQR)系统可应用在旅行社或航空公司作为机票预订系统。在应用这种 EDI 时,先要询问到达某一目的地的航班,要求显示航班的时间、票价或其他信息,然后根据旅客的要求确定所要的航班,打印机票。

(4) 在带有图形资料自动传输的 EDI 中最常见的是 CAD 图形的自动传输。例如,设计公司完成一个厂房的平面布置图,将其平面布置图传输给厂房的主人,请主人提出修改意见。一旦该设计被认可,系统将自动输出订单,发出购买建筑材料的报告。在收到这些建筑材料后,自动开出收据。例如,美国一家厨房用品制造公司 Kraft Maid 公司,在 PC 上用 CAD 软件设计厨房的平面布置图,再用 EDI 传输设计图纸、订货单证、收据等,大大提高了工作效率。

根据 EDI 的不同特点和运作层次,还可以将 EDI 分为封闭式 EDI、开放式 EDI 和交互式 EDI。

(1) 封闭式 EDI。

现行的 EDI 必须通过商业伙伴之间预先约定协议(如技术协议或法律协议)来完成。当其他贸易伙伴要加入时,也必须遵守原 EDI 参与方间所有的约定、协议和方法。由于不同行业、不同地区实施 EDI 所采用的标准和协议的内容是不同的,于是出现了大量不同结构的 EDI 系统。各个系统之间由于所采纳的标准和传输协议不同,彼此之间相对处于封闭状态,因此这种形式的 EDI 被称为封闭式 EDI。

(2) 开放式 EDI。

为了避免逐渐形成专用的、封闭的 EDI 孤岛式的格局,一些国际组织提出了开放式 EDI 的概念,即"使用公共的、非专用的标准,以跨时域、跨商域、跨现行技术系统和跨数据类型的交互操作性为目的的自治使用方之间的电子数据交换"。开放式 EDI 保证了 EDI 参与方对实际使用 EDI 的目标和含义有一个共同的理解,以减少乃至消除对专用协议的需求,使得任何一个参与方不需要事先安排就能与其他参与者进行 EDI 业务。

(3) 交互式 EDI。

传统 EDI 系统中报文发送方通过网络服务方将报文发至接收者的信箱中,接收者定期从信箱中提取报文,由于采用这种方式存在一定的时滞,因此被称为批式 EDI。由于用户对反应时间的要求越来越高,于是出现了交互式 EDI。交互式 EDI 是指在两个计算机系统之间连续不断地以询问和应答的形式,经过预定义和结构化的自动数据交换达到对不同信息的自动实时反应,这种方式可以使得用户等待应答的时间达到 1s 甚至更短。目前交互式 EDI 的研究仍处在理论和开发的初级阶段,是将来 EDI 的发展方向。

2. EDI 在企业中的作用

EDI 之所以在世界范围内得到如此迅速的发展和应用,是因为使用 EDI 有着纸面单证处理系统无法比拟的优势,能给企业用户带来实质性的好处。这些好处主要体现在以下 4 个方面。

(1) 降低企业的成本。

EDI 能够节省的企业成本包括单据处理任务和费用,减少人事的层次和更好地安排人事,减少库存和随之减少的储运费和其他成本。根据联合国组织的一次调查,进行一次进出口贸易,双方约需交换近 200 份文件和表格,其纸张、行文、打印及差错可能引起的总开销等大约为货物价格的 7%。据统计,美国通用汽车公司采用 EDI 后,每生产一辆汽车可节约成本 250 美元,按每年生成 500 万辆计算,可以产生 12.5 亿美元的经济效益。

(2) 减少重复劳动,提高工作效率。

如果不使用 EDI 系统,即使是高度计算机化的公司,也需要经常将外来的资料重新输入本公司的计算机。而传统的纸张单据流通过程复杂且容易出现疏漏。EDI 的使用,不仅改善了内部管理和操作,也提高了人员的工作效率。例如,一个采购部经理过去要花 80% 的时间用于纸质单据的操作,而只有 20% 的时间能用于采购业务。使用 EDI 后,他可以把绝大部分时间用于真正的采购、找货源和谈判等方面。

(3) 改善贸易双方关系,提高贸易效率。

通过引入 EDI,厂商可以准确地估计日后商品的需求量,货运代理商可以简化大量的出口文书工作,商户可以提高存货的效率,大大提高企业的竞争能力,从而改善贸易双方的关系。另外,EDI 简化了订货或存货的过程,使双方能及时地充分利用各自的人力和物力资源,能够以更迅速有效的方式进行贸易。美国 DEC 公司应用了 EDI 后,存货期由 5 天缩短为 3 天,每笔订单费用从 125 美元降到 32 美元。新加坡采用 EDI 贸易网络之后,海关贸易的手续从原来的 3~4 天缩短到 10~15 分钟。

(4) 提高企业的国际市场竞争能力。

在美国,EDI 得到了许多行业的欢迎和广泛应用,如汽车制造、石油和天然气、化工、铁路、仓储、海运、医药、零售等行业,一般都希望贸易伙伴采用 EDI 方式。特别是在国际物流业中,EDI 在某些领域已成为一种必备条件和行业规范。因此,EDI 可以帮助企业适应当今全球市场的需要,有效地提高企业在国际市场上的竞争能力。

6.1.4 EDI 数据标准

1. EDI 标准的形成

标准化工作是实现 EDI 互通和互连的前提和基础。自 EDI 产生以来，其标准的国际化就成为人们日益关注的焦点之一。早期的 EDI 使用的大多是各处的行业标准，不能进行跨行业 EDI 互连，严重影响了 EDI 的效益，阻碍了全球 EDI 的发展。例如，美国就存在汽车工业的 AIAG 标准、零售业的 UCS 标准、货栈和冷冻食品贮存业的 WINS 标准等；日本有连锁店协会的 JCQ 行业标准、全国银行协会的 Aengin 标准和电子工业协会的 EIAT 标准等。

为促进 EDI 的发展，世界各国都在不遗余力地促进 EDI 标准的国际化，以求最大限度地发挥 EDI 的作用。目前，国际上通用的 EDI 标准有两个：ANSI X.12 标准和 UN/EDIFACT 标准。其中，UN/EDIFACT 标准已被 ISO 接收为国际标准，编号为 ISO 9735。现在，ANSI X.12 标准和 UN/EDIFACT 标准已经被合并成为一套世界通用的 EDI 标准，并得到了现行 EDI 客户的广泛认可。为了向国际标准靠拢，我国企业和政府部门大多采用的是 UN/EDIFACT 标准。目前亚太地区使用 EDI 标准的情况见表 6-1。

表 6-1 亚太地区使用 EDI 标准的情况

亚太地区	使用标准	运营公司
澳大利亚	UN/EDIFACT	Paxus
新西兰	UN/EDIFACT	GEIS、Netway
新加坡	UN/EDIFACT	SNS
日本	N/A	NTT Data、NEC、AT&T 等
韩国	ANSI X.12	Dacom、KT-Net

EDI 标准包括 EDI 网络通信标准、EDI 处理标准、EDI 联系标准和 EDI 语义语法标准等，下面分别进行说明。

(1) EDI 网络通信标准是要解决 EDI 通信网络应该建立在何种通信网络协议之上，以保证各类 EDI 用户系统的互连。目前，国际上主要采用 MHX(X.400)作为 EDI 通信网络协议，以解决 EDI 的支撑环境。

(2) EDI 处理标准是要研究那些不同地域不同行业的各种 EDI 报文，针对相互共有的"公共元素报文"的处理标准。它与数据库、管理信息系统(如 MRPII)等接口有关。

(3) EDI 联系标准是要解决 EDI 用户所属的其他信息管理系统或数据库与 EDI 系统之间的接口。

(4) EDI 语义语法标准(又称 EDI 报文标准)是要解决各种报文类型格式、数据元编码、字符集和语法规则及报表生成应用程序设计语言等。

2. 国际统一的 EDI 标准——UN/EDIFACT

(1) UN/EDIFACT 标准的形成。

人们在相互通信过程中必须使用每个人都能理解的规则，这样才能进行顺畅的交流。应用 EDI 也同样需要一个大家都能接受的标准。在 EDI 应

【6-3 拓展知识】

用的初期，EDI 报文格式的设计仅能满足个别组织、公司及部门间传递的需要。各组织、公司及部门的计算机系统间的 EDI 传输是建立在专用性标准之上的。随着应用 EDI 进行贸易的公司不断增多，这些组织、公司及部门都意识到这种专用性标准的局限性，认为他们不仅需要与其贸易伙伴进行联系，而且还需要同本行业内的其他组织、公司和部门进行联系。于是，按照更广泛通信要求制定的行业标准相继诞生。例如，ODETTE(欧洲电信数据交换组织)标准是专门为欧洲的汽车工业和其他工业制定的；TradeNet 标准则是针对英国的零售业制定的。即使有了各地方的行业标准，一些跨行业贸易的组织仍面临着跨行业实施 EDI 的大量障碍，制定 EDI 国家标准的要求日益强烈。

1985 年，两个 EDI 国家标准相继问世，并且很快得到广泛的认可和支持。这两个国家标准分别是北美地区的美国国家标准 ANSI X.12 和欧洲地区的 GTDI(贸易数据交换指南)。虽然这两个不同的国家标准基本满足了 EDI 国内应用的需要，但是给国际 EDI 业务造成了困难。为解除国际 EDI 业务中的这一障碍，一些国家将此问题提请联合国贸易简化工作组(UN/ECE/WP4)关注。1985 年 9 月，UN-JEDI(联合电子数据交换工作组)成立。北美地区和欧洲地区的专家成为该工作组的成员，并共同研究将 GTDI 和 ANSI X.12 合并为一个国际标准，这促使了 UN/EDIFACT 的诞生，1986 年 UN/ECE(联合国欧洲经济委员会)通过了 UN/EDIFACT 的缩写。

(2) UN/EDIFACT 标准的内容。

UN/EDIFACT 是"联合国用于行政、商业和运输业的电子数据交换"的英文字母的缩写，以下简称为 EDIFACT。EDIFACT 的概念很简单，它是一个完全满足政府和专门行业需求的唯一的国际 EDI 标准。EDIFACT 的出现迅速得到世界各国的接受，并作为全球性 EDI 标准得到各国的认可。1992 年，美国决定从 X12 第 4 版后转向 EDIFACT 的标准报文的开发，并且从 1997 年开始不再继续维护 X12 的标准。EDIFACT 定义了传送报文所需的语法规则，并且可以跨行业、跨国在政府、个人之间使用。EDIFACT 很快在欧洲、澳大利亚、新西兰及亚洲流行起来。EDIFACT 标准由一系列国际认可的用于 EDI 的标准、规则和指南组成。EDIFACT 与一般文字语言的比较见表 6-2。

表 6-2　EDIFACT 与一般文字语言的比较

EDIFACT	一般文字语言
报文	单据表格
语法规则	文法
数据段	句子
代码	简写、简称

EDIFACT 标准主要涉及以下 6 个方面的标准化工作。

(1) EDI 语法规则。

语法规则是控制交换结构、交换功能组、报文、段及数据元的规则。这些规则仅适用于所交换的数据，并且与所使用的计算机类型、应用程序、通信协议及交换媒体无关。《UN/EDIFACT 应用层语法规则》是由 ISO 和 UN/ECE 共同认可，并以国际标准 ISO 9735 的形式公布的。目前，EDIFACT 系统中使用的是 ISO 9735 第 4 版，其语法规则由 6 部分组成：批式 EDI 与交互式 EDI 共用的语法规则；批式 EDI 语法规则及批式 EDI 服务目录；

交互式 EDI 专用语法规则及交互式 EDI 服务目录；批式 EDI 的语法和服务的报告报文；批式 EDI 和交互式 EDI 的安全；可靠性鉴别和确认报文。

(2) 数据元目录和复合数据元目录。

数据元是构成 EDIFACT 报文的最小单位，也称为简单数据元，它等效于一个语句中的一个字或一个词。它由唯一的 4 位数字标记、数据元名称、数据元描述及表示方式来标识。EDIFACT 报文中所使用的全部数据元均收入 EDIFACT 数据元目录(EDED)中。采用 EDIFACT 用户应首先从 EDED 中选用数据元来设计所需要的 EDIFACT 报文，目前《EDIFACT 数据元目录(EDED)》收录了 200 个与设计 EDIFACT 报文相关的数据元，并对每个数据元的名称、定义、数据类型和长度都予以具体的描述。由简单数据元组成的复合数据元等效于一个词组。复合数据元由唯一的 4 位字母数字标记来标识，并收入《EDIFACT 复合数据元目录(EDCD)》中，目前 EDCD 中收录了在设计 EDIFACT 报文时涉及的 60 多个复合数据元。

(3) 段目录。

段是 EDIFACT 报文中的中间信息单位，它等效于一个句子。它是由预先定义的、功能上相关的数据元集合组成，这些数据元由其在集合中的序列位置来定义。每个段都由 3 个字母段标记标识，并收入《EDIFACT 段目录(EDSD)》中。

(4) 代码表。

代码是数据元值表示的一种方式，它以缩略语数字代码的方式来表示某数据元的值。EDIFACT 代码以 ISO 代码为基础，如国家代码、地点代码、运输方式代码、计量单位代码等。所有的代码型数据的代码均收入《EDIFACT 代码表(EDCL)》中。

(5) 报文目录。

报文是由涉及的业务报文类型所需要的段按照逻辑顺序排列组成的。EDIFACT 报文(即联合国标准报文)相当于书面单证，它涉及贸易、货管、运输、海关、制造、金融、保险、统计、旅游等多个领域。联合国标准报文共分为 3 类：0 状态报文是一种草案级报文，并提交 EN/ECE/WP4 研究；1 状态报文是一种 UN/ECE 推荐正式使用的报文；2 状态报文则是 UN/ECE 推荐的报文。《EDIFACT 报文目录(EDMD)》中包括了所有的报文。

(6) 指南和规则。

为了规范和指导 EDIFACT 标准的制定和使用，EN/ECE/WP4 设立了专门的工作组来起草相应的指南和规则。目前，已出版的指南和规范主要包括《UN/EDIFACT 语法应用指南》和《报文设计指南》。此外，UN/ECE/WP4 还起草了《交互式 EDI 报文设计指南》及《UN/EDIFACT 业务和信息的模型化框架》等。

随着 UN/EDIFACT 的出现，UN/ECE 被指定为专门管理 EDIFACT 的机构。在 UN/ECE/WP4 下设立两个专家组：第一专家组(GE1)负责数据元和自动数据交换的研究；第二专家组(GE2)负责制定处理规程和文档说明。为制定 EDIFACT 标准，GE1 指派专人(地区 UN/EDIFACT 召集人)来负责协调各地区的报义开发、技术评估、文档建立及促进 EDIFACT 应用等方面的活动。这些 EDIFACT 召集人，由当地政府提名并由 UN/ECE/WP4 任命。

1987 年 UN/ECE/WP4 任命了第一批地区召集人，即北美地区、西欧地区、东欧地区的召集人。1991 年 UN/ECE/WP4 任命澳大利亚/新西兰的召集人和亚洲召集人，1993 年任命了非洲召集人，各地区分别成立各自的 EDIFACT 理事会(如亚洲 EDIFACT 理事会，澳大利亚/新西兰 EDIFACT 理事会),以支持地区召集人履行其职责,UN/ECE/WP4 不负责管理各地区理事会的组成,以允许地理语言及政治环境上的区域差别。

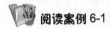
阅读案例 6-1

舍弗勒 EDI 项目

舍弗勒集团(以下简称舍弗勒)是全球领先的汽车和工业产品供应商,以高品质、卓越技术和创新能力著称,提供高精度的发动机、变速箱、底盘部件和系统,以及滚动轴承和滑动轴承解决方案。随着全球化进程的加速,舍弗勒与交易伙伴之间的信息交流越来越频繁,而数据的传输和共享也变得至关重要。因此,舍弗勒需要一种安全、可靠的方式来满足其数据传输需求。在此背景下,EDI 成为舍弗勒的首选方案。

舍弗勒 EDI 项目选择通过 OFTP 传输协议和 EDIFACT 报文标准,以传输入库、出库和库存等不同业务的数据。舍弗勒 EDI 项目要求传输的业务单据包括入库计划、入库确认、出库计划、出库拣货确认、出库打包确认、出库装车确认和库存状态异常反馈以及库存状态异常反馈确认,实现 EDI 报文的翻译、格式转化、数据的自动化传输。

(资料来源: https://www.kasoftware.com/kb/2023/03/28/schaeffler-edi-case.html. [2023-06-28].)

6.2 EDI 系统概述

EDI 系统由 EDI 技术标准、EDI 硬件系统及软件系统、EDI 技术通信网络三个要素构成。EDI 的产生是以现有的通信技术、计算机软件和硬件及数据的标准化为前提条件的。换句话说,数据通信网络是实现 EDI 的基础,业务处理的计算机化是实现 EDI 的条件,数据的标准化是实现 EDI 的保证。

6.2.1 EDI 系统的构成要素

1. EDI 技术标准

由于 EDI 技术是以事先商定的报文格式形式进行数据传输和信息交换的,因此,制定统一的 EDI 技术标准至关重要。世界各国开发 EDI 技术得出一条重要经验,就是必须把 EDI 技术标准放在首要位置。EDI 技术标准主要包括基础标准、代码标准、报文标准、单证标准、管理标准、应用标准、通信标准、信息标准和安全保密标准。

在这些标准中,最首要的是实现单证标准化,包括单证格式的标准化、所记载信息的标准化以及信息描述的标准化。单证格式的标准化是指按照国际贸易基本单证格式设计各种商务往来的单证样式,在单证上利用代码表示信息时,代码应标准化。信息内容的标准化涉及单证上的哪些内容是必需的,哪些内容不一定是必需的。例如,在不同的业务领域,同样的单证上所记载的内容项目可以不完全一致。

2. EDI 硬件系统及软件系统

企业实现 EDI 需要配备相应的硬件系统和软件系统。

(1) EDI 的硬件系统。

本节所介绍的 EDI 硬件系统，主要是指 EDI 客户端应用系统所需要的硬件系统。一般而言，EDI 客户端硬件系统主要由客户端的网络环境和硬件环境所决定。而客户端的硬件环境既可以是单机方式，也可以是局域网、客户机服务器方式等。对一个想通过 EDI 与外界实现数据交换的企业而言，如果这一企业已建立了内部信息管理应用系统，首先必须实现内部各信息应用系统之间的集成，其次才是安装与 EDI 服务中心进行通信的专用通信软件、针对企业应用系统的报表单据的翻译软件和映射软件，再次完成调制解调器(Modem)的配置、企业账户的申请、接入 EDI 交换平台等工作，最后实现企业应用系统相关单据的 EDI 传输。因此，EDI 客户端所需配置的硬件设备主要包括计算机、调制解调器和通信网络。

① 计算机。

可根据企业已有应用系统的硬件环境和现有条件进行选配，可以是微型机、小型机、大型机或工作站。

② 调制解调器。

对于使用电话线作为对外联系主要通道的企业，调制解调器是必需的硬件设备，其传输速率等技术指标可根据实际需要选定。

③ 通信网络。

常用的通信网络是公用电话网，传输数据量大的企业之间最好是租用专用线路。

(2) EDI 的软件系统。

EDI 系统的核心是 EDI 软件系统，其主要功能是实现用户应用系统中数据库文件与 EDI 报文之间的翻译与转换。也就是说，贸易双方在进行数据交换时，需要有一个专门的 EDI 翻译软件将各自专用的文件格式转换成一个共同确认的标准格式，以便对方能自动将标准格式转换成自己的专有格式。

而用户为了实现自身应用系统数据库文件与 EDI 标准报文之间的翻译与转换，必须根据自身的实际情况，从各种 EDI 标准中选择一个符合自身需求的子集，并可借此自定义特殊的报文格式。把选定的 EDI 标准子集与自定义的报文格式存入用户自身的 EDI 应用系统的标准库中，就可以作为格式转换的依据。

EDI 软件系统主要由转换软件、翻译软件、通信软件和数据库维护软件组成。

① 转换软件。

在转换过程中，需要读取标准库和代码库中的信息。标准库存放的是各种报文标准、各种数据段和数据元目录，代码库存放的是各种标准代码和合作伙伴使用的代码。

② 翻译软件。

翻译软件在将 EDI 标准文件与平面文件相互转换时，将调用翻译算法库中存储的各种翻译算法和翻译程序，和用户信息库中存放的用户和贸易伙伴的名称、代码、下属部门、人员等信息、使用的报文标准与版本、对各类报文的具体要求等。翻译软件在进行翻译的过程中，可以根据不同文件、不同句法、不同用户、不同要求等，随时调用相适应的翻译算法、翻译程序和调阅用户信息，以确定为某一用户生成哪一种格式的报文。

③ 通信软件。

通信软件的功能是将 EDI 报文添加"表头"，即明确 EDI 标准文件的接收方。"表头"

的具体内容有接收方公司名称、地址，接收方的具体部门、姓名，发送方的地址等。这些信息可以从用户信息库和用户地址库中获取。

④ 数据库维护软件。

在 EDI 系统中，转换软件、翻译软件和通信软件所使用到的标准库、代码库、翻译算法库、用户信息库、用户地址库等，都需要由数据库维护软件负责对其进行维护。

3. EDI 技术通信网络

EDI 的通信环境由一个 EDI 通信系统和多个 EDI 用户组成。EDI 的开发、应用就是通过计算机通信网络实现的。各种数据通信网络(如公用电话网、专用网、分组交换网等)都可用于构成 EDI 的网络环境。EDI 的通信方式主要有 3 种，即点对点方式、VAN 方式和 MHS 方式。

(1) 点对点方式。

点对点方式即 EDI 按照约定的格式，通过通信网络进行信息的传递和终端处理，完成相互的业务交往。早期的 EDI 通信一般都采用此方式，但它有许多缺点，如当 EDI 用户的贸易伙伴不再是几个而是几十个甚至几百个时，这种方式很费时间，需要许多重复发送。同时这种通信方式是同步的，不适于跨国家、跨行业之间的应用。点对点的方式又可分为一点对一点方式、一点对多点方式、多点对多点方式。

(2) VAN 方式。

它是指那些增值数据业务(VADS)公司利用已有的计算机与通信网络设备，除完成一般的通信任务外，增加 EDI 的服务功能。VADS 公司提供给 EDI 用户的服务主要是租用信箱及协议转换，后者对用户是透明的。信箱的引入，实现了 EDI 通信的异步性，提高了效率，降低了通信费用。另外，EDI 报文在 VADS 公司自己的系统(即 VAN)中传递也是异步的，即存储转发的。

VAN 方式尽管有许多优点，但因为各 VAN 的 EDI 服务功能不尽相同，VAN 系统并不能互通，从而限制了跨地区、跨行业的全球性应用。同时，此方法还有一个致命的缺点，即 VAN 只实现了计算机网络的下层，相当于 OSI 参考模型的下三层。而 EDI 通信往往发生在各种计算机的应用进程之间，这就决定了 EDI 应用进程与 VAN 的联系相当松散，效率很低。

(3) MHS 方式。

MHS(信息处理系统)是 ISO 和 ITU-T 联合提出的有关国际电子邮件服务系统的功能模型。它是建立在 OSI 开放系统的网络平台上，适应多样化的信息类型，并通过网络连接，具有快速、准确、安全、可靠等特点。它是以存储转发为基础的、非实时的电子通信系统，非常适合作为 EDI 的传输系统。MHS 为 EDI 创造了一个完善的应用软件平台，减少了 EDI 设计开发上的技术难度和工作量。ITU-T X.435/F.435 制定了 EDI 信息处理系统和通信服务标准，把 EDI 和 MHS 作为 OSI 应用层的正式业务。EDI 与 MHS 互连，可将 EDI 报文直接放入 MHS 的电子信箱中，利用 MHS 的地址功能和文电传输服务功能，实现 EDI 报文的完善传送。

EDI 与 MHS 结合，大大促进了国际 EDI 业务的发展。为实现 EDI 的全球通信，EDI 通信系统还使用了 X.500 系列的目录系统(DS)。DS 可为全球 EDI 通信网的补充、用户的增长等目录提供增、删、改功能，以获得名址网络服务、通信能力列表、号码查询等一系列属性的综合信息。EDI、MHS 和 DS 的结合，使信息通信有了一个新飞跃，并为 EDI 的发展提供了广阔的前景。

6.2.2 EDI 系统的特点与结构

1. EDI 系统的特点

EDI 系统的最大特点就是利用计算机与通信网络来完成标准格式的数据传输，不需要人为地重复输入数据。也就是说，数据在物流公司的应用程序(如采购系统)与货物业主的应用程序(如订单输入系统)之间进行电子化转移，不需要人为干预或重复输入。数据不仅在物流公司与货物业主之间电子化流通，而且在每一个物流公司和货物业主内部的应用程序之间电子化流通，同样不需要重新用键盘输入。例如，物流公司的订单进入货物业主的订单输入系统后，同样的数据就会传递到货物业主的仓储、运输、加工、财会等应用程序，并由各程序自动产生相应加工安排表、库存记录更新、货运单、发票等。数据在一个组织内部的应用程序之间的电子化流通称为"搭桥"。由于报文结构与报文含义有公共的标准，交易双方所往来的数据能够由对方的计算机系统识别与处理，因此大幅提高了数据传输与交易的效率。

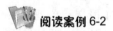
阅读案例 6-2

苹果公司的 EDI 应用

苹果公司是美国的一家高科技公司，其供应商遍布世界各地。根据苹果公司公布的 200 强供应商名录，来自中国、美国、日本和韩国的供应商占据了将近 90%的名额。苹果公司在我国具有庞大的产业生态链，在与我国的供应商进行合作的同时也推动了我国制造产业链的升级发展，促使我国众多工厂进行了技术升级、品控提升。

在提高制造水平的同时，为了完善与众多供应商之间的数据传输，苹果公司鼓励其供应商们与苹果公司建立 EDI 连接。苹果公司选择 AS2 作为其传输协议，AS2 协议结合了多种安全且应用广泛的通信技术，如 HTTPS、SSL 证书、S/MIME 等。AS2 是与交易伙伴之间进行数据传输的最安全的传输协议之一，其身份验证、回执等特点为企业与其交易伙伴之间的文件传输带来极大的便利。同其他高新科技公司一样，苹果公司选择 ANSI X.12 作为报文标准。

与苹果公司建立 EDI 连接需要注意上述报文的发送顺序，提前发货通知(Advanced Shipment Notification, ASN)和发票不能同时发送。ASN 延迟发送必须和苹果公司沟通，并提供原因。苹果公司收到 ASN 后，首先将 ASN 上传至他们的仓库管理系统。这使得仓库收货人员可以通过扫描货物条码识别供应商、订单等信息，缩短了确认收货及入库的时间。

(资料来源：https://www.kasoftware.com/kb/2021/01/15/apple-edi.html. [2023-06-22].)

2. EDI 系统的结构

一般来说，EDI 系统的基本结构包括报文生成和处理模块、格式转换模块、通信模块、用户接口模块、内部接口模块 5 个部分，EDI 系统的结构如图 6.2 所示。各部分的功能如下所述。

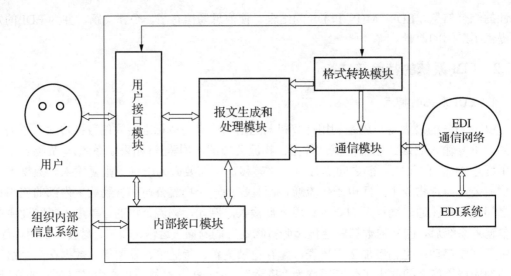

图 6.2　EDI 系统的结构

(1) 报文生成和处理模块。

报文生成和处理模块的一个功能是接收来自用户接口模块和内部接口模块的命令和信息，按照 EDI 的公共标准生成所需要的订单、发票、合同及其他各种 EDI 报文和单证，然后经格式转换模块处理后交给其他模块处理。另一个功能是自动处理由其他 EDI 系统发来的 EDI 报文，按照不同的 EDI 的报文类型，应用不同的过程进行处理，一方面从信息系统中取出必要的信息回复发来单证的 EDI 系统，另一方面将单证中的有关信息传递至本单位其他信息系统。

(2) 格式转换模块。

格式转换模块的主要功能是把企业自己生成或是其他企业发来的各种 EDI 报文，按照一定的语法规则进行处理，从而形成标准化、结构化的报文以方便其他模块进行处理。转换过程包括语法上的压缩、嵌套、代码的替换，以及添加必要的 EDI 语法控制字符。同样，经过通信模块接收到的结构化的 EDI 报文，也要做非结构化的处理，以便本单位内部的信息做进一步处理。该模块实现的具体功能可总结为：统一的国际标准和行业标准，所有 EDI 单证必须转换成标准的报文，转换过程中进行语法检查，其他系统的 EDI 报文的逆处理。

(3) 通信模块。

通信模块是企业本身的 EDI 系统和其他企业 EDI 系统的接口。通信模块负责在接收到 EDI 用户报文后进行审查和确认。根据 EDI 通信网络的结构不同，该模块功能也有所不同。其主要功能是执行呼叫、自动应答、确认身份和报文传送等。除此之外，本模块还包括自动重发、合法性和完整性检查、出错报警及报文拼装和拆卸等功能。

(4) 用户接口模块。

用户接口模块也称为联系模块，是 EDI 系统和本单位内的其他信息系统或数据库的接口。其主要功能是为 EDI 用户提供良好的接口和人机界面，业务管理人员可通过此模块进行输入、查询、统计、中断、打印等操作，以便及时了解市场变化，调整应对策略。此模块同时也是 EDI 系统和企业内部其他系统进行信息交换的纽带。由于 EDI 不是将订单直接传递或简单打印，而是通过订单审核、生产组织、货运安排及海关手续办理等事务的 EDI

处理后，再将有关结果通知其他信息系统，或打印必要文件进行物理存档，因此一个单位的信息系统应用程度越高，用户接口模块也就越复杂。

(5) 内部接口模块。

内部接口模块是连接 EDI 系统与企业内部其他信息系统或数据库的接口。企业的信息系统应用程度越高，内部接口也就越复杂。一份来自外部的 EDI 报文，经过 EDI 系统处理之后，大部分相关内容都需要经内部接口模块送往其他信息系统，或查询其他信息系统才能给对方 EDI 报文以确认的答复。

6.2.3 EDI 系统的工作原理实现

1. EDI 的工作方式

根据接入 EDI 网络的方式不同，可以将 EDI 的工作方式分为 3 种，如图 6.3 所示。

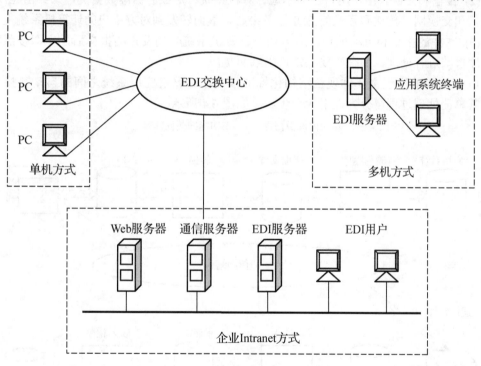

图 6.3 EDI 的工作方式

(1) 单机方式：具有单一计算机应用系统的用户接入方式。用户通过连接电话交换网的调制解调器直接接入 EDI 交换中心，该计算机应用系统中需要安装 EDI 系统的专用通信软件及相应的映射和翻译软件。

(2) 多机方式：具有多个计算机应用系统的用户接入方式。多个应用系统(如销售系统、采购系统、财务系统等)采用联网方式将各个应用系统首先接入负责与 EDI 中心交换信息的服务器中，再由该服务器接入 EDI 交换中心，该服务器不仅负责各个应用系统与 EDI 中心的统一通信，还承担 EDI 标准格式的翻译、企业各部门 EDI 的记账。

(3) 企业 Intranet 方式：通过企业内部 Intranet 的用户接入方式。可以采用基于 Internet 技术建立的企业内部专用网络 Intranet 来接入 EDI 交换中心。外联网(Extranet)概念的提出，使 Intranet 由企业内部走向外部，它通过向一些主要的贸易伙伴添加外部连接来扩充企业内部网络 Intranet。目前，在很多 EDI 系统中，用户已经可以使用浏览器通过 EDI 中心的 Web 服务器访问 EDI 系统。

2. EDI 的工作流程

简单来说，EDI 是指用约定的标准编排有关的数据，通过计算机传送业务往来信息。其实质是通过约定的商业数据表示方法，实现数据经过网络在贸易伙伴所拥有的计算机应用系统之间进行交换和自动处理，以达到迅捷和可靠的目的。

其工作流程可以分为 3 个阶段。

(1) 文件的结构化和标准化处理。用户首先将原始的纸面商业和行政文件，经计算机处理，形成符合 EDI 标准的、具有标准格式的 EDI 数据文件。

(2) 传输和交换。用户用自己的本地计算机系统将形成的标准数据文件，经由 EDI 数据通信和交换网，传送到登录的 EDI 服务中心，继而转发到对方用户的计算机系统上。

(3) 文件的接收和自动处理。对方用户计算机系统收到发来的报文后，立即按照特定的程序自动进行处理，如有必要，则输出纸面文档。

EDI 技术的实现主要体现在结构化标准报文在计算机应用系统之间的自动交换和处理。其单证处理过程可分为以下 4 个步骤，如图 6.4 所示。

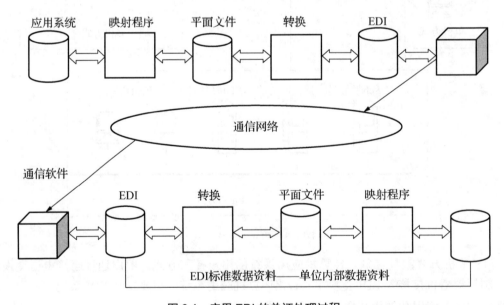

图 6.4　应用 EDI 的单证处理过程

(1) 生成 EDI 平面文件。用户应用系统将用户的应用文件或数据库中的数据取出，通过映射程序把用户格式的数据转换为被称为平面文件的一种标准中间文件。平面文件是一种普通的文本文件，其作用在于生成 EDI 电子单证，以及用于内部计算机系统的交换和处理等。应用文件是用户通过应用系统直接进行编辑、修改和操作的单证和票据文件，可直接阅读、显示和打印输出。

(2) 翻译生成 EDI 标准格式文件。将平面文件通过翻译软件生成 EDI 标准格式文件。

EDI 标准格式文件是按 EDI 数据交换标准，即 EDI 标准的要求，将单证文件(平面文件)中的目录项，加上特定的分隔符、控制符和其他信息，生成的一种包括控制符、代码和单证信息在内的只有计算机才能阅读的 ASCII 码文件。EDI 标准格式文件就是所谓的 EDI 电子单证，或称电子票据。它是 EDI 用户之间进行贸易往来的依据，具有法律效力。

(3) 通信。这一过程由用户端计算机通信软件完成。通信软件将已转换成标准格式的 EDI 报文，经通信线路传送到网络中心，将 EDI 电子单证投递到对方的信箱中。信箱系统自动完成投递和转接，并按照 ITU-T X.400/X.435 通信协议的要求为电子单证加上信封、信头、信尾、投递地址、安全要求及其他辅助信息。

(4) EDI 文件的接收和处理。接收和处理过程是发送过程的逆过程。用户首先需要通过通信网络接入 EDI 信箱系统，打开自己的信箱，将 EDI 文件还原成应用文件再进行编辑、处理和回复。

6.3　EDI 在物流中的应用

Internet 的迅猛发展为 EDI 带来了新的变革与发展机遇，通过物流 EDI 系统的构建，EDI 可以充分利用现有计算机及通信网络资源，提高交易双方信息的传输效率，降低 EDI 用户的通信成本和通信时间，从而提高整个物流业的工作效率。

6.3.1　物流 EDI 系统构建技术及工具

近年来，市场上出现了许多便于构建物流 EDI 系统的技术和工具。这里以物流 EDI 系统的构成要素为核心，简单介绍这些技术和工具。

1. 网络功能

Internet 因其通信费用低和良好的开放性，通常作为 EDI 系统的基础网络。可是 Internet 最大的缺陷是数据传输的时间得不到保障。这是因为 Internet 的主干网没有形成统一的一元化管理，由于信息传递的无序而导致经常发生数据传递的延迟。因此，如果作为 EDI 的基础网络使用 Internet，应限于传送时间较充裕的业务。

2. 通信功能

(1) S/MIME(Secure/ Multipurpose Internet Mail Extensions)。S/MIME 是为安全收发信息而制定的电子邮件收发协议，加密方法采用公开密钥的 RSA 算法。S/MIME 已被组合在美国微软公司的 Outlook Express 及网景公司的 Netscape Messenger 等软件中，由于使用这两个软件的用户的广泛性，S/MIME 正在成为采用公开密钥的电子邮件系统的事实上的标准。

(2) FTP(File Transfer Protocol，文件传输协议)。FTP 是基于 TCP/IP 的文件传输协议，把基于 TCP/IP 的 FTP 原封不动地用于 EDI。但使用 FTP 会存在以下问题：因故障而中途停止，停止之前传送的数据会全部丢失；没有从文件中间开始续传的功能。

(3) HTTP(Hyper Text Transfer Protocol，超文本传输协议)。HTTP 是 Web 服务器与客户端的数据传输协议，使用这一协议的 EDI 称为 Web-EDI。采用 HTTP 可以很容易地实现交互式 EDI，并且 HTTP 可方便地处理多媒体数据，原有的 EDI 不能实现的非标准业务及商品图像等信息的交换也成为可能。但是将 HTTP 用于交互式 EDI 可能存在以下问题：每一次交互都要中断会话，每一次都需确认发信者的身份。

3. 翻译功能

(1) 转换器软件。CII 转换软件是最为常用的转换器软件工具。另外，还有 UN/EDIFACT 转换软件，具有双向通信 EDI 及加密功能。

(2) EDI 服务器。兼有通信和翻译功能的 EDI 服务器可与具有业务功能的主机连接使用。通过使用这种产品，可以低成本地引入 EDI 系统。

(3) XML(Extensible Markup Language)。XML 是文本置标语言的超集，是与 HTML 类似的一种语言。目前，为人熟知的 Web-EDI 变换为 HTML 文件，以 XML 文件交换的 EDI 称为 XML/EDI。HTML 用户不能定义标签，XML 用户可以定义自己的标签。因此，XML 文件中数据项的识别成为可能，也容易把 EDI 数据存入用户数据库。

(4) CII Base XML/EDI。CII Base XML/EDI 是把 CII 标准(物流 EDI 标准 JTRN 等)的消息加入 XML 的方法。消息本身是采用 CII 语法规范开发的标准信息。在此方法中，把 XML 的标签作为 CII 语法规范的标签而使用。具体地说，就像序号"00001"变成"JP00001"一样，在 XML 标签头追加 JP。XML 为识别动态和可变长数据的长度，把 CII 语法规定的循环标签变换为动态标签。如果给 CII 变换器追加极少的功能，就可以制作并解释 CII Base XML/EDI 的电文。

6.3.2 物流企业的 EDI 模型

目前，许多国际和国内的大型制造商、零售企业、大公司等对于贸易伙伴都有使用 EDI 技术的需求。将 EDI 技术与企业内部的仓储管理系统、自动补货系统、订单处理系统等企业 MIS 集成使用之后，可以实现商业单证快速交换和自动处理，简化采购程序、降低营运资金及存货量、改善现金流动等，也使企业能更快地对客户的需求进行响应。物流企业 EDI 的框架模型如图 6.5 所示。

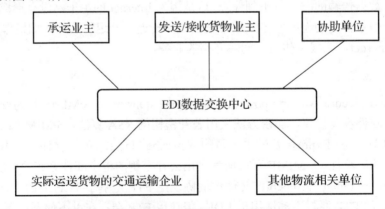

图 6.5　物流企业 EDI 的框架模型

企业使用 EDI 技术后的物流模型的主要步骤如下。

(1) 发送货物业主(如生产厂家)在接到订货后制订货物运送计划，并把运送货物的清单及运送时间安排等信息通过 EDI 发送给物流运输业主和接收货物业主(如零售商)，以便物流运输业主预先制订车辆调配计划和接收货物业主制订货物接收计划。

(2) 发送货物业主依据顾客订货的要求和货物运送计划下达发货指令、分拣配货、打印出物流条码的货物标签并贴在货物包装箱上，同时把运送货物品种、数量、包装等信息通过 EDI 发送给物流运输业主和接收货物业主，并下达车辆调配指令。

(3) 物流运输业主在向发送货物业主取运货物时，利用车载扫描读数仪读取货物标签的物流条码，并与先前收到的货物运输数据进行核对，确认运送货物。

(4) 物流运输业主在物流中心对货物进行整理、集装，做成送货清单并通过 EDI 向接收货物业主发送发货信息。在货物运送的同时进行货物跟踪管理，并在货物交给接收货物业主之后，通过 EDI 向发送货物业主发送完成运送业务信息和运费请示信息。

(5) 接收货物业主在货物到达时，利用扫描读数仪读取货物标签的货物条码，并与先前收到的货物运输数据进行核对确认，开出收货发票，货物入库。同时通过 EDI 向物流运输业主和发送货物业主发送收货确认信息。

6.3.3 EDI 在物流中的应用

EDI 是一种信息管理或处理的有效手段，它可以对物流供应链上物流信息进行有效的运作，如传输物流单证等。EDI 对物流信息运作的目的是充分利用现有计算机及通信网络资源，提高交易双方信息的传输效率，降低物流成本。目的不同，EDI 的功能不同，所需的人力、时间、成本等也不一样，见表 6-3。

表 6-3 EDI 的应用方式

目　　的	数据传输	改善作业	企业再造
功　　能	维持订单、减少人工输入所带来的错误	与业务系统集成、缩短作业时间、提高传输可靠性	提高竞争力
参与人员	作业人员	业务主管	决策主管
初级成本	小	较小	
引入时间	1 个月	2～4 个月	1 年
条　　件	计算机	管理信息系统	管理信息系统

1. EDI 在物流公司中的应用

物流公司是供应商与客户之间的桥梁，它对调节产品供需、缩短流通渠道、解决经济的流通规模及降低流通成本起着极为重要的作用。物流公司的交易流程如图 6.6 所示。

如果物流公司引入 EDI 是为了运输数据，则可以低成本引入出货单。如果希望引入 EDI 改善作业流程，可以依次引入各单证，并与企业内部信息系统集成，逐步改善接单、配送、催款的作业流程。对物流公司来说，出货单是客户发出来的出货指示。物流公司引入 EDI 出货单后可与自己的拣货系统集成，生成拣货单，这样就可以加快内部作业速度，缩短配送时间；在出货完成后，可将出货结果用 EDI 通知客户，使客户及时知道出货情况，也可尽快处理缺货情况。对于每月的出货配送业务，物流公司可引入 EDI 催款对账单，同时开发对账系统，并与 EDI 出货配送系统集成来生成对账单。从而减轻财务部门每月对账工作量，降低对账的错误率以及业务部门的催款人力。除数据传输及改善作业流程外，物流公司还可以以 EDI 为工具进行企业流程再造。

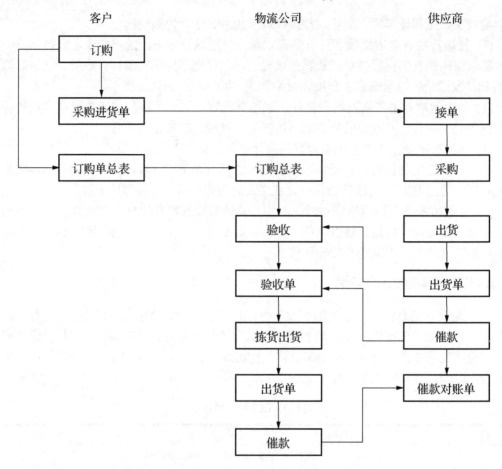

图 6.6 物流公司的交易流程

2. EDI 在生产企业中的应用

相对于物流公司而言,生产企业与其交易伙伴间的商业行为大致可分为接单、出货、催款及收货作业,其间往来的单据包括采购进货单、出货单、催款对账单及付款凭证等。生产企业引入 EDI 是为了数据传输时,可选择低成本的方式引入采购进货单,接收客户传来的 EDI 订单报文,将其转换成企业内部的订单形式,其优点是:第一,不需要为配合不同供应商而使用不同的电子订单系统;第二,不需要重新输入订单数据,节省了人力和时间,同时减少人为错误。如果生产企业应用 EDI 的目的是改善作业,可以同客户合作,依次引入采购进货单、出货单、催款对账单及转账系统,并与企业内部的信息系统集成,逐步改善接单、出货、对账及收款作业。

(1) 引入采购进货单。

采购进货单是整个交易流程的开始,生产企业接到 EDI 订单就不需要重新输入,从而节省订单输入的人力,同时保证了数据的正确。开发核查程序,核查收到的订单是否与客户的交易条件相符,从而节省核查订单的人力,同时降低核查错误率;与库存系统、拣货系统集成,自动生成拣货单,加快拣货与出货速度,提高服务质量。

(2) 引入出货单。

生产企业在出货前事先用 EDI 发送出货单,通知客户出货的货品及数量,以便客户事先打印验货单并安排仓位,从而加快验收速度,节省双方交货、收货的时间;EDI 出货单也可供客户与内部订单数据进行比较,缩短客户验收后人工确认计算机数据的时间,降低日后对账的困难;客户可用出货单验货,使出货单成为日后双方催款对账的凭证。

(3) 引入催款对账单。

生产企业引入催款对账单,开发对账系统,并与出货系统集成,从而减轻财务部门每月对账的工作量,降低对账错误率以及业务部门催款的人力和时间。

(4) 引入转账系统。

生产企业实现了与客户的对账系统后,可考虑引入银行的 EDI 转账系统,由银行直接接收客户的 EDI 汇款再转入生产企业的账户内,这样可加快收款作业,提高资金营运的效率。转账系统与对账系统、会计系统集成后,除实现自动转账外,还可将后续的会计作业自动化,节省人力。

生产企业为改善作业流程而引入 EDI 时,必须有相关业务主管积极参与,才可能获得成果。例如,对生产企业来说,退货处理非常麻烦,退货原因可能是商品瑕疵或商品下架。对有瑕疵的商品,退货只会增加处理成本;对下架商品,如果处理及时,还有机会再次销售。因此,引入 EDI 退货单并与客户重新拟定退货策略,对双方都有好处。

3. EDI 在批发商中的应用

批发商因其交易特征,相关业务包括向客户提供产品以及向厂商团购商品。

(1) 批发商若为了数据传输而引入 EDI,可选择低成本方式。交易对象若是厂商,可引入 EDI 采购进货单的传输,将采购进货单转化成 EDI 报文传给厂商,其优点是:不需要为了配合不同厂商而使用不同的电子订货系统;使厂商提早收到订单,及时处理,加快送货速度。

(2) 批发商若为了改善作业流程而引入 EDI,可逐步引入各项单证,并与企业内部信息系统集成,逐步改善接单、出货、催款的作业流程,或订购、验收、对账、付款的作业流程。对旨在改善订购、验收、对账、付款流程的批发商来说,可依次引入采购进货单、验收单、催款对账单以及付款明细单,并与企业内部的订购、验收、对账及转账系统集成。其做法与零售商的做法类似。对旨在改善接单、出货、催款流程的批发商来说,可依次引入采购进货单、出货单及催款对账单,并与企业内部的接单、出货及催款系统集成,其做法与生产企业的做法类似。

本 章 小 结

随着电子商务及计算机网络技术的发展,从让用户了解企业的产品,到在线交易过程中的合同、协议、订单、支付等过程,大量的数据和信息需要在企业、用户、金融机构等实体间进行多次交互流动。EDI 系统的引入实现了从网络前端到终端客户涉及所有中间过程的电子化数据交换服务。本章首先介绍了 EDI 的发展背景、定义、特点和分类,其次阐述了 EDI 系统及其工作原理,最后介绍了 EDI 在物流中的应用。EDI 技术的普及和应用使企业降低了物流成本,改善了内部管理和操作并提高了人员的工作效率,从而有效地提高了企业在国际市场上的竞争能力。

 关键术语

(1) EDI　　(2) 物流 EDI　　(3) EDI 数据标准　　(4) EDI 系统　　(5) EDI 物流模型

习　题

1. 选择题

(1) 根据 EDI 的不同发展特点和运作层次,还可以将 EDI 分为封闭式 EDI、开放式 EDI 和(　　)。

　　A. 分布式 EDI　　B. 集中式 EDI　　C. 分散式 EDI　　D. 交互式 EDI

(2) UN/EDIFACT 是(　　)公布的 EDI 标准。

　　A. ANSI X.12　　　　　　　　　　B. ISO
　　C. 国际标准组织 EDIFACT　　　　　D. IEEE 协会

(3) 下列选项中,EDI 系统中常用的软件不包括(　　)。

　　A. 转换软件　　B. 编码软件　　C. 翻译软件　　D. 通信软件

(4) 在 EDI 的硬件系统中,(　　)用来进行模拟信号和数字信号之间的转换。

　　A. 计算机　　B. 调制解调器　　C. 通信线路　　D. 路由器

(5) 物流 EDI 系统的主要功能就是提供(　　)。

　　A. 报文转换　　B. 数据通信　　C. 数据处理　　D. 文件传输

(6) 以下(　　)是指 EDI 按照约定的格式,通过通信网络进行信息的传递和终端处理,完成相互的业务交往。

　　A. MHS 方式　　B. LAN 方式　　C. PTP 方式　　D. VAN 方式

(7) 下列(　　)是构成 EDIFACT 报文的最小单位。

　　A. 数据元　　B. 段目录　　C. 代码表　　D. 报文目录

(8) 在 EDI 的功能模块中,下列(　　)是 EDI 系统与 EDI 通信网络的接口。

　　A. 内部接口模块　　　　　　　　B. 报文生成及处理模块
　　C. 格式转换模块　　　　　　　　D. 通信模块

2. 判断题

(1) EDI 不需要按照国际通用的消息格式发送消息和对消息进行处理。　　(　　)

(2) EDI 按系统功能可分为订货信息系统、电子金融汇兑系统、交互式应答系统、带有图形资料自动传输的 EDI。　　(　　)

(3) VAN 方式是指那些增值数据业务(VADS)公司利用已有的计算机与通信网络设备,除完成一般的通信任务外,增加 EDI 的服务功能。　　(　　)

(4) EDI 的通信方式主要有 PTP 方式、VAN 方式和 MHS 方式。　　(　　)

(5) 订货信息系统可以应用在旅行社或航空公司作为机票预订系统。　　(　　)

(6) EDI 系统的用户接口模块是企业本身的 EDI 系统和其他企业 EDI 系统的接口。
(　　)

(7) 在 EDI 系统中,翻译软件可以帮助用户将原有计算机系统的文件转换成平面文件。
(　　)

(8) 根据接入 EDI 网络的方式不同,EDI 的工作方式可分为单机方式、多机方式和企业 Intranet 方式 3 种。
(　　)

3. 简答题

(1) EDI 的特点有哪些?
(2) 简述 EDI 系统的基本结构及各组成模块的作用。
(3) 为什么要制定 EDI 标准?目前国际上公认的 EDI 标准有哪些?
(4) EDI 系统的构成要素有哪些?
(5) 简述物流 EDI 的工作方式和通信方式。
(6) 简述 EDI 系统的工作流程。

宝洁公司的 EDI 应用

1. 背景资料

宝洁公司是美国一家日用品生产商,也是目前全球最大的日用品公司之一,其产品主要有美容美发、居家护理、家庭健康用品和健康护理等。1988 年,宝洁公司在广州成立了在中国的第一家合资企业——广州宝洁有限公司,从此开始了其在中国的业务发展历程。多年来,宝洁公司在中国的业务取得了飞速的发展,成为中国最大的日用品公司,已陆续在广州、北京、上海、成都、天津等地设有十几家合资、独资企业。

宝洁公司能够发展到如今的规模和地位,与其在供应链协同管理中的不断探索和创新是分不开的。宝洁公司成功的秘诀在于,对信息技术的投资强化了企业的核心价值。例如,获取零售商的销售数据,并为其店铺提供实时存货和现金流信息的零售连锁系统,其目标是帮助零售商提高销售额,进行自动补货,减少零售商的缺货损失,同时还可为其进一步控制库存,从而达到双赢。

2. "宝洁—沃尔玛"模式

20 世纪 80 年代之前,美国供应商与零售商存在严重的信息不对称,双方围绕商品价格和货架位置不断争夺控制权。随着全球零售市场的整合,宝洁公司对其中脱颖而出的主要零售商和大型连锁商越来越重视,并为它们开辟出针对大型连锁商的直供渠道,而沃尔玛公司作为全球最大的零售企业,是宝洁公司最关键的合作伙伴,双方一拍即合,最终确立了"宝洁—沃尔玛"模式。

"宝洁—沃尔玛"模式的本质是双方供应链协同管理模式。合作初期,宝洁公司为沃尔玛公司开发了一套持续补货系统,双方通过 EDI 技术实现联网,并共享信息。具体操作流程如下。

沃尔玛公司的各个店铺都制定了一个安全库存水平,一旦现有库存低于这个水平,沃尔玛公司的系统就会迅速捕捉到这个信息,并通过 EDI 自动向宝洁公司的工厂订货。此外,沃尔玛公司与宝洁公司之间产品的销售、库存情况也会通过 EDI 同步至宝洁公司。同时,两个企业之间的结算系统使用了 EFT(Electronic Funds Transfer,电子资金转账)系统,通过这种系统,企业之间的财务结算就不需要传统的支票等物质形式来进行,而是通过计算机以及 POS 终端等电子设备来完成。流程如图 6.7 所示。

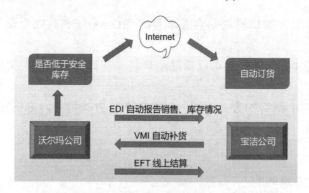

图6.7 "宝洁—沃尔玛"模式持续补货系统流程

在"宝洁—沃尔玛"模式中，宝洁公司能迅速知晓沃尔玛物流中心内宝洁产品的库存情况，以及宝洁产品在沃尔玛公司的销量、库存、价格等终端数据，进而及时进行库存/进货管理、制订生产和研发计划，防止出现库存积压或缺货；沃尔玛公司则通过 EDI 从宝洁公司获得信息的基础上，及时决策商品货架和下一次进货数量等，并由 VMI 自动进货。这也将沃尔玛公司从原来繁重的物流作业中解放出来，而且由于双方企业之间不用就每笔交易的条件(如配送、价格问题等)进行谈判，大大缩短了商品从订货，经过进货、保管、分拣，到补货、销售的整个业务流程的时间。

3. 总结

宝洁公司的供应链是当前世界上最高效的供应链之一，而这得益于宝洁公司高效的采购管理、库存管理和销售管理。其与沃尔玛公司共同创立的"宝洁—沃尔玛"模式，更是成了同行的典范。在经济全球化的今天，企业间的竞争在一定程度上就是供应链的竞争，宝洁公司优秀的供应链管理必将为其带来更大的收益，而要管理供应链，应用前沿技术使其自动化是必不可少的一个过程，EDI 则是自动化的不二选择。

(资料来源：https://www.kasoftware.com/kb/2021/08/18/pg-edi.html. [2022-08-22].)

讨论题

(1) EDI 的应用给宝洁公司和沃尔玛公司的持续补货系统带来了哪些优势？
(2) "宝洁—沃尔玛"模式成功的基础是什么？

第7章 物联网与物流

【本章教学要点】

知识要点	掌握程度	相关知识
物联网的定义	掌握	物联网的基本定义
物联网的特征	熟悉	物联网的主要特征
物联网的发展历程	了解	物联网发展过程中的重要事件
物联网的基本结构	掌握	物联网的三层体系结构及每层的组成和作用
物联网安全	熟悉	物联网安全的特点,物联网安全的层次结构
物联网的应用	了解	物联网在仓储、运输和配送中的应用
物联网在物流中的应用及发展趋势	了解	物联网在物流中的应用现状以及在物流中的应用趋势和挑战

导入案例

新型智慧城市建设向全面落地过渡——旷视科技以 AI 赋能城市物联网

在物流领域中，物联网可以连接物流各个环节中的不同成员，并通过分析在各个环节中获得的数据来实现新的发现。因此，物联网可以使物流提供商开启更高水平的运营效率，为客户创造定制的、动态的自动化服务。

2020 年发布的《新型智慧城市发展报告 2018—2019》显示，我国很多城市已经从新型智慧城市建设的准备期向起步期和成长期过渡，处于起步期和成长期的城市占比从两年前的 57.7%增长到 80%，许多城市新型智慧城市建设的工作重心已从整体规划向全面落地过渡。其中，旷视科技就以自主打造的全栈式人工智能解决方案落地城市物联网，赋能我国智慧城市建设。

充分运用新一代信息技术建设智慧城市，能够实现信息化、工业化与城镇化的深度融合，有助于缓解城市病，提高城镇化质量，提高城市管理成效和生活质量。目前，旷视科技通过自主研发的人工智能算法平台 Brain++及尖端神经网络(即 DoReFa-Net、ShuffleNet 及 ResNet)提供综合城市物联网解决方案，推动我国智慧城市的建设。

旷视科技城市物联网解决方案包含算法、软件及人工智能赋能的传感器，能够将城市空间数字化，让城市及社区更加安全和更有效率。同时，旷视科技城市物联网解决方案同样也适用于智慧城市管理及智能小区管理，帮助加强城市或小区的安全并优化管理，从城市管理与运行的多个场景推动智慧城市的建设。目前，旷视科技城市物联网解决方案地域覆盖面已经代表了中国城市物联网行业最为广泛的覆盖范围之一，广泛应用于公共交通、楼宇、小区以及商业网点等多种城市场景。例如，在北京市海淀区公租房的改造项目中，旷视科技智能楼宇解决方案帮助社区管理部门了解实时居住情况，在提升公租房区域安全性与居民生活便捷性的同时，为社区物业管理实现降本增效。

同时，在海淀区东升镇城市大脑建设中，旷视科技城市物联网解决方案也发挥着一定的作用。基于领先的人工智能技术以及城市物联网解决方案落地经验，旷视科技作为海淀区城市大脑科技产业联盟成员单位，参与组建了东升镇城市大脑专班，围绕"城市治理、智慧交通、智慧社区、科技公园"等应用方向，打造文明、幸福、健康、智能的新东升，助力海淀区城市大脑的建设。尽管这样会增加投递的复杂性，却可以为物流提供商创造一个提升客户服务水平的机会。

(资料来源：https://robot.ofweek.com/2021-08/ART-8321200-8900-30520644.html. [2022-08-22]；http://www.chinawuliu.com.cn/zixun/202003/03/494654.shtml. [2022-08-22].)

讨论题
(1) 目前物联网在物流服务中主要有哪些应用场景？
(2) 旷视科技在城市大脑建设中发挥了哪些作用？

物流是人类最基本的社会经济活动之一，物联网的发展离不开物流的支持，同时物联网技术又对现代物流的发展起了积极的促进作用，推动了物流行业的精细化管理，有利于实现物流信息的集成与优化。本章主要介绍的内容包括物联网的基本概念与发展历程、物联网安全的相关特点、物联网在物流中的应用以及未来的发展趋势。

7.1 物联网概述

近年来，物联网受到了人们的广泛关注，被称为继计算机、互联网之后，世界信息产业的第三次浪潮。物联网是新一代信息技术的重要组成部分，在不同的阶段人们对其有不同的理解。

7.1.1 物联网的定义

物联网的概念最早出现于 1995 年出版的比尔·盖茨的《未来之路》一书中。该书提出了"物—物互联"的设想，只是当时受限于无线网络、硬件及传感器设备的发展，并未引起世人的重视。

1998 年，美国麻省理工学院(Massachusetts Institute of Technology，MIT)创造性地提出了 EPC(Electronic Product Code)系统的"物联网"构想。2005 年，国际电信联盟(International Telecommunication Union，ITU)在《ITU 互联网报告 2005：物联网》中，正式提出了"物联网"的概念，系统阐述了物联网的基本概念、相关技术、潜在市场、面临的挑战以及对未来全球经济和社会发展的可能影响，正式向全球揭示了物联网。

"物联网"的英文名称为"Internet of Things"，简称 IoT，顾名思义，物联网就是物物相连的互联网，这说明物联网的核心和基础是互联网。物联网是互联网的延伸和扩展，其延伸和扩展到了任何人与人、人与物、物与物之间进行的信息交换和通信。

关于物联网比较准确的定义是：物联网是通过各种信息传感设备(传感网、红外感应器、激光扫描器等)、条码与二维码、全球定位系统等，按约定的通信协议，将物与物、人与物、人与人连接起来，通过各种接入网、互联网进行信息交换，以实现智能化识别、定位、跟踪、监控和管理的一种信息网络。这个定义的核心是，物联网中的每一个物件都可以寻址，每一个物件都可以控制，每一个物件都可以通信。

物联网的上述定义包含了以下 3 个主要含义。

(1) 信息全面感知。物联网是指对具有全面感知能力的物体及人的互联集合，两个或两个以上物体如果能交换信息即可称为"物联"。为使物体具有感知能力，需要在物体上安装不同类型的识别装置，如电子标签和条码等。

(2) 通过网络传输。物联网必须遵循约定的通信协议，并通过相应的软、硬件实现。互联的物品要互相交换信息，就需要实现不同系统中的实体的通信。为了成功实现通信，它们必须遵守约定的通信协议，同时需要相应的软件、硬件来实现这些规则，并可以通过现有的各种接入网与互联网进行信息交换。

(3) 智能决策与控制。物联网可以实现对各种物品(包括人)进行智能化识别、定位、监控和管理等功能。这就需要智能信息处理平台的支撑，通过数据库、云计算、人工智能等智能计算技术，对海量数据进行存储、分析和处理，针对不同的应用需求，对物品实施智能化的控制。

由上述定义及图 7.1 可知，物联网融合了各种信息技术，突破了互联网的限制，将物理世界、数字世界和虚拟世界连接在一起，使物理世界中的物体接入虚拟和数字化世界中，实现了"物—物互联",从而向全面感知和智能应用等方向扩展、延伸和突破,并影响国民经济和社会生活的方方面面。

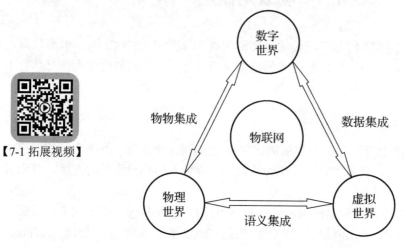

图 7.1 物联网连接示意图

7.1.2 物联网的特征

和互联网相比,物联网有其鲜明的特征。

(1) 物联网是各种感知技术的广泛应用。物联网上部署了海量的多种类型传感器,每个传感器都是一个信息源,不同类别的传感器所捕获的信息内容和信息格式不同。传感器获得的数据具有实时性,按一定的频率周期性地采集信息,不断更新数据。

(2) 物联网是一种建立在互联网上的泛在网络。物联网技术的重要基础和核心仍旧是互联网,通过各种有线和无线网络与互联网融合,将物体的信息实时准确地传递出去。在物联网上的传感器定时采集的信息需要通过网络传输,由于信息数量极其庞大,形成了海量数据,在传输过程中,为了保障数据的准确性和及时性,必须适应各种异构网络和协议。

(3) 物联网不仅提供了传感器的连接,其本身也具有智能处理的能力,能够对物体实施智能控制。物联网将传感器和智能处理相结合,利用云计算、模式识别等各种智能技术,扩充其应用领域。从传感器获得的海量数据中分析、加工和处理出有意义的数据,以适应不同用户的不同需求,从而发现新的应用领域和应用模式。

因此,不能把传感器网或 RFID 网等同于物联网。事实上传感器技术也好、RFID 技术也好,都仅仅是信息采集技术之一。除传感器技术和 RFID 技术外,GPS、视频识别、红外、激光、扫描等所有能够实现自动识别与物物通信的技术都可以成为物联网的信息采集技术。传感器网或者 RFID 网只是物联网的一种应用,但绝不是物联网的全部。另外,也不能把物联网当成互联网的无限延伸,把物联网当成所有物的完全开放、全部互联、全部共享的互联网平台。但物联网既可以是平常意义上的互联网向物的延伸,也可以根据现实需要及产业应用组成局域网、专业网。现实中没必要也不可能使全部物品联网,事实上很多初级的物联网早就处于应用阶段,物联网理念就是在很多现实应用基础上推出的创新,是对早就存在的具有物物互联的网络化、智能化和自动化系统的概括与提升。

7.1.3 物联网的发展历程

1995 年，比尔·盖茨在《未来之路》中提出了"物—物互联"的概念。

1998 年，MIT Auto-ID 中心的学者 Kevin Ashton 将 RFID 技术与传感器技术用于日常物品中，基于互联网、RFID 技术和 EPC 标准，在计算机互联网的基础上，利用 RFID 技术、无线数据通信技术等，构造了一个实现全球物品信息实时共享的实物互联网"Internet of Things"(简称物联网)。

【7-2 拓展视频】

1999 年，在美国召开的移动计算和网络国际会议上，MIT Auto-ID 中心的 Ashton 教授首先提出物联网这个概念，会议认为"物联网是下一个世纪人类面临的又一个发展机遇"。

2005 年，在突尼斯举行的信息社会世界峰会上，国际电信联盟发表的《ITU 互联网报告 2005：物联网》中，引用了"物联网"的概念。报告指出，无所不在的"物联网"通信时代即将来临，世界上所有的物体，从轮胎到牙刷、从房屋到纸巾都可以通过互联网主动进行信息交换，射频识别技术、传感器技术、纳米技术、智能嵌入技术将得到更加广泛的应用。

2009 年年初，奥巴马就任美国总统后，将智能电网和物联网并列为振兴经济、确立竞争优势的关键战略，并明确了"智慧地球"的核心和内涵是更透彻的感知、更全面的互联互通、更深入的智能化，三者结合起来就是物联网。

2009—2011 年，在国务院的指导下，中央各部委及各省市纷纷出台如物联网专项基金扶持、物联网示范试点工程、税收优惠等"推动物联网产业发展"的政策。

2016 年，整个物联网产业进入良性发展阶段，这一年，我国物联网产业在工业与民用领域开始齐头并进，政府推出了一系列扶持政策以及示范试点项目。

2021 年 7 月，中国物联网市场规模达 1.7 万亿元。9 月，工信部等八部门印发《物联网新型基础设施建设三年行动计划(2021—2023 年)》，明确到 2023 年年底，在国内主要城市初步建成物联网新型基础设施，社会现代化治理、产业数字化转型和民生消费升级的基础更加稳固。

2022 年 6 月，由京东方牵头制定的"ISO／IEC 30169：2022 Internet of Things (IoT) — IoT Applications for Electronic Label System (ELS)"(《物联网—电子标签系统的物联网应用》)通过国际物联网权威标准组织 ISO／IEC JTC1 SC41 正式发布。

7.1.4 物联网的基本结构

物联网的技术复杂、形式多样，通过对物联网多种应用需求的分析，目前比较认可的是把物联网分为三个层次：感知层、网络层和应用层，如图 7.2 所示。

【7-3 拓展视频】

1. 感知层

感知层相当于整个物联网体系的感觉器官，如同人体的皮肤和四肢。感知层主要负责两项任务，分别是识别物体和采集信息。识别物体，是通过物品编码来确定物品是什么；采集信息是利用传感器来感知物品怎么样。其中物联网中的物指的是现实世界中的客观事物，诸如电气设备、基础设施、家用电器、计算机和建筑物等。所采集的物品信息指的是物品能够被感知的因素，诸如温度、湿度、压力和光线等。

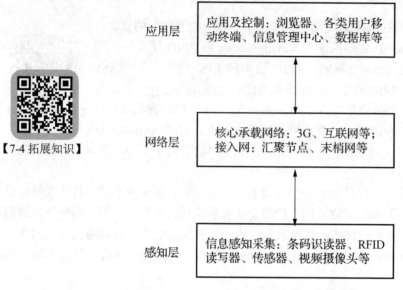

图 7.2 物联网的基本结构示意图

感知层在实现其感知功能时所用到的主要有 RFID、传感器、摄像头和 GPS 等技术。RFID 技术主要实现的是对物品的识别，通过识别装置靠近物品上的编码，读取物品的信息，从而确定物品。传感器技术主要利用各式各样的传感器来感知物品的温度、湿度、压力、光线等可被感知的因素。摄像头技术可以实时地采集到物品在空间中的动态影像信息。利用 GPS 技术，可以在全球范围内实时进行定位、导航。

感知层的主要目标就是要实现对客观世界的全面感知，其核心是要解决智能化、小型化、低功耗和低成本的问题。

2. 网络层

网络层由各种私有网络、互联网、有线和无线通信网、网络管理系统和云计算平台等组成，相当于人的神经中枢和大脑，负责传递和处理感知层获取的信息。

物联网的网络层包括接入网与互联网的融合网络、网络管理中心和信息处理中心等。接入网包括移动通信网、有线电话网，通过接入网能将信息传入互联网。网络管理中心和信息处理中心是以数据为中心的物联网中枢，用于存储、查询、分析和处理感知层获取的信息。

网络层主要技术有无线接入技术、光纤接入技术和电力网接入技术等。其中，无线接入技术有 3G、4G、Wi-Fi 和蓝牙等；光纤接入技术是指光纤到楼、光纤到路边、以太网到用户的接入技术，由此真正实现了千兆到小区、百兆到楼、十兆到家庭的目标。电力网接入技术是利用电力线路为物理介质，将家中电器连为一体，实现家庭局域网。

3. 应用层

应用层由各种应用服务器组成(包括数据库服务器)，其主要功能包括对采集数据的汇聚、转换、分析，以及用户层呈现的适配和事件触发等。对于信息采集，由于从末梢节点获取了大量的原始数据,且这些原始数据对于用户来说只有经过转换、筛选、分析处理后才有实际价值。这些应用服务器根据用户层呈现的设备完成信息的适配,并根据用户层的设置触发相关的通告信息。同时,当需要完成对末梢节点的控制时,应用层还能完成指令生成控制和指令下发控制。除此之外,应用层还包括物联网管理中心、信息中心等利用下一代互联网的能力对海量数据进行智能处理的云计算功能。

7.2 物联网安全

物联网作为一个复杂融合网络,不仅存在与传感器网络、移动通信网络和互联网同样的安全问题,还有其特殊性,如隐私保护问题、异构网络的认证与访问控制问题、信息的存储和管理问题等。从物联网的信息处理过程来看,感知信息需经过采集、汇聚、融合、传输、决策和控制等过程,整个信息处理的过程体现了物联网安全的特征与要求,也揭示了其所面临的安全问题。

7.2.1 物联网安全概述

近年来,物联网发展越来越快,其所暴露出的安全问题也是层出不穷,物联网安全作为网络安全的一部分,也越来越受到重视。

(1) 感知网络的信息采集、传输和信息安全问题。

感知节点呈现多源异构性,感知节点通常情况下功能简单(如自动温度计)、携带能量少(使用电池),使得它们无法拥有复杂的安全保护能力,而感知网络多种多样,从温度测量到水文监控,从道路导航到自动控制,它们的数据传输和消息也没有特定的标准,所以没法提供统一的安全保护体系。

(2) 核心网络的传输和信息安全问题。

核心网络具有相对完整的安全保护能力,但是由于物联网中节点数量庞大,且以集群方式存在,因此会导致在数据传输时,大量机器数据的发送使网络拥塞,产生拒绝服务攻击。此外,现有通信网络的安全架构都是从人的通信的角度设计的,对以物为主体的物联网,要建立适合于感知信息传输与应用的安全架构。

(3) 物联网业务的安全问题。

支撑物联网业务的不同平台有着不同的安全策略,如云计算、分布式系统、海量信息处理等,这些支撑平台要为上层服务管理和大规模行业应用建立起一个高效、可靠和可信的系统,而大规模、多平台、多行业的特点使物联网业务层次的安全面临新的挑战。

另外,从信息与网络安全的角度来看,物联网安全的目标是要达到被保护信息的机密性、完整性和可用性。因此,还应从安全的机密性、完整性和可用性来分析物联网的安全需求。信息隐私是物联网信息机密性的直接体现,如感知终端的位置信息是物联网的重要信息资源之一,也是需要保护的敏感信息。另外,在数据处理过程中同样存在隐私保护问题,如基于数据挖掘的行为分析等,对此要建立访问控制机制,控制物联网中的信息采集、传递和查询操作,保证不会由于个人隐私或机构秘密的泄露而造成对个人或机构的伤害。信息的加密是实现机密性的重要手段,由于物联网的多源异构性,使密钥管理显得更为困难，特别是对感知网络的密钥管理是制约物联网信息机密性的瓶颈。

物联网的信息完整性和可用性贯穿物联网数据流的全过程。网络入侵、拒绝攻击服务、路由攻击等都使信息的完整性和可用性受到破坏，同时物联网的感知互动过程也要求网络具有高度的稳定性和可靠性。物联网与许多应用领域的物理设备相关联，要保证网络的稳定可靠，如在仓储物流应用领域，物联网必须是稳定的，要保证网络的连通性，不能出现互联网中电子邮件时常丢失等问题，不然无法准确检测入库和出库的物品。

因此，物联网安全的特征体现为感知信息的多样性、网络环境的多样性和应用需求的多样性，呈现出网络规模和数据处理量大且决策控制复杂的特点，这给安全防范提出了新的挑战。

7.2.2 物联网安全的特点

与互联网安全相比，物联网的安全问题更为突出，互联网一旦受到安全威胁，其造成的损失一般集中在信息领域，而物联网一旦受到攻击，那么将会直接影响社会生产和生活。可能会出现工厂停产、供应链中断、医院无法正常就医等问题，进而造成社会秩序混乱，甚至直接威胁到人类的生命安全，因此物联网的安全问题显得尤为重要。物联网安全具有以下特点。

(1) 物联网的脆弱性。

互联网在设计之初，其主要目标是用于科研和军事，相对比较封闭，没有从整体、系统和开放性应用的角度来思考、解决安全问题，因此互联网本身并不安全，这是当前互联网安全问题日益严重的根源。又由于物联网建设在互联网的基础之上，互联网安全的脆弱性，同样影响着物联网的安全。

(2) 网络环境的复杂性。

物联网将组网的概念延伸到了现实生活的物品当中，涉及物流、生产、金融、家居、城市管理和社会活动等。从某种意义上来说，复杂的应用需求将现实生活建设在物联网中，从而导致物联网的组成非常复杂，其复杂性带来了诸多不确定性，从安全角度无法确定物联网信息传输的各个环节是否被未知的攻击者控制。复杂性成为物联网安全保障的一大障碍。

(3) 无线信道的开放性。

为了满足物联网终端自由移动的需要，物联网边缘更多地依赖于无线通信技术，无线信道的开放性使其很容易受到外部信号的干扰和攻击。无线信道不存在明显边界，无线网络比有线网络更容易被入侵，外部观测者可以很容易对无线信号进行监听；再者，无线技术是从军用转向民用的，对无线网络的攻击技术研究已有多年，目前，通过智能手机和手持设备就可以对无线网络发起攻击。因此保障物联网的无线通信安全也就更加困难。

(4) 物联网感知端的能力局限性。

一方面，无线组网方式使物联网面临着更为严峻的安全形势，使其对安全提出了更高要求；另一方面，物联网感知端一般是微型传感器和智能卡(如射频标签)，其在运算处理、数据存储能力以及功率提供上都比较受限制，导致一些对计算、存储、功耗要求较高的安全措施无法加载。

7.2.3 物联网安全的层次结构

对应于物联网的基本结构,物联网安全的层次结构见表 7-1。其中安全管理贯穿于所有层次。感知层安全威胁主要指射频识别安全威胁、无线传感网安全威胁和移动智能终端安全威胁。网络层安全威胁主要针对数据泄露或破坏以及海量数据融合等方面的安全问题。应用层安全威胁主要体现在用户隐私泄露、访问控制措施设置不当与安全标准不完善等问题。

表 7-1 物联网安全的层次结构

层次结构	主要应用	主要安全内容
应用层	智能交通、环境监测、智能计算、并行计算、云计算等	信息处理安全 系统平台安全
网络层	GSM、3G 通信网、卫星网、互联网等	网络安全 信息系统安全
感知层	RFID、二维码、传感器、红外感应等	信息采集安全 物理安全

以密码技术为核心的基础信息安全平台及基础设施建设是物联网安全,特别是数据隐私保护的基础,安全平台同时包括安全事件应急响应中心、数据备份和灾难恢复设施、安全管理设施等。安全防御技术主要是为了保证信息的安全而采用的一些方法,在网络和通信传输安全方面,主要针对网络环境的安全,如 VPN 和路由的安全等,实现网络互连过程的安全,旨在确保通信的机密性、完整性和可用性。而应用环境主要针对用户的访问控制和审计,以及应用系统在执行过程中产生的安全问题。

1. 感知层的安全

感知层的任务是多层次感知外界信息,或者说是原始信息的收集。该层的典型设备包括各类 RFID 装置、各类传感器(如红外、超声、温度、湿度、速度等)、图像捕捉装置(摄像头)、全球定位系统、激光扫描仪等。

这一层所面临的主要安全问题包括物理安全和信息采集安全。物理安全主要是指保证物联网信息采集节点不被欺骗、控制和破坏。信息采集安全则主要包括防止采集的信息被窃听、篡改、伪造和重放攻击。根据以上的分析,感知层的安全问题主要表现为相关数据信息在机密性、完整性和可用性方面的要求,主要涉及 RFID、传输技术的安全问题等。

实现 RFID 安全性机制所采用的方法主要有物理方法、密码机制以及二者相结合的方法,使用物理途径来保护 RFID 标签安全性的方法主要有如下几类。

(1) 静电屏蔽。通常采用由金属网或金属薄片制成的容器,使得某一频段的无线电信号(或其中一段的无线电信号)无法穿透。当 RFID 标签置于该屏蔽笼中,保护标签无法被激活,当然也就不能对其进行读/写操作,从而保护了标签上的信息。这种方法的缺点是,必须将贴有 RFID 的标签置于屏蔽笼中,使用不方便。

(2) 阻塞标签。采用一种标签装置,发射假冒标签序列码的连续频谱信号隐蔽其他标签的序列码。这种方法的缺点是需要一个额外的标签,并且当标签和阻塞标签分离时其保护效果也将失去。

(3) 主动干扰。用户可以采用一个能主动发出无线电信号的装置，以干扰或中断附近其他 RFID 读写器的操作。主动干扰带有强制性，容易造成附近其他合法无线通信系统无法正常通信。

(4) 改变读写器频率。读写器可使用任意频率，这样未授权的用户就不能轻易地探测或窃听读写器与标签之间的通信。

(5) 改变标签频率。特殊设计的标签可以通过一个保留频率传送信息，然而，该方法的最大缺点是需要复杂电路，容易造成设备成本过高。

(6) 感知信息加密。除一些物理上的安全保护方法外，对感知信息的加密也是一种有效的保护方法。

2. 网络层的安全

物联网的网络层主要用于把感知层收集到的信息安全可靠地传输到信息应用层，然后根据不同的应用需求进行信息处理，实现信息的传送和通信。这一层又可以细分为接入层和核心层，主要是网络基础设施，包括互联网、移动网和一些专业网(如国家电力专用网、广播电视网等)。网络层既可以依托公众电信网和互联网，也可以依托行业专业通信网络，还可以同时依托公众网和专用网，如接入层依托公众网，核心层则依托专用网，或接入层依托专用网，核心层依托公众网。

网络层面临的安全问题主要分为两类：一是来自物联网本身(主要包括网络的开放性架构、系统的接入和互连方式，以及各类功能繁多的网络设备和终端设备等)安全隐患；二是源于构建和实现物联网网络层功能的相关技术(如云计算、网络存储、异构网络技术等)的安全弱点和协议缺陷。对安全的需求可以概括为数据机密性、数据完整性、数据流机密性，以及移动网中认证与密钥协商机制的一致性或兼容性、跨域认证和跨网络认证等。

在物联网发展过程中，目前的互联网或者下一代互联网仍将是物联网网络层的核心载体，多数信息需要经过互联网传输。互联网遇到的拒绝服务攻击(Denial of Service，DoS)和分布式拒绝服务攻击(Distributed Denial of Service，DDoS)等仍然存在，因此需要有更好的防范措施和灾难恢复机制。在物联网信息传输过程中，需要经过一个或多个不同架构的网络进行信息交接，异构网络的信息交换将成为物联网安全的脆弱点，特别在网络认证方面，存在中间人攻击和其他类型的攻击(如异步攻击、合谋攻击等)，这些攻击都需要有更高的安全防护措施。

网络层的安全机制可分为端到端机密性和节点到节点机密性。对于端到端机密性，需要建立如下安全机制：端到端认证机制、端到端密钥协商机制、密钥管理机制和机密性算法选取机制等。在这些安全机制中，根据需要可以增加数据完整性服务。对于节点到节点机密性，需要节点间的认证和密钥协商协议，这类协议要重点考虑效率因素，机密性算法的选取和数据完整性服务则可以根据需求选取或省略。考虑到跨网络架构的安全需求，需要建立不同网络环境下的认证衔接机制，另外，根据应用层的不同需求，网络传输模式可以区分为单播通信、组播通信和广播通信，针对不同类型的通信模式也应该有相应的认证机制和机密性保护机制。

简言之，网络层的安全架构主要包括以下 4 个方面。

(1) 节点认证、数据机密性、完整性、数据流机密性、DDoS 攻击的检测与预防。

(2) 移动网络的兼容性、跨域认证和跨网络认证。

(3) 相应密码技术，如密钥管理、端对端加密和节点对节点加密、密码算法和协议等。

(4) 组播和广播通信的认证性、机密性和完整性安全机制。

3. 应用层的安全

应用层所涉及的某些安全问题，通过前面几个逻辑层的安全解决方案可能仍然无法解决，如隐私保护等。此外，应用层还将涉及知识产权保护、计算机取证、计算机数据销毁等安全需求和相应技术。

应用层面临的需求和挑战主要来自以下几个方面：如何根据不同访问权限对同一数据库的内容进行筛选；如何提供用户隐私信息保护，同时又能正确认证；如何解决信息泄露追踪问题；如何进行计算机取证；如何销毁计算机数据；如何保护电子产品和软件的知识产权等。

由于物联网需要根据不同应用需求对共享数据分配不同的访问权限，而且不同权限访问同一数据可能得到不同的结果。例如，道路交通监控视频数据用于城市规划时只需要很低的分辨率即可，因为城市规划需要的是交通堵塞的大概情况；当用于交通管制时就需要清晰一些，因为需要知道交通实际情况，以便能及时发现哪里发生了交通事故，以及交通事故的基本情况等。因此如何以安全方式处理信息是物联网应用中的一项挑战。

随着个人和商业信息的网络化，越来越多的信息被认为是用户隐私信息。需要隐私保护的应用至少包括了如下几种：移动用户既需要知道(或被合法知道)其位置信息，又不愿意被非法用户获取该信息；用户既需要证明自己在合法使用某种业务，又不想让他人知道自己在使用某种业务；病人急救时需要及时获得该病人的电子病历信息，但又要保护该病历信息不被非法获取；许多业务需要匿名，如网络投票。很多情况下，用户信息是认证过程必需的信息，如何对这些信息提供隐私保护，是一个具有挑战性的问题，也是必须解决的问题。

基于物联网应用层的安全挑战和安全需求，需要如下安全机制：有效的数据库访问控制和内容筛选机制；不同场景的隐私信息保护技术；有效的计算机获取技术；安全的计算机数据销毁技术等。针对这些安全机制，需要发展相关的密码技术，包括访问控制、匿名认证、门限密码、数字水印和指纹技术等，以及建立相应健全的法律法规，实现对用户行为的约束。

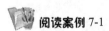
阅读案例 7-1

安全是物联网的必选项

从智能家居到智能城市、从互联汽车到互联电表，各种丰富多彩、充满魅力的物联网应用，向人们充分展现了一个美好的万物互联世界。但是，广阔的应用前景和美好的互联世界，都离不开安全这一最重要的"基石"。没有安全保障的物联网，会给人们的生产生活带来致命性的打击。

当前，物联网已经渗透人们生活的方方面面，广泛应用于各行各业，衍生出诸如智慧家庭、智慧教育、智慧医疗、可穿戴设备、车联网等多种场景。然而，联网的设备越多，安全的重要性也就越大。全球著名的 Internet 安全解决方案供应商 Check Point 公司认为，未来最易受物联网安全威胁的行业有三个，分别是汽车设备、医疗设备和关键基础设施。曾经有一支安全专家队伍设法入侵吉普 SUV，成功将其驶离了道路，这个试验让人们意识到，联网汽车非常容易受到攻击。有专家发现，美国圣犹达医疗设备公司推出的植入式心脏设备存在一个漏洞，一旦遭到黑客利用，就会危及患者生命安全。DDoS 攻击还可以破坏供暖和制冷系统，导致房屋温度失调。当前，物联网控制着从车库门到建筑安全，再到照明和投影系统的一切设备，黑客一旦入侵，后果将不堪设想。2016 年 10 月，黑客通过使用一种被称为"物联网破坏者"的 Mirai 病毒造成了近半个美国的网络瘫痪，攻击流量超过了 1Tbit/s。此外，物联网设备作为进入公司网络的后门，为黑客提供了 root 访问权限，他们可以更改源代码并在整个网络中随意移动，对敏感服务器和数据造成了巨大威胁。

　　物联网的安全威胁将长期存在，这是信息和通信产业必须面对的现实。客观来看，传统通信网络乃至计算机网络经过多年的发展，尽管已经拥有了丰富的安全手段，但依然存在着大量的安全问题。可想而知，联网种类更加丰富、应用场景更加复杂的物联网，其面临的安全形势是何等严峻。事实上，对全球组织的一项调查表明，47% 使用或计划使用物联网的商业组织，在行业应用过程中都曾经遇到过各种各样的安全问题，包括控制系统被攻破、联网设备采用简单密码、通信过程未加密等。

　　物联网的安全威胁还将是多层面的，需要产业参与各方给予全方位的重视。第一，在物联网的感知层，数量众多、无所不在的传感器，是很容易被攻击的薄弱环节；第二，在物联网的传输层，伴随着 IP 化和融合化大潮，无线协议本身的缺陷、封闭的工业应用、协议无法被安全设备识别、通信过程不加密和 IP 体系自身安全问题等导致安全威胁的大门大开；第三，在物联网的平台和应用层，伴随着开放化趋势，产生了新的安全风险，例如新平台的自身漏洞、新的通信协议可能带来的安全问题等。

　　2022 年 6 月，由 BOE(京东方)牵头制定的"ISO／IEC 30169：2022 Internet of Things (IoT) – IoT Applications for Electronic Label System (ELS)"(《物联网—电子标签系统的物联网应用》)通过国际物联网权威标准组织 ISO／IEC JTC1 SC41 正式发布。作为中国智慧零售行业首个物联网国际标准，以及全球首个电子标签系统物联网应用国际标准，此标准的发布填补了行业空白，为行业规范化发展和技术升级提供了标准支撑。

　　在万物互联的时代，由于联网的设备数量更多、数据量更大，安全挑战必然更大。确保物联网的安全，对于任何一家试图进入该领域的企业而言，都不是可选项，而是必选项，从产品出厂时就应被打上"安全"的烙印。

　　(资料来源：https://www.ofweek.com/security/2021-11/ART-510011-8110-30536036.html.
[2023-06-22].)

7.3　物联网在物流中的应用

　　物联网的应用非常广泛，在不同的领域中都可以见到物联网的身影，其中，物联网在物流中有着独特的应用，也发挥着不可或缺的作用。一方面，伴随着物联网的不断发展，物联网为物流市场的扩大奠定了一定的基础，促进了物流在空间和地域上的延伸；另一方面，物流的发展对于物联网的发展具有重要的推动作用，在一定程度上促进了物流市场的扩大，为物流管理增加了新的动力，二者之间呈现相互联系、相互发展的趋势。

【7-5 拓展视频】

7.3.1　物联网在仓储中的应用

　　库存管理在整个物流过程中占据着越来越重要的地位。现代技术水平在不断进步，基于物联网技术的库存管理模式更能适应市场需求的变化。实时掌握物流过程中产品的品质、标识、位置等信息已经成为现代物流管理的新要求。基于物联网环境的仓储系统架构包括系统编码体系、射频识别系统、系统网络结构、服务及软件和系统硬件五个部分。

(1) 系统编码体系。

仓储实体大体上可以分为货物类、设备类、设施类、人员类和环境类。仓储管理需要在实体对象上粘贴 RFID 标签，才能实现仓储智能管理。仓储信息编码可参照 EPC 分子段的编码方式，信息访问以内部服务器为主，并保留访问外网的数据接口。

(2) 射频识别系统。

仓储信息自动化采集系统能够在货物移动和静止时对信息进行快速、准确的获取，采集系统主要有两类：一是普及范围最广的 RFID 系统，二是传感系统。RFID 系统在仓储管理中主要被应用于信息采集部分，体现为对人员、货物、设施和设备的监管，信息采集用于数量统计、定位、权限和流程管理等多个方面；传感系统针对不可标识的物体收集信息，用于对工作环境、物品存储环境和物品形状的检测。

(3) 系统网络结构。

物联网仓储系统的网络是混合型网络，包括现场总线型网络、局域网、无线传感网等，前两者的应用最多。物联网仓储系统涉及很多自动化、电子设施设备，如自动传输装置、智能机器、立体货架、电子显示屏、扩音器等，这些设施的信息交互是必须解决的问题。

(4) 服务及软件。

仓储系统服务为仓储信息的收集、传输和处理设定控制和计算规则，通过这些规则为应用层提供必要的服务，满足仓储管理的需求。需求包括信息采集、数据集成、资源调度、流程优化和权限管理。这些服务以一定的输入、输出实现仓储系统的软件系统功能。软件系统位于仓储系统最高层，仓储软件系统按功能可分为业务应用、数据库和中间件三个部分。

(5) 系统硬件。

仓储系统所涉及的物联网相关硬件设备有计算机、手机、PDA、RFID 货物标签、车载读卡器、天线、电子显示屏、电子语音设备、温度传感标签、红外传感器和相应读卡器、摄像头、电子显示屏、扩音器、通风和供暖设备等。

7.3.2 物联网在运输中的应用

物联网可以促进物流信息化、智能化，运输是人类社会经济活动中不可缺少的必要环节，也是物流过程中最关键的作业环节。在运输中，物联网技术起到了很大的作用。

1. 运输质量

物联网借助互联网、RFID 等无线数据通信技术，能实现单个商品的识别与跟踪。基于这些特性，将物联网应用到物流的各个环节，保证商品的生产、运输、仓储、销售及消费全过程的安全和实效，具有广阔的发展前景。

基于物联网的支持，电子标签承载的信息就可以实时获取，从而清楚地了解到商品的具体位置，并可进行自动追踪。对制造商而言，原材料供应管理和产品销售管理是其管理的核心，物联网的使用使得商品的动态跟踪运送和信息的获取更加方便，对不合格的产品及时召回，降低产品退货率，提高自己的服务水平，同时也提高了消费者对产品的依赖度。另外，制造商与消费者之间的信息交流可使制造商对市场需求作出更快的响应，在市场信息的捕捉方面夺得先机，从而有计划地组织生产，调配内部员工和生产资料，降低甚至避免因牛鞭效应带来的投资风险。

2. 运输安全

电子产品代码 EPC 可以自动获取数据，进行货物分类，降低取货、送货成本，并且 EPC 中编码的唯一性和难以仿造有助于鉴别货物的真伪。由于其读取范围广，可实现自动通关和运输路线的追踪，因此保证了产品在运输途中的安全，即使在运输途中出现问题，也可以准确地定位，做出及时地补救，使损失尽可能降到最低，这就大大提高了运输商送货的可靠性和效率，从而提高了服务质量。

3. 运输效率

运输商利用 EPC 可以提高信息增值服务，从而提高收益率，维护其资金安全。不仅如此，利用 RFID 技术对高速移动物体识别的特点，可以对运输工具进行快速有效的定位与统计，方便对车辆的管理和控制。具体应用方向包括公共交通票证、不停车收费、车辆管理及铁路机车、相关设施管理等。基于 RFID 技术，可以为实现交通的信息化和智能化提供技术保障，实际上，基于 RFID 技术的军用车辆管理、园区车辆管理及高速公路不停车收费等应用已经在开展。

7.3.3 物联网在配送中的应用

1. 物联网在配送中心内部作业中的应用

配送中心是整个物流环节的中心纽带，其工作的好坏和效率的高低直接决定了整个物流配送的效率。传统工作中，物流配送中心多采用人工方式，配送中心工作流程很容易出现中断，这就使得配送中心工作效率很低，管理质量不高，因而影响到整个物流配送的服务质量。而物联网技术的应用，可以在收货、分拣、仓储、出货等方面大幅改进工作效率。

(1) 收货方面。

物联网技术的应用可以大大提高收货效率，加快收货进程。物联网技术下，每个待运送的货物都会有自己的 RFID 标签，并且该标签含有货物的名称、种类和配送地等信息。在收货的时候，工作人员就可以通过扫描标签记录货物的基本信息。而当货物运输到配送地后，收货人员只需要通过信息扫描设备，扫描 RFID 标签，就能将标签中记录的信息完整地读取，并且可以将货物信息传递给配送系统。而当这些信息送达配送系统后，系统也会及时更新信息，进而方便配送中心的管理。

(2) 分拣方面。

由于现代物流需要配送的货物多种多样，大小不一，而且配送也多以小批量为主，这种情况对货物分拣提出了更高的要求。传统的人工模式，增加了配送时间，降低了配送效率，无法满足现代物流发展的需求。而在物联网技术下，RFID 技术和自动分拣技术的应用就能有效解决分拣问题。通过自动分拣技术，可以提高分拣效率，分拣设备还能在分拣的同时，读取 RFID 标签中的信息，进而可以根据这些信息实现分类别的分拣。分拣完成后，配送系统就会对货物的存储问题进行安排。

(3) 仓储方面。

由于货物种类繁多，数量大，且货物流动性大，这对仓储及其管理提出了很高的要求。过往的仓储管理水平显然无法满足市场需求，而物联网技术的应用，则能实现仓储管理的智能化和集约化。利用物联网技术，可以给每个货物贴上 RFID 标签，同时也可以给托盘和储存位置贴上 RFID 标签，这样，就可以对仓储货物进行智能化的管理。同时，物联网技术中的温度传感和光传感技术的应用，也可以提高对货物管理的效果。物联网技术可以使得仓储过程具有可视化、自动化和智能化效果。更为重要的是，物联网技术可以使得仓储过程能够实现最优化的资源配置，提高了仓储用地的使用效率，这对本身就很有限的仓储用地而言，有着很重要的价值。而对于一些危险货物的储存，物联网中的传感技术，也能准确监测环境温度、湿度等变化，从而为这些危险货物的储存提供了更多的保障。系统通过搜集这些传感器的感知信息，就能了解这些危险货物的状态，从而根据需要调整储存方式，进而能够有效保障货物的安全。

(4) 出货方面。

物联网技术中，只需要使用 RFID 自动识别系统，就可以在货物出货时，进行快速扫描，批量识别货物的 RFID 标签。这能够加速出货进程，且能自动对货物进行确认和校验。

2. 物联网技术在配送过程中的应用

对于物流配送而言，除了出货、分拣等配送中心工作之外，物流配送选择何种路径，配送车辆的位置信息如何反馈等，都是货物配送过程中的主要问题。这些都需要配送调度中心的管理，在传统模式下，这种管理显然是很难进行的。而物联网技术的应用，则可以实现对货物配送过程的动态监控和实时管理。全球卫星定位技术的应用，可以帮助调度中心及时掌握配送车辆的位置信息，掌控配送的路径。并且，调度中心通过对配送车辆位置和状态信息的掌握，也可以及时优化配送路径，评估货物到达时间，从而能够有效提高物流配送的服务质量。

【7-6 拓展视频】

物联网技术在配送过程中的应用主要有几个方面：一是车辆跟踪，这主要采用了全球卫星定位技术，在配送车辆上安装 GPS 系统，就可以按照一定的时间频率，将车辆定位信息传递给调度中心，调度中心就能准确掌握车辆信息，确定车辆路径，实现实时跟踪；二是调度指挥，调度中心可以在掌握已有车辆信息和路径信息的基础上，通过计算机系统分析，选择出最优的配送路径，并通过调度系统，将最优路径传递给相应的配送车辆司机，帮助司机选择最好的配送路径。这既能保障配送速度，也能保障配送安全；三是货物运输状态跟踪。对于物流配送而言，货物安全尤为重要，物流中的货物丢失问题，严重影响了物流企业的信誉，不利于物流行业的发展。而通过物联网技术，就可以在配送车辆上安装信息采集系统，能够在不同时间扫描货物上的 RFID 标签，并将信息传递给调度中心。这样，一旦有货物出现问题，其信息就会丢失，调度中心就能及时发现。

3. 物联网技术在物流配送中的应用价值

物流配送需要保证货物运输的安全性、准时性和高效性，而物联网技术可以帮助物流配送解决这些问题。物联网技术在物流配送中的应用价值主要体现在以下几个方面。

(1) 完善配送网络。

物联网技术可以对传统的物流配送网络进行升级改造，且可以在统一的技术标准下，建立起全国范围内共同使用的物流配送网络。并且，由于物联网技术具有网络信息的开放性和互动性，可以促进不同地区的配送中心之间的合作和信息交流，通过不同地区物流信息的搜集和分析，能够在全国范围内完善配送网络建设，加强各个地区配送中心的工作效率。

(2) 提高配送效率。

物联网技术的优势在于，能够及时掌握配送车辆信息，并能够实时分析配送路径，从而可以帮助调度中心选择最优的配送路径。在掌握地区配送网络信息和实时分析的基础上，物联网技术可以提出最优的运输方案，可以帮助配送车辆以最好的路径，最短的时间将货物输送到配送地，大大提高了物流配送的效率。同时，物联网技术的应用，实现了物流配送的自动化和智能化，可以为物流企业节省大量的人工成本，并且由于提高了物流配送效率，也为物流企业节省了更多的时间，使得其时间成本降低。因此，物联网技术也有着降低运输成本的价值。

(3) 加强信息传递、保障配送安全。

物联网技术帮助物流配送公司构建了信息化的网络系统，在这个系统中，货物的信息、种类和规模，车辆的实时信息、配送网络的信息都可以实现实时传递。而信息传递的加强，对提高物流配送管理的效率，帮助调度中心及时掌握和分析配送过程都有着重要的帮助。物联网技术采用的 RFID 技术、GPS 技术和传感等技术，一方面可以帮助物流企业全方位地、全时间地掌握货物在整个配送过程的信息。另一方面，在配送设备上安装的 RFID 系统，可以实时扫描货物的 RFID 标签，从而能够及时掌握货物信息，保障货物运输的安全。

7.4 物联网应用的发展现状及展望

物流行业是物联网相关技术最有应用价值的领域，物联网提升物流智能化、信息化和自动化水平，推动物流功能整合，对物流的各环节运作将产生积极影响，但物联网技术应用于物流行业时，要面对复杂多变且个性化的行业需求，因此充满着各种机遇与挑战。

7.4.1 物联网在物流中的发展现状

【7-7 拓展案例】

物流是物联网中很早就落地的行业之一，很多先进的现代物流系统已经具备了信息化、数字化、网络化等先进技术特征，并且采用了最新的红外、激光、无线、编码、认址、自动识别、定位、无接触供电、光纤、数据库、传感器、RFID、卫星定位等高新技术，这种集光、机、电、信息等技术于一体的新技术在物流系统的集成应用就是物联网技术在物流业应用的体现。概括起来，目前相对成熟的物联网应用主要在以下 4 个领域。

1. 产品的智能可追溯网络系统

如食品的可追溯系统、药品的可追溯系统等，这些智能的产品可追溯系统为保障食品、药品等的质量与安全提供了坚实的物流保障。目前，在医药、农产品、食品、烟草等行业领域，产品追溯体系发挥着货物追踪、识别、查询、信息采集与管理等方面的巨大作用，已有很多成功应用。例如，吉林省农产品冷链物流系统就是一个成功的案例。该系统通过采用无线射频技术、传感器技术和视频监控技术对生鲜农产品进行全程跟踪监控，可以对冷链蔬菜进行溯源，政府相关部门和消费者可以追溯每个阶段的产品信息，冷链企业可及时获取冷链各阶段信息，以便进行责任划分和提高作业效率，同时实现了对蔬菜从种植、用药、采摘、检验、运输、加工到出口申报等各环节的全过程监管，可快速、准确地确认蔬菜的来源和合法性，加快查验速度，提高查验的准确性。通过 RFID 电子标签与数据库形成的"物联网"，实现了对蔬菜的自动化识别、判断和监管，提高了监管效率，实现快速通关。

2. 物流过程的可视化智能管理网络系统

这是基于 GPS 卫星导航定位技术、RFID 技术、传感技术等多种技术，在物流过程中实时实现车辆定位、运输物品监控、在线调度和配送可视化与管理的系统。目前，全网络化与智能化的可视化管理网络还没有实现，但初级的应用比较普遍，如有的物流公司或企业建立了 GPS 智能物流管理系统，有的公司建立了食品冷链的车辆定位与食品温度实时监控系统等，初步实现了物流作业的透明化、可视化管理。在公共信息平台与物联网结合方面，也有一些公司在探索新的模式，展望未来，高效精准、实时透明的物流业将呈现在眼前。

3. 智能化的企业物流配送中心

这是基于传感、RFID、声、光、机、电、移动计算等各项先进技术，建立全自动化的物流配送中心，建立物流作业的智能控制、自动化操作的网络，可实现物流与生产联动，实现商流、物流、信息流、资金流的全面协同。一些先进的自动化物流中心，就实现了机器人码垛与装卸，无人搬运车进行物料搬运，自动输送线上作业，出入库操作由堆垛机自动完成，物流信息中心与企业 ERP 系统无缝对接，整个物流作业与生产制造实现了自动化、智能化。

4. 企业的智慧供应链

在竞争日益激烈的今天，面对着大量的个性化需求与订单，怎样能使供应链更加智慧？怎样才能作出准确的客户需求预测？这些是企业经常遇到的现实问题。这就需要智慧物流和智慧供应链的后勤保障网络系统支持。此外，基于智能配货的物流网络化公共信息平台建设，物流作业中手持终端产品的网络化应用等，也是目前很多地区推动的物联网在物流领域应用的模式。

目前，物联网在物流行业的应用，在物品可追溯领域的技术与政策等条件都已经成熟，应全面加快推进；在可视化与智能化物流管理领域应该开展试点，力争取得重点突破，取得有示范意义的案例；在智能物流中心建设方面需要进一步提升物联网理念，加强网络建设和物流与生产的联动；在智能配货的信息化平台建设方面应该统一规划，全力推进。

现代物流信息技术(第4版)

阅读案例 7-2

物联网在物流领域的应用——仓储物流智能化

【7-8 拓展视频】

电子商务的蓬勃发展推动了物流管理运作水平的提高,物流智能化进入新阶段,而物流系统自动化、信息化能力的提升又反过来促进了电子商务的进一步发展。电商物流为物联网技术提供了良好的应用环境,未来几年,物联网技术将是解决该行业所面对的人员紧张、信息阻塞、合规问题的最佳途径,成为电商企业进一步抢占市场的重要技术支撑。

为实现物流的快速发展,电商企业正在积极寻求与物联网企业多维度的合作,力求借助物联网技术实现物流持续升级,强化其自身竞争力。2022 年 3 月 1 日,综合快递物流服务商韵达与阿里云在上海宣布成立"智慧物流数据库创新应用中心",共同探索推进分布式数据库在智慧物流核心系统中的深度应用。

2022 年 6 月,神州数码提出新的物联网解决方案助推仓储物流数字建设,神州数码物联网解决方案通过 RFID、定位、三维测量等技术应用,对货物的收货、入库、在库、拣选和出库进行管理,实现全业务流程自动化,在提高工作效率的同时,大幅降低了运营成本。

在货物进入大门时,通过三维测量、光栅测量和机器视觉分析等技术,对货物尺寸进行测量,将测量结果与空置货位、运输车辆空间进行实时匹配,保证货位、运输资源的合理利用。在出入库环节,为货物粘贴 RFID 标签、为叉车安装 RFID 读写设备,实现货物信息、货架信息的自动识别,通过定位设备确定车辆与货物位置,实现出入库货物实时信息提示、最佳行驶路径推荐、最优货位选择等功能,保证出入库工作零差错。

同时,通过对资产管理、业务流程和数据物资的可视化管理,神州数码为库房构筑起全面数字化管理的解决方案,实现库房智能化、精细化管理。

对于货物运输过程及收货过程中的破损责任界定的问题。在收货环节,物联网解决方案通过智能眼镜设备,让员工以第一人称视角,实现收货过程的全程录像、直播,以避免纠纷产生。同时,智能眼镜可实现在线实时的条码、二维码自动识别、支持手势和语音交互,不仅操作便捷,还可提供结构化信息用于未来视频录像的检索查询。

除此之外,为了在库房运营中快速部署的同时,能有效地提高业务效率、降低人力成本,物联网解决方案对终端设备信息进行全面采集,并根据需要推送应用、设置应用黑白名单。同时,对设备工作状态进行诊断、分析,为企业建立预防性维修体系和预案,并自动生成设备维护报表。

随着智能制造战略的推进,越来越多的企业在物流系统中采用物联网技术,传感器和智能控制技术的应用最多。智能制造除了要求物流系统的智能化,还需要与生产线相匹配,进行无缝对接,实现信息系统的互联互通。

(资料来源:https://www.ofweek.com/ai/2021-09/ART-201700-8100-30525458.html. [2023-06-22].)

【7-9 拓展知识】

7.4.2 物联网在物流中的应用趋势

物联网的应用是物流业发展的助推剂,随着物联网理念的引入、技术的提升和政策的支持,将会推动物流业的飞速发展。

1. 多种技术集成应用

目前，在物流业应用较多的感知手段主要是 RFID 和 GPS 技术。今后，随着物联网技术的发展，传感技术、蓝牙技术、视频识别技术、M2M 技术等多种技术也将逐步集成应用于现代物流领域，用于现代物流作业中的各种感知与操作。如温度的感知用于冷链；侵入系统的感知用于物流安全防盗；视频的感知用于各种控制环节与物流作业引导等。

2. 统一标准的建立

建立统一的标准是物联网发展的趋势，更是物流行业市场的需求，统一的标准平台是物联网顺利运行的前提，只有在统一的体系基础上建立的物联网才能真正做到信息共享和智慧应用。

3. 物流网络开放共享

物联网是聚合型的系统创新，必将带来跨行业、跨系统的网络建设与应用。随着标签与传感器网络的普及，物与物的互联互通，将给企业的物流系统、生产系统、采购系统与销售系统的智能融合打下基础，形成新的社会物联网络，其他的物流系统也将根据需要融入社会物联网络。

4. 物流领域物联网创新应用模式将不断涌现

物联网带来的智慧物流革命远不止目前能够想到的以上几种模式，随着物联网的发展，更多的创新模式会不断涌现，这是未来智慧物流不断发展的基础。

7.4.3 物联网在物流中的应用挑战

物联网在物流行业中的应用，对生产企业、物流中心以及消费者都有较大的利好。通过数据中心，可以获取大量在物流过程中的信息，如库存信息、存储信息、销售信息等，通过这些信息可以进行数据分析。比如借助真实的销售信息协助生产企业制订详细的生产计划，帮助经销商调整进货计划，对于消费者来说可以通过信息的获取，实现物品的溯源，不但物品质量得到了保证，还规范了营销市场，增强了消费者的使用信心，让假货无所遁形。

【7-10 拓展视频】

物联网虽然会给物流产业带来很多积极的影响，但离期望目标还有不小差距，具体体现在以下几方面。

1. 技术方面

物联网属于通用技术，而物流业是个性需求最多、最复杂的行业之一，甚至在一些领域，应用要求比技术开发难度还大。因此，要充分考虑物联网通用技术如何满足物流业个性需求。此外，信息如何及时、准确地采集，如何使信息实现互联互通，如何及时处理海量感知信息并把原始传感数据提升为信息，进而把信息提升为知识，这都是物联网需重点研究的问题。

2. 标准化方面

物联网的实现需要一个标准体系的支撑，这样才能够做到物品检索的互通性。但是，目前行业内并没有形成一个统一的标准体系，由于在标准制定过程中各领域独立进行，使所制定的标准之间缺乏沟通和协调，这给物联网各种技术的融合造成了难度，阻碍了物联网在物流业的推广。

3. 安全方面

作为物联网的关键技术，RFID 还存在着很多技术上的不成熟和设计缺陷，隐私问题、被追踪问题、被定位问题、非法读取信息问题，都会对物联网的安全造成影响。此外，由于物联网离不开互联网的支持，因此也会面临互联网存在的安全隐患，也会面临病毒和黑客的攻击，导致系统瘫痪，企业商业机密的泄露，使企业丧失市场机会，给企业带来重大经济损失。

4. 成本方面

当前制约物联网技术在物流产业中应用的另一障碍就是成本价格。物流行业不是高利润行业，而可以实现远距离扫描的标签每个成本为一美元左右，一个读写器价格为一千美元左右，同时物联网的应用成本还包括接收设备、集成系统、通信计算机、数据处理平台等综合系统的建设等，这给物流产业，尤其是低利润率的物流产业带来沉重的负担。所以，若没有急迫需求，企业很少会去主动应用电子标签，而目前即使有应用物联网技术的，也主要集中在利润率较高和单件物品价值较高的领域。

本 章 小 结

物联网作为世界信息产业的第三次革命，在短期内经历了快速发展，并取得了一系列成果。物联网主要由感知层、网络层和应用层组成。物联网在快速发展的同时，又面临一系列的安全问题，具体可以分为感知层的安全、网络层的安全和应用层的安全，针对不同层次的安全问题，可以采用不同的应对措施。在物联网的应用方面，其在仓储、运输和配送中都具有广泛应用。未来物联网技术在物流中的应用会更加广泛，同时也会面临一定的挑战，物联网与物流相互促进，从而使双方都获得更大的发展。

关键术语

(1) 物联网　　　　(2) 感知层　　　　(3) 网络层　　　　(4) 应用层
(5) 数据融合　　　(6) 全面感知　　　(7) 安全体系　　　(8) 物联网应用

习 题

1. 选择题

(1) 第三次信息技术革命指的是(　　)。
　　A. 互联网　　　　B. 物联网　　　　C. 智慧地球　　　　D. 感知中国

(2) 物联网的核心技术是(　　)。
　　A．射频识别　　B．集成电路　　C．无线电　　D．操作系统
(3) 通过无线网络与互联网的融合，将物体的信息实时准确地传递给用户，指的是(　　)。
　　A．可靠传递　　　　　　　B．全面感知
　　C．智能处理　　　　　　　D．互联网
(4) 三层结构类型的物联网不包括(　　)。
　　A．感知层　　B．网络层　　C．应用层　　D．会话层
(5) 利用 RFID、传感器、二维码等技术随时随地获取物体的信息，指的是(　　)。
　　A．可靠传递　　　　　　　B．全面感知
　　C．智能处理　　　　　　　D．互联网
(6) (　　)不是使用物理途径来保护 RFID 标签安全性的主要方法。
　　A．静电屏蔽　　　　　　　B．被动干扰
　　C．阻塞标签　　　　　　　D．主动干扰
(7) 物联网仓储系统的网络是(　　)。
　　A．单一型网络　　　　　　B．变动型网络
　　C．混合型网络　　　　　　D．固定型网络
(8) 智能物流系统与传统物流系统显著的不同是它能够提供传统物流所不能提供的增值服务，(　　)属于智能物流系统的增值服务。
　　A．数码仓储应用系统　　　B．供应链库存透明化
　　C．物流的全程跟踪和控制　D．远程配送

2．判断题

(1) 物联网的目的是实现物与物、物与人，所有的物品与网络的连接，方便识别、管理和控制。　　　　　　　　　　　　　　　　　　　　　　　　　　(　　)
(2) 物联网一方面可以提高经济效益大大节约成本；另一方面可以为全球经济的复苏提供技术动力。　　　　　　　　　　　　　　　　　　　　　　　　(　　)
(3) 物联网是新一代信息技术，它与互联网没任何关系。　　　　　　　(　　)
(4) 物流服务与物联网是各自独立发展的。　　　　　　　　　　　　　(　　)
(5) 物联网就是物—物互联的无所不在的网络，因此物联网是空中楼阁，是目前很难实现的技术。　　　　　　　　　　　　　　　　　　　　　　　　　　(　　)
(6) 物联网的核心仍然是互联网，它是在互联网基础上的延伸和扩展的网络。(　　)
(7) RFID 技术具有无接触、精度高、抗干扰、速度快以及适应环境能力强等显著优点，可广泛应用于诸如物流管理、交通运输、医疗卫生、商品防伪、资产管理以及国防军事等领域，被公认为 21 世纪十大重要技术之一。　　　　　　　　　　　　(　　)
(8) 目前物联网没有形成统一标准，各个企业、行业都根据自己的特长定制标准，并根据企业或行业标准进行产品生产。这为物联网形成统一的端到端标准体系制造了很大障碍。　　　　　　　　　　　　　　　　　　　　　　　　　　　　　(　　)

3. 简答题

(1) 物联网的定义主要包含哪些部分？

(2) 简述物联网的特征。

(3) 物联网的三层体系结构是什么？

(4) 简述物联网安全的特点。

(5) 简述物联网的安全架构的主要内容。

(6) 物联网在物流应用中的挑战有哪些？

智慧物流将是物联网设备发展的新机遇

　　智慧物流通过大数据、云计算、智能硬件等智慧化技术与手段，提高物流系统思维、感知、学习、分析决策和智能执行的能力，提升整个物流系统的智能化、自动化水平，从而提高物流效率，降低物流成本。智慧物流的发展，将为物联网设备企业带来巨大的发展机遇。

　　为促进物流行业的健康快速发展，国家推出了一系列政策推动智慧物流产业的发展。2019年3月发布的《关于推动物流高质量发展促进形成强大国内市场的意见》，提出加快数字化终端设备的普及应用，实现物流信息采集标准化、处理电子化、交互自动化。2020年5月发布的《关于进一步降低物流成本实施意见的通知》，提出需要加快发展智慧物流。2021年11月出台的《综合运输服务"十四五"发展规划》和12月出台的《快递业发展"十四五"规划》，要求着力构建协同融合的综合运输一体化服务系统、快速便捷的城乡客运服务系统、舒适顺畅的城市出行服务系统、集约高效的货运与物流服务系统、安全畅通的国际物流供应链服务系统，全面建设"普惠快递、智慧快递、安全快递、诚信快递和绿色快递"。受产业政策的激励，近年来许多物流企业积极开发智慧物流市场。

(1) 京东物流早在2015年就开始探索无人机送货技术，此后建立了干线、支线、终端三个层次的无人机物流配送和通航物流体系。最终将构建"空地一体化"的智能物流网络，以实现达到不同应用场景下降本增效的目标。

(2) 美团于2017年开始聚焦城市低空物流模式，启动了无人机配送服务探索。目前，美团已初步完成飞行器、地面设备及无人机交通管理系统的研发工作，其中核心系统90%以上的部件都由美团自主研发。

(3) 2018年，顺丰开始尝试在支线物流场景使用飞鸿-98大型物流无人机，这款飞机是以军用运输机运-5B为基础平台研制的，运-5B在农业撒播、医疗救护等方面已经有几十年的服役经验。2022年1月，顺丰旗下大型无人机公司丰鸟科技更是取得支线物流无人机试运行和经营许可，将在特定场景下开展吨级载重、长航时支线物流无人机商业试运行。和无人机配送有关的政策也正在推进。

　　在物流企业积极开展智慧物流建设的同时，我国的民航、铁路等部门也为智慧物流的发展搭建平台。

(1) 中国民航局于2020年发布的数据显示，我国无人机生产运营企业已超过1万家，无人机的商用飞行达到了159万小时，增长率在30%以上。无人机的爆发式增长以及未来几十年的增长趋势，向我们描绘了一个科幻感十足的生活场景。但在当下，如何突破技术瓶颈、解决安全问题，以及开发与其相适应的商业模式，是每个入局的企业需要思考的问题。

(2) 2018年年底，中国铁路北京局集团有限公司瞄准建设绿色物流体系目标，利用其先进的互联网技术和资源优势的整合，创新地铺排"天网+地网"的多式联运物流综合网络体系，建成京铁云平台并上线运营。京铁云平台通过天网云平台搭建"货源池、运力池、仓储池、资金池、诚信池"，以"大数据、云计算、物联网"赋能智慧物流，建设铁路主导、优势互补、高效衔接、绿色环保、一单制服务、一体化运营的多式联运物流综合网络体系，培育全新的绿色智慧物流生态。截至 2020 年 3 月底，京铁云平台注册企业已达 1403 家。

京铁云平台以铁路拥有的资源优势为依托，联合社会物流资源，形成以铁路为主导的多式联运新业务模式。京铁云平台以拥抱所有货源、串联所有运力、服务所有客户为宗旨；以集成线上数据，整合线下资源，推进多式联运一单制运输为手段；以发展门到门全程物流和"外集内配、绿色联运"新型物流为主营业务；运用大数据深挖数据价值、探索发展数字经济，实现"天网+地网"的融合发展。

智慧物流正处于高速发展期，其未来的成长不仅作用于物流产业内，更重要的是作用于以物流产业为核心的全产业链生态中，并由此形成对包括制造业、服务业在内的全产业链更精准、更高效、更低成本的服务保障。"一切业务数据化""一切数据业务化"将成为未来智慧物流行业发展的必然趋势，同时也必将带动我国物流网设备企业的持续发展。

我国拥有庞大的物流以及制造、服务业市场，除了上述提到的企业建设智慧物流，国内还有很多物联网设备企业也在为智慧物流贡献自己的力量，如 UROVO TECHNOLOGY 生产的 DT50 手持终端产品就使用了美格智能基于骁龙 660 移动平台打造的模组，使得 DT50 拥有强大的运算性能和流畅的网络通信能力，在美国、英国、法国等多个国家实现大规模应用。当前，我国物流企业结合领先的下一代信息技术，经过多年实践，已在庞大的国内市场中探索出智慧物流的运作模式，与此同时，数字科技企业和物流网设备企业也正将经验推广至海外，为全球更多国家和地区提供"中国智慧"。

(资料来源：http://www.dong-zhi.com/Detail.aspx?id=309. [2023-06-22].)

讨论题

(1) 简单总结案例中提到的物流企业在布局智慧物流方面的侧重点。

(2) 为什么说智慧物流的发展为物联网设备企业带来了发展机遇？

第 8 章 前沿物流信息技术

【本章教学要点】

知识要点	掌握程度	相关知识
数据挖掘概述	掌握	数据挖掘的概念、面对的问题和功能
数据库概述及应用	了解	数据库的发展、常用数据库简介和物流中的应用
大数据的概念与特征	掌握	大数据的内涵、"4V"特征
大数据的关键技术、处理模式	熟悉	大数据的不同技术及处理模式
大数据的基本思想	了解	大数据思维转变
人工智能的基本概念	掌握	人工智能的概念
人工智能的发展与应用领域	了解	人工智能的6个发展阶段和6个应用领域
人工智能在物流中的应用	熟悉	人工智能在物流领域的5个应用
云计算的内涵和特点	掌握	云计算的概念、特点和分类
云计算的演化和发展	了解	云计算的发展进程
云计算的体系结构	了解	云计算的服务层次和技术层次
前沿技术下的智慧物流	了解	前沿技术在智慧物流中的应用

前沿物流信息技术　第8章

百度智能云，赋能物流产业新发展

科技引领物流产业变革，数字化、智能化赋能物流行业发展。2022 年 7 月 28 日，以"科技 YU 见未来"为主题的 2022 全球物流技术大会在海口市顺利召开，百度智能云在会上展示了其在智慧物流园区领域的创新服务与应用实践，为推动园区物流作业的内外贯通，以及供应链的整体优化与协同发展带来新视角。

【8-1 拓展案例】

百度智能云智慧物流解决方案以人工智能及时空大数据为基础，集位置服务、AI 技术、流量入口为一体，依托技术与数据引擎，为生产制造企业提供物流降本增效的新思路。此次百度智能云面向物流园区量身打造的解决方案，提供包括基础层、算法层、应用层的全业态智慧运营服务，覆盖运力准入与评估、仓储/园区管理、运输执行、订单追踪等全链路应用场景，为园区中包括货主/管委会、运营方、服务商、司机、收货人等主要角色提供精细化服务，助力物流园区加速智能化转型。

基于此，百度智能云智慧物流解决方案拥有十分广泛的应用场景：依托百度智能云强大的智能调度算法，帮助园区在停车场调度、门岗调度、取样调度、货场调度等场景中实现精细化及智能化决策，提升任务的执行效率，降低协同与管理成本；结合百度地图在地理信息服务方面的优势能力，帮助园区全面"上图"，从而构建园区基础设施的数字化底座；通过智能调度与智能配载功能相结合，借助前端二维、三维配载界面，可立体化呈现装箱配载建议，方便作业员全面查看配载步骤、了解配载进度，实现装箱、卸货流程的数字化革命。

此外，百度智能云还推出了充分融合百度人工智能优势能力的新一代智能高效运输管理系统 TMS+以及货运聚合平台。TMS+从订单下达到计费结算，发挥 AI 功能，全面升级了传统的 TMS 业务。TMS+还结合区块链等互联网原生服务，助力实现物流全流程的智能化、可视化管理，真正用科技赋能物流行业，用智能加持运输流程。货运聚合平台则通过连接海量货主与优质承运商，借助算法实现优质车、货资源的高效整合与精准匹配。货运聚合平台一方面为承运商带来更丰富多元的优质货源，规划更优路线，提升运输效率；另一方面，也能为货主精准推荐更适合的承运资源，有效解决峰值运力紧张难题，实现双向赋能。

未来，百度智能云将持续迭代、升级智能物流解决方案，结合百度地图的能力，深度赋能物流各个环节，全力助推物流产业智能化升级。

（资料来源：http://www.geekpark.net/news/306361. [2023-06-22].）

讨论题
(1) 百度智能云所用到的技术有哪些？
(2) 百度智能云的亮相对物流产业未来发展有何意义？

当前，随着数据挖掘、大数据、人工智能、云计算等新一代信息技术的蓬勃发展，物流信息系统也越来越广泛应用到各生产运作领域。可以说，智慧物流将是信息化物流的下一站。智能物流标志着信息化在整合网络和管控流程中进入一个新的阶段。

8.1　数据挖掘技术在物流中的应用

数据挖掘兴起时主要是在数据库中挖掘知识，随着数据仓库的出现和发展，很快将数据挖掘技术和方法用于数据仓库，而数据仓库作为物流信息的载体在数据挖掘过程中发挥着不可或缺的作用。本节主要介绍数据挖掘的起源、概念及功能，还有数据挖掘算法在物流中的应用。

8.1.1 数据挖掘概述

1. 数据挖掘的起源

近年来，数据挖掘引起了信息产业界的极大关注，其主要原因是存在大量数据可以广泛使用，并且迫切需要将这些数据转换成有用的信息和知识。获取这些信息和知识可以广泛应用于各种领域，包括生产控制、市场分析、工程设计、科学探索、商务管理等。

数据挖掘利用了来自以下一些领域的思想：①统计学的抽样、估计和假设检验；②人工智能、模式识别和机器学习的搜索算法、建模技术和学习理论。

数据挖掘也迅速接纳了来自其他领域的思想，这些领域包括最优化、进化计算、信息论、信号处理、可视化和信息检索。同时，数据挖掘在其他一些领域也起到重要的支撑作用，特别是需要数据库系统提供有效的存储、索引和查询处理支持的领域。源于高性能(并行)计算的技术在处理海量数据集方面是非常重要的。分布式技术也能帮助处理海量数据，并且当数据不能集中到一起处理时更是至关重要。

2. 数据挖掘的概念

数据挖掘(Data Mining，DM)，或称从数据库中发现知识(Knowledge Discovery in Databases，KDD)，被定义为从数据库中发现潜在的、隐含的、先前不知道的、有用的信息，又被定义为从大量数据中发现正确的、新颖的、潜在有用的、并能够被理解的知识过程。KDD 侧重于目的和结果，DM 侧重于处理过程和方法，KDD 是将未加工的数据转换为有用信息的整个过程，DM 是 KDD 不可或缺的一部分。

从数据库中发现知识全过程如图 8.1 所示，主要由以下步骤组成。

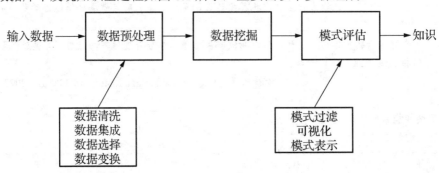

图 8.1 从数据库中发现知识全过程

(1) 数据预处理：将未加工的输入数据转换成适合分析的形式，为挖掘工作准备数据。数据清洗是清除不一致和噪声数据；数据集成把多种数据源组合在一起；数据选择是从数据库中抽取与挖掘任务相关联的数据集；数据变换是规范数据形式，以适合数据挖掘。由于收集和存储的数据形式多种多样，因此，数据预处理步骤在知识发现过程中可能是最费力、最耗时的步骤。

(2) 数据挖掘：是最基本的步骤，也是最重要的步骤，使用智能化方法，自动、高效地发现有用知识，提取挖掘模式。

(3) 模式评估：根据某种评价标准，识别表示知识的真正有用的模式，并确保只将有效的和有用的挖掘结果集成到专家系统中。

3. 数据挖掘面临的主要问题

(1) 不同类型的数据的多样性，期望有不同的数据挖掘系统。虽然已经广泛使用关系数据库，但其他数据库仍可能包含不常见的数据对象，而为不同数据对象的数据库开发一个通用的数据挖掘系统是不现实的，因此，对于不同的数据类型，应开发不同的数据挖掘系统。

(2) 数据挖掘与用户交互问题，包括所挖掘的知识类型、临时数据挖掘、领域知识的使用和知识可视化。性能评价涉及数据挖掘算法的有效性、并行处理能力和可伸缩性，由于数据库的海量性和广泛分布性，要求挖掘算法必须是有效的和可伸缩的。

上述问题是数据挖掘目前面临的主要问题，也是未来数据挖掘技术研究及发展的主要趋势和挑战，未来的数据挖掘研究将集中在这些问题上。

4. 数据挖掘的功能

数据挖掘主要用于从指定挖掘任务中挖掘用户所需的数据类型，下面介绍数据挖掘的主要功能。

(1) 关联规则(Association Rule)：发现数据对象间的相互依赖关系，一个关联规则是 $X \Rightarrow Y$ 的形式，即 $A_1 \wedge A_2 \wedge \cdots \wedge A_m \Rightarrow B_1 \wedge B_2 \wedge \cdots \wedge B_n$ 的规则样式，$X \Rightarrow Y$ 表明满足 X 中条件的数据库元素多半也满足 Y 中的条件。如果 $B_1, B_2, \cdots, B_n$ 出现，那么 $A_1, A_2, \cdots, A_m$ 也一定出现，这说明数据 $A_1, A_2, \cdots, A_m$ 和数据 $B_1, B_2, \cdots, B_n$ 有着某种联系。例如，在对某疾病的研究过程中，某些症状的出现常常伴随其他一些症状的出现，通过对这种联系现象的深入研究，也许会找到攻克该疾病的方法。

(2) 预测(Prediction)：通过对样本数据的分析处理，估计数据集中某种属性值的分布范围或数据库中某些丢失数据的可能值。一般是利用数学统计方法找到与预测属性相关的属性，其后对相关属性进行分析并根据分析结果预测属性值的分布情况。例如，根据同一单位职工的工资幅度，可以预测某一名新职工的工资范围。

(3) 分类(Classification)：根据数据本身的特征，将其划归为不同的类，这些类是事先利用标准数据集建立的。例如，利用已有的传染病例数据建立疾病的分类规则，对于入院病人，根据其病症和分类规则，迅速判断疾病的种类，以便及时医治。

(4) 聚类(Clustering)：根据数据库中的一些属性，对数据进行分类。与分类和预测不同，聚类分析数据对象，而不考虑已知的类标记。数据聚类后，同一类的内部数据的相似度很大，而在各类之间数据相似度很小。聚类结束后，每类中的数据由唯一的标记进行标识，类中数据的共同特征也被提取出来用于对该类的特征进行描述。例如，可以通过对常见疾病进行聚类分析，形成每类疾病的特征描述，这样可以对这些疾病进行识别。

(5) 特征化(Characterization)：从数据库中提取出关于绝大多数数据的特征式，特征式是目标类数据的一般特征或特性的汇总，表达了数据库的总体特征。

(6) 区分(Discrimination)：通过对某一数据和样本数据的对比处理，提取出该数据的主要特征，与样本数据区分开来。例如，通过对某种疾病与其他疾病症状的比较，找出该疾病相对于其他疾病的区分规则，利用这些规则在临床检验中快速判断这种疾病。

(7) 异常点检测(Outlier Detection)：数据库中可能包含有与其他数据一般行为或模型不一致的数据对象，这些对象就是异常点，异常点数据分析称为异常点检测，先假设一个数据分布或概率模型，并使用距离度量，到其他类的距离很大的对象被视为异常点。也可以考虑一群对象在主要特征上的差别去识别异常点，而不是使用统计或距离度量。例如，在网络异常检测中，当网络特征发生较大偏差时判断网络是否受到攻击或有异常情况存在。

8.1.2 数据挖掘在物流中的应用

信息化物流网络体系产生的巨大数据流使企业很难对这些数据进行准确、高效地收集和及时处理。为了帮助决策者快速、准确地作出决策，实现对物流过程的控制，提高企业的运作效率，降低整个过程的物流成本，增加收益，就需要一种新的数据分析技术来处理数据。

现代物流的新理念包括反应快速化、服务系列化、作业规范化、目标系统化、手段现代化、组织网络化和经营市场化。这些都离不开完善的信息系统的支撑。随着数据量的骤增，数据挖掘技术将成为深化物流信息管理的一种有效方法，在解决选址、配送和仓储以及关联模式分析等基础物流问题方面可以发挥出很大的作用。

【8-2 拓展期刊】

(1) 选址问题。

物流中心的选址属于最小成本问题，即求解运输成本、处理变动成本和固定成本之和的最小化问题等。选址需要考虑中心点数量和中心点如何分布等情况，尤其是多中心选址的问题。多中心选址是指在一些已知的备选地点中选出一定数目的地点来设置物流中心，使形成的物流网络的总费用最小。在实际操作中，当问题规模变得很大，或者要考虑一些市场因素(比如顾客需求量)时，科学规划就存在一些困难。针对这一问题，可以用数据挖掘中的分类树方法加以解决。

分类树的目标是连续地划分数据，使依赖变量的差别最大。分类树真正的目的是将数据分类到不同组或分支中，在依赖变量的值上建立最强划分。用分类树的方法解决这个问题时，通常需要以下4个方面的数据：中心点的位置、每个中心点的业务需求量、备选点的位置、中心点和备选点之间的距离。

通过分类树的方法，不仅确定了中心点的位置，同时也确定每年各个地址间物品的运输量，使整个企业必要的销售量得到保证，企业长期折现的总成本也会达到最小值。

(2) 配送问题。

配送问题包括配送计划的编制、配送路线的设计优化以及配送过程中的配载(混载)问题。在许多配送体系中，管理人员需要采取有效的配送策略以提高服务水平、降低货运费用，其中首要的难题是车辆的路径问题。车辆路径问题是为一些车辆确定一些客户的路径，每一客户只能被访问一次，且每条路径上的客户需求量之和不能超过车辆的承载能力。

要合理解决这个问题，需要物流设计人员考虑到车辆的利用能力，如果车辆在运输过程中的空载率过高或整车的运力不能有效使用，这些无疑会增加企业的运输成本。另外还涉及车辆的运输能力，这就必须考虑到货品的规格大小和利润价值的大小。

在采取有效的配送策略时这些因素都必须同时考虑，如果能够对顾客的需求和运输路径综合起来进行分类，对整个配送策略中车辆的合理选择分派会有较好的作用。

(3) 仓储问题。

现代物流管理在电子商务、供应链合作、全球化、及时反应的影响下，对仓库的要求越来越高：交易更频繁，处理和存储更多货品，提供更多客户自定义产品和服务以及提供更多的增值服务，等等。

仓库问题包括存储货物、中转运输、顾客服务 3 方面的内容。在这 3 方面的成本计算中，仓储成本无疑在企业总的成本核算中占很大一部分，如何合理安排货品的存储、压缩货品的存储成本，正成为现代物流管理者不断思考的问题。哪些货品放在一起可以提高拣货效率？哪些货品放在一起却达不到这样的效果？这时就可以采取数据挖掘中的关联模式分析来帮助解决这方面的问题。

(4) 关联模式分析。

关联模式分析的目的是挖掘隐藏在数据间的相互关系，即通过量化的数字，描述产品集 A 的出现对产品集 B 的出现有多大影响。关联分析就是给定一组 Item 和一个记录集合，通过分析记录集合，推导出 Item 间的相关性。

可以用 4 个属性来描述关联规则：①可信度，即在产品集 A 出现的前提下，产品集 B 出现的概率；②支持度，即产品集 A、B 同时出现的概率；③期望可信度，即产品集 B 出现的概率；④作用可信度，即对期望可信度的比值。目前大多数的关联分析都基于"支持度置信度"的框架，其目的是抽取形如"if A then B"的规则。上述规则的支持度用 S 表示，置信度用 C 表示。

通过上述关联分析可以得出一个关于同时购买商品的简单规则，以及每条规则的置信度和支持度。支持度高表示规则经常被使用，置信度高表示规则比较可靠。通过关联分析后可以得到关于产品集 A、B 的关联程度，从而决定这两种货品在货架上的配置。

沃尔玛公司就是一个成功应用数据挖掘技术的大公司。一个典型例子是客户的菜篮子分析，从客户购买的记录中得出客户会同时购买哪些产品。其中最著名的结论是一个生病的消费者的购买记录包括橙汁和咳嗽糖浆。如果一个消费者购买了咳嗽糖浆，他就有 30% 的可能会同时购买橙汁。这些结论可以用来决定货品在仓库中的位置，以促进交叉销售和某类交易模式。

目前，已有多项与计算机相关的技术在物流领域中得到广泛应用，这些技术包括电子数据交换、人工智能和专家系统、互联网技术和通信技术等。随着数据量的剧增，深化物流信息管理最有效的方法是在其中引进数据挖掘技术，以从数据中发现趋势和模式，并将新发现转变为经营上的成果，提高利润，降低成本。

8.2 大数据在物流中的应用

大数据让人们以一种新的数据处理模式对结构化、半结构化以及非结构化的海量数据进行分析，从而获得更强的决策力和洞察力。本节旨在帮助读者认识和了解大数据的基本概念和特征，大数据与传统数据在分析和处理方式上的区别，大数据的基本思想，以及大数据对物流发展趋势的影响。

8.2.1 大数据概述

1. 大数据的基本概念

进入 21 世纪,随着互联网和移动互联网技术的发展,人与人之间的联系更为密切,社会结构日益复杂,生产力水平得到极大的提升,人类创造性活力得到充分释放,与之相应的数据的规模和处理系统发生了巨大的改变,使社会进入了大数据时代。

目前,关于大数据还没有一个统一的定义。麦肯锡全球研究院在《大数据:下一个创新、竞争和生产力的前沿》报告中给大数据的一个描述是:"大数据是指无法在一定时间内用传统数据库软件工具对其内容进行抓取、管理和处理的数据集合。"维基百科中关于大数据的定义为:"大数据是指利用常用软件工具来获取、管理和处理数据所耗时间超过可容忍时间的数据集。"大数据科学家 John Rauser 提到一个简单的定义:"大数据就是任何超过了一台计算机处理能力的庞大的数据量。"

大数据的内涵有以下 3 个方面。
(1) 深度,是指单一领域数据汇聚的规模,可以理解为数据内容的维度。
(2) 广度,是指多领域数据汇聚的规模,侧重体现在数据的关联、交叉和融合等方面。
(3) 密度,是指时空维度上数据汇聚的规模,即数据积累的厚度以及数据产生的速度。

面对不断涌现的大数据应用,数据库乃至数据管理技术面临新的挑战。传统的数据库技术侧重考虑数据的深度问题,主要解决数据的组织、存储、查询、简单分析等问题。数据管理技术在一定程度上考虑了数据的广度和密度问题,主要解决数据的集成、流处理、图结构等问题。大数据管理则是综合考虑数据的广度、深度和密度等问题,主要解决数据的获取、抽取、集成、复杂分析和解释等技术难点。因此,与传统数据管理技术相比,大数据管理技术难度更高,处理数据的战线更长。

2. 大数据的基本特征

目前,人们一般认为大数据具有 4 个维度(简称"4V"):Volume(数据量)大、Variety(类型)繁多、Value(价值密度)低和 Velocity(速度)变化快。

(1) 数据量大。数据量大是大数据的基本属性,大数据的数据量从 TB 级别跃升到 PB(1P=1024T)级别。非结构化数据的超大规模增长占总数据量的 80%~90%,比结构化数据的增长速度快 10~50 倍,是传统数据仓库的 10~50 倍。

(2) 类型繁多。数据类型繁多,复杂多变是大数据的重要特性。随着互联网技术和通信技术的迅猛发展,在数据激增的同时,新的数据类型层出不穷。如今的数据类型早已不仅仅是单一的文本形式和便于存储、处理的结构化数据,非结构化、半结构化的异构数据(如 XML、HTML、图像、音频、视频、各类报表和地理位置信息等)也越来越多,这些异构数据对数据处理能力提出了更高的要求。

(3) 数据价值密度低。以一个 24 小时的监控视频为例,在连续不间断的监控过程中,有价值的数据可能时长仅为几分钟,大量的不相关信息降低了数据的价值密度,因此,必须对大量数据进行价值"提纯"才能获得数据的真正价值。

(4) 数据增加和变化的速度快。这是大数据技术和传统的数据挖掘技术的本质区别。随着各种传感器和互联网络等信息获取和传播技术的飞速发展、普及,数据呈爆炸式增长,需要数据处理的速度相应地提升,并要求对数据进行快速、持续的实时处理。大数据与传统数据的比较见表 8-1。

表 8-1　大数据与传统数据的比较

	大数据	传统数据
数据量	TB、PB 以上	GB、TB
多样性	结构化数据,半结构化数据,多维数据,音视频	结构化数据
价值	数据挖掘和预测性分析	统计和报表
速度	持续实时产生数据	数据量稳定,增长不快

3. 大数据的处理模式

无论是工业界还是学术界,都已经广泛使用高级集群编程模型来处理日益增长的数据,如 MapReduce。这些系统将分布式编程简化为自动提供位置感知调度、容错以及负载均衡,使得大量用户能够在商用集群上分析庞大的数据集。

大多数现有的集群计算系统都是基于非循环数据流模型,从稳定的物理存储(如分布式文件系统)中加载记录,一组确定性操作构成一个有向无环图(Directed Acyclic Graph, DAG),记录被传入这个 DAG,然后写回稳定存储。通过这个 DAG 数据流图,运行时自动完成调度工作及故障恢复。

尽管非循环数据流是一种很强大的抽象方法,但有些应用仍然无法使用这种方式描述,包括:①机器学习和图应用中常用的迭代算法(每一步对数据执行相似的函数);②交互式数据挖掘工具(用户反复查询一个数据子集)。此外,基于数据流的架构也不明确支持这种处理,所以需要将数据输出到磁盘,然后在每次查询时重新加载,从而带来较大的开销。

当前大数据分析处理系统的发展趋势主要有两个方向:一种是以 Hadoop 和 MapReduce 为代表的批处理系统,另一种是为各种特定应用开发的流处理系统,批处理是先存储后处理,而流处理则是直接处理。

(1) 批处理。

Google 公司于 2004 年提出的 MapReduce 编程模型是最具代表性的批处理模式。一个完整的 MapReduce 模型执行流程图如图 8.2 所示。

MapReduce 模型首先将用户的原始数据源进行分块,然后分别交给不同的 Map 任务去处理。Map 任务从输入中解析出键/值对集合,然后对这些集合执行用户自行定义的 Map 函数得到中间结果,并将该结果写入本地硬盘。Reduce 任务从硬盘上读取数据之后,会根据 key 值进行排序,将具有相同 key 值的数据组织在一起。最后用户自定义的 Reduce 函数作用于这些排好序的数据并输出最终结果。

从 MapReduce 模型的处理过程可以看出,MapReduce 模型的核心设计思想在于:①将问题分而治之;②把计算推至数据而不是把数据推至计算,有效避免数据传输过程中产生的大量通信开销。MapReduce 模型简单,且现实中很多问题都可用 MapReduce 模型来表示。因此该模型公开后立刻受到极大的关注,并在生物信息学、文本挖掘等领域得到广泛应用。

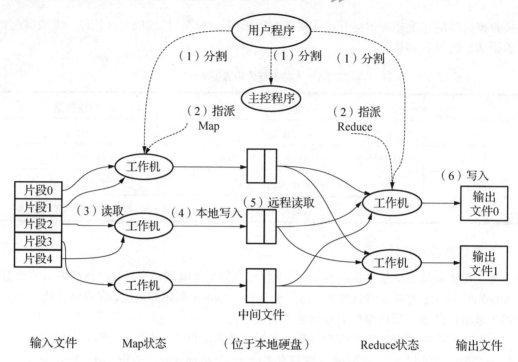

图 8.2　MapReduce 模型执行流程图

无论是批处理还是流处理,都是大数据处理的可行思路。大数据的应用类型很多,在实际的大数据处理中,常常并不是简单地只使用其中的某一种,而是将二者结合起来。互联网是大数据最重要的来源之一,很多互联网公司根据处理时间的要求将自己的业务划分为在线、近线和离线,比如著名的职业社交网站领英(LinkedIn)。这种划分方式是按处理所耗时间来划分的。其中在线的处理时间一般为秒级,甚至是毫秒级,因此通常采用上面所说的流处理;离线的处理时间可以以天为基本单位,基本采用批处理方式,这种方式可以最大限度地利用系统 I/O;近线的处理时间一般为分钟级或者小时级,对处理模型并没有特别的要求,可以根据需求灵活选择,但在实际中多采用批处理模式。

(2) 流处理。

流处理的基本理念是数据的价值会随着时间的流逝而不断减少,因此尽可能快地对最新的数据作出分析并给出结果是所有流数据处理模式的共同目标。需要采用流数据处理的大数据应用场景主要有网页点击数的实时统计、传感器网络和金融中的高频交易等。

流处理的处理模式将数据视为流,源源不断的数据组成了数据流。当新的数据到来时就立刻处理并返回所需数据流的结果。

数据的实时处理是一个极具挑战性的工作,数据流本身具有持续到达、速度快且规模巨大等特点。为了确保分布式数据流的实时处理,需要对数据流的传输和模型进行说明。①数据流传输。为保证实时、完整且稳定地将数据流传输到处理系统,一般可通过消息队列和网络 Socket 传输等方法完成,以保证将数据发送至每个物理节点,为数据处理提供保障。利用消息队列的方式进行数据采集和传输是较为常用的一种方法,常见的消息队列产品有 Facebook 的 Scribe、Apache 的 Kafka 和 Cloudera 的 Flume 等。②数据流模型。在查询处理过程中，由于数据流的来源不同，需要针对不同的数据源制定不同的数据样式。一般来讲，通用的数据流管理系统支持关系型数据模型，数据定义语言是基于关系型的原子类型，便于以属性和元组的形式划分和发送数据；针对特殊领域的数据流管理系统，可根据领域数据的特点设计基于对象类型的复合数据类型。

【8-3 拓展知识】

4. 大数据的应用

大数据的应用现状是互联网领先，搜索引擎是最早的互联网大数据应用，如Google、百度等；定向广告是互联网大数据应用最主要的商业模式，如亚马逊、Facebook、腾讯等。大数据在互联网行业应用的基本特点有：①以定向广告和个性化推荐为主；②简单的大数据应用已在互联网领域广泛开展，且大部分企业具备了自行实施应用的技术能力；③掌握大量用户行为数据的互联网巨头可以较好地提供社会化服务。

大数据在其他传统行业的应用仍然处在探索阶段，如在医疗行业，美国DNAnexus为医疗机构和用户提供了基因数据的管理、分析和可视化能力；在能源行业，能源机构Vestas综合考虑温度、降水、风速、湿度和气压等因素，确定涡轮机的最佳安置地；在零售业，沃尔玛零售数据商业智能分析系统，可以了解到全球四千多家门店每天的销售情况并辅助制定相应的销售策略；在制造业，日本的小松公司根据挖掘机工作情况进行大数据分析，从而判断下一年度的市场需求；在电信行业，西班牙电信基于大数据的"智慧足迹"产品可提供基于位置的大数据分析；在金融行业，美国的证券交易所对海量信息进行交叉分析，推出七十余项新的增值服务。大数据的行业应用还包括农业、气象等领域。其中，热点应用领域有：社会化媒体、电子支付、内容提供、视频点播、视频监控、视频渲染、医学成像、生命科学、基因测序、移动传感器、智能电网、地球物理勘探、航空航天、高性能计算等。大数据在传统行业应用的基本特点有：①数据源主要来自企业内部、类型较少、实时要求较低；②企业逐渐重视大数据，但当前应用相对简单，处于探索阶段；③掌握大数据技术的企业较少，主要由信息和通信技术(Information and Communication Technology，ICT)企业提供技术支持。

目前，互联网与传统产业不断整合，将催生出新的大数据创新应用机会：①如金融与互联网整合的大数据应用——阿里小贷，基于对用户交易行为的大数据分析，为阿里巴巴面向中小企业实施信用贷款提供支持；②交通与互联网的融合——德国电信利用大数据技术实施德国政府的无拥堵交通研究项目。

然而，融合创新的大数据应用案例目前比较少，应用处于起步阶段。不过，融合发展能够将互联网的在线、数据快速积累和获取等优势带至传统行业，为实体经济的发展带来新的突破，将是未来大数据发展的重要方向。

8.2.2 大数据技术的基本思想

大数据是继云计算之后抢占市场制高点的又一前沿技术，它既是社会经济高度发展的结果，也是信息技术发展的必然。大数据开启了一次重大的时代转型，正在改变生活及理解世界的方式，它是一场生活、工作与思维的大变革。大数据的出现，使得通过数据分析可以预测事物发展的未来趋势，探索得知事物发展的规律。大数据将逐渐成为现代社会基础设施不可或缺的一部分，在社会、经济等各个领域发挥越来越重要的作用。大数据时代，数据成为越来越有用的资源，大数据技术的基本思想主要体现在以下 3 个方面。

1. 由分析随机样本转变为分析全体数据

以前，由于记录、储存和分析数据的工具不够发达完善，只能收集少量数据进行分析，信息处理能力受到一定的限制，只能随机抽样进行分析，抽样的目的就是用最少的数据获得最多的信息。

苹果公司的前总裁乔布斯在与癌症斗争的过程中采用了不同的方式，成为世界上第一个对自身所有 DNA 和肿瘤 DNA 进行排序的人。他得到的不是一个只有一系列标记的样本，而是包括整个基因密码的数据文档。乔布斯的医生们能够基于乔布斯的特定基因组成，按所需效果用药。如果癌症病变导致药物失效，医生可以及时更换另一种药。乔布斯曾说我要么是第一个通过这种方式战胜癌症的人，要么是最后一个因为这种方式死于癌症的人。虽然他的愿望都没有实现，但是这种获得所有数据而不仅是样本的方法还是将他的生命延长了好几年。

此外，Google 公司流感趋势预测也不是依赖于对随机样本的分析，而是分析了整个美国几十亿条互联网检索记录。分析整个数据库，而不是对一个样本进行分析，能够提高微观层面分析的准确性，甚至能够推测出某个特定城市的流感状况，而不只是一个州或是整个国家的情况。因此在大数据时代，需要放弃样本分析这种方法，选择收集全面而完整的数据；需要足够的数据处理和存储能力，也需要最先进的分析技术。

在大数据时代，随着数据分析技术的不断提高，可处理的数据量大大增加，对事物理解的角度将比以前更大、更全面，分析更多甚至所有的数据，不再依赖于随机抽样。大数据技术是指不采用随机样本分析方法而采用对所有数据进行分析的方法。在大数据时代由分析随机样本转变为分析全体数据。

2. 由追求数据精确性转变为更加重视数据混杂性

【8-4 拓展知识】

对"小数据"而言，最基本、最重要的要求就是减少错误、保证质量。因为收集的信息量比较少，所以必须保证记录下来的数据尽量准确。而在大数据时代，只有 5%的是结构化数据且能适用于传统数据库的，如果不关注混杂的数据，95%的非结构化数据都无法被利用，分析得到的结果也就不会精确。数据量较少的数据分析，更多的是精确的样本、深度的数据挖掘，"精确"就是其代名词。不符合规格的样本被过滤掉，然后深度挖掘数据字段间的关系，得出几个精确的结果。而大数据更多的是通过对各种数据分析得出某种趋势，这种趋势不必过于精确。

例如，2006 年 Google 公司开始涉足机器翻译项目，这被当作实现目标"收集全世界的数据资源，并让人人都可享受这些资源"的一个步骤。谷歌翻译开始利用一个更大更繁杂的数据库，也就是全球的互联网，而不再只利用两种语言之间的文本翻译。谷歌翻译系统为了训练计算机，会吸收它能找到的所有翻译。它会从各种语言的公司网站上寻找对应的翻译文档，还会去寻找联合国和欧盟这些国际组织发布的官方文件和报告的译本。它甚至会吸收速读项目中的书籍翻译。因此较其他翻译系统而言，谷歌翻译的准确性相对而言是比较好的。

3. 由注重因果关系转变为注重相关关系

在数据量较小的时代，因果关系对事物的发展起着很关键的作用，但在大数据背景下，相关关系发挥的作用更大。通过应用相关关系，使得对事物的分析更容易、更快捷、更清楚。通过寻找相关关系，可以更好地捕捉现在的状态和预测未来的发展状况。如果 A 和 B 经常一起发生，只需要注意到 B 发生了，就可以预测 A 也发生了。这有助于捕捉可能和 A 一起发生的事情，即使不能直接测量或观察到 A。更重要的是，它还可以帮助人们预测未来能发生什么。

沃尔玛公司是世界上最大的零售商之一。在 20 世纪 90 年代，零售链通过把每一个产品记录为数据而彻底改变了零售行业。沃尔玛公司通过对历史交易记录这个庞大的数据库进行观察，深入分析每一个顾客的购物清单、消费额、购物篮中的物品、具体的购买时间甚至购买当日的天气，发现了其中有趣的相关关系。沃尔玛公司注意到，每当在季节性飓风来临之前，不仅手电筒销售量增加了，而且蛋挞的销量也增加了。因此当季节性飓风来临时，沃尔玛会把蛋挞放在靠近手电筒等用品的位置，以方便行色匆匆的顾客购买，从而增加销量。

大数据时代相关关系已被证明大有用途，建立在相关关系分析法基础上的预测是大数据的核心，大数据相关关系分析法更准确、更快，而且不易受偏见的影响。大数据时代探求的是事物本身而不是事物背后的原因，相关关系使事物更加清晰地呈现。

8.2.3 大数据时代对物流企业的影响

大数据可以发挥重要的经济作用，不但有利于私人商业活动，也有利于国民经济发展。数据可以为世界经济创造重要价值，提高企业和公共部门的生产率和竞争力，并为消费者创造大量的经济剩余。如今，大数据的价值性已经得到世界各行业所认识，正在积极投入探索大数据的应用技术，在不远的将来，会给我们带来不可估量的财富。物流行业是个产生海量数据的行业，大数据应用将推动物流业向智慧物流这一更高层次快速发展。大数据时代的到来将给物流业带来极其深远的影响。能否抓住大数据所带来的机遇，将成为物流企业提升核心竞争力的关键。本节主要阐述大数据给物流企业内外环境带来的影响，使我们更充分认识到大数据的作用，提高物流企业的快速反应能力，更好地满足客户对物流服务要求，提升物流企业竞争力。

1. 大数据技术可以帮助物流企业适应外部环境的变化

物流企业外部环境包括物流企业外部的政治环境、社会环境、技术环境、经济环境等，这些环境始终处于不断的变化中，物流企业要想保持强有力的竞争力，就必须及时地调整自身的发展目标以及发展策略，将企业的经营理念和目标与外部环境相适应。要想做到这一点，必须在瞬息万变的环境中获取科学、可靠的决策依据(数据)。大数据技术可以帮我们解决这个问题，海量的环境数据通过先进的大数据处理技术处理后，可以更快、更及时、更准确和更科学地为物流企业提供有价值的外部环境综合数据信息；使企业管理者能了解外部环境，及时应对各种环境变化，作出客观的评估，准确地判断这些变化给企业带来的机遇和危险，研判外部环境的变化规律，从而对企业未来的发展方向和发展战略进行科学的决策。这样企业就把握住了环境的现状及其变化趋势，利用有利于企业发展的一切机会，避开外部环境中存在的危险因素，使企业能持续生存和发展，提高企业的竞争力，在激烈的市场竞争中立于不败之地。

2. 大数据的应用将改变物流业内部环境

随着大数据成为越来越有价值的资产，有效运用大数据成为企业竞争的关键，企业管理者有必要将大数据纳入企业计划，因此，大数据会影响到物流企业的内部环境，给内部环境带来相应的变化。

大数据给物流企业带来机遇，同时也带来了挑战，科学合理地运用大数据技术，将对物流企业的管理与决策、资源配置等方面起到促进作用。

第一，大数据的应用可提高物流企业的透明度和服务质量，大数据时代物流企业的信息交流将更开放，可实现更高程度的信息共享，势必使物流企业的工作更加透明，直接或间接促进物流服务质量的提高。透明公开地发布物流质量和绩效数据，可以帮助客户作出更明智的决策，也可以帮助物流服务提供方提高服务质量，使企业更好地发展。第二，大数据的应用可提高物流企业的战略管理水平，大数据基础的决策，有助于避免主观偏见和思维定式的消极影响，提升企业的战略洞察力，把握行业发展的新趋势，抓住战略性投资机会。物流企业竞争力的高低，越来越取决于供应链的整体效能，在这种情况下，物流企业还可以在确保顾客隐私和商业机密的前提下，通过与供应链上各合作伙伴的数据共享、交换或者交易，动态检测行业趋势、聚焦优先目标、优化服务组合、避免无端浪费、探索全新的业务模式等。

3. 大数据的应用可以优化物流企业市场策略

物流行业网络平台和社区，可产生大量有价值的数据，通过这些数据汇总物流行业客户的消费记录，对其进行高级分析，将提高物流需求方和物流服务提供方的决策能力。平台的用户数据都是实时更新的，用户行为的预测反映了实际用户需要，根据对这些行为预测来制定的市场策略，能更符合市场规律。物流行业可快速地采集并分析加工大数据，提供准确和及时的物流信息咨询，大幅提升公司的知名度和开拓市场的空间，提高客户的忠诚度。

4. 大数据的应用可提高物流企业的运作管理

大数据的应用可以提升企业业务营运的可视化程度，推动知识和信息在组织内部的共享，可精准地掌控企业各项资源的运行情况，如人员作业状况、设备运作状况、车辆的位置、时间、速度、性能等，有利于企业高效调度各项资源，提升工作效率。以快递企业为例，大数据的应用可以为企业满足个性化订单、开展定制化服务、实施弹性配送等提供技术支持。适时调配物流资源，实现业务营运的主动性、前置性，提升物流运作效率和顾客满意度。

5. 大数据的应用可提高物流企业市场营销的有效性

大数据应用技术有助于物流企业获得有关顾客偏好、情绪、消费体验等真实信息，有利于对目标市场进行精确细分和高效筛选。大数据所承载的有关资源、成本、服务、定价等即时性关键信息，有助于物流企业动态监测市场变化，可以针对高价值的客户实施精准营销、广告的精准投放，对广告或者促销效果的精准测定。大数据应用技术还有利于物流企业摆脱繁杂的中间环节、传统的营销的依赖，极大地降低营销成本，大大提高市场营销的有效性。

6. 大数据时代数据将为物流企业创造价值和收益

企业应管好自己的私有数据，编制详细目录，把所有能获取的数据(包括公开可获取的数据和可以购买的数据)进行系统的分类管理。企业可以通过购买或者激励方案获取第三方的数据资源，并与自有的数据进行整合。从这些海量数据中发现新知识、新价值，推动业务模式的创新，物流企业也可在条件成熟时通过数据交易、数据应用辅导等业务获取经济利益、提升竞争优势。

8.3 人工智能在物流中的应用

近年来，人工智能在快速地发展，所以社会各个行业都在快速地融合人工智能技术，物流行业作为工业生产的支柱服务业和社会生活的新兴服务业，将会成为人工智能最早和最大的受益者。物流装备和物流管理的智能化，将随着人工智能技术的大量应用而得以实现。

8.3.1 人工智能概述

人工智能(Artificial Intelligence，AI)技术自 20 世纪 50 年代被提出以来，人类一直致力于让计算机技术朝着越来越智能的方向发展。这是一门涉及计算机、控制论、语言学、神经学、心理学及哲学的综合性交叉学科。同时，人工智能也是一门有强大生命力的学科，它试图改变人类的思维和生活习惯，延伸和解放人类智能，也必将带领人类走向科技发展的新纪元。

【8-5 名人简介】

1. 人工智能概念的出现

自人类诞生以来，就力求根据当时的认识水平和技术条件，企图用机器来代替人的部分脑力劳动，以提高人类智能的能力。经过科技漫长的发展，进入 20 世纪后，人工智能才相继地出现了一些开创性的工作。1936 年，年仅 24 岁的英国数学家艾伦·麦席森·图灵(A. M. Turing)在他的一篇名为《理想计算机》的论文中提出了著名的图灵机模型，1950 年他又在《计算机能思维吗？》中提出了机器能够思维的论述，可以说正是他的大胆设想和研究为人工智能技术的发展方向和模式奠定了深厚的思想基础。

【8-6 名人简介】

1956 年，在美国 Dartmouth 大学一次历史性的聚会被认为是人工智能科学正式诞生的标志，从此在美国开始了以人工智能为研究目标的几个研究组。其中最著名的当数被称为"人工智能之父"的约翰·麦卡锡(John McCartney)，人工智能的概念正是由他和几位来自不同学科的专家提出来的，这门技术当时涉及数学、计算机、神经生理学、心理学等多门学科。至此，人工智能技术开始作为一门新兴学科开始茁壮成长。

作为现在最前沿的交叉学科，人们对于人工智能的定义有着不同的理解。例如，美国斯坦福研究所人工智能中心主任尼尔逊对人工智能下了这样一个定义："人工智能是关于知识的学科，即怎样表示知识以及怎样获得知识并使用知识的科学。"而美国麻省理工学院的温斯顿教授认为:"人工智能就是研究如何使计算机去做过去只有人才能做的智能工作。"

我国《人工智能标准化白皮书(2018年)》中也给出了人工智能的定义:"人工智能是利用数字计算机或者由数字计算机控制的机器,模拟、延伸和扩展人类的智能,感知环境、获取知识并使用知识获得最佳结果的理论、方法、技术和应用系统。"

以上这些说法都反映了人工智能学科的基本思想和基本内容,即人工智能是研究人类智能活动的规律,构造具有一定智能的人工系统,研究如何让计算机去完成以往需要人的智力才能胜任的工作,也就是研究如何应用计算机的软硬件来模拟人类某些智能行为的基本理论、方法和技术。

2. 人工智能的主要研究内容

人工智能研究的主要内容包括知识表示、自动推理和搜索方法、机器学习、知识获取、知识处理系统、自然语言处理、计算机视觉、智能机器人、自动程序设计等。

(1) 知识表示是人工智能的基本问题之一,推理和搜索都与表示方法密切相关。常用的知识表示方法有:逻辑表示法、产生式表示法、语义网络表示法和框架表示法等。常识,自然为人们所关注。有关常识的表达和处理已提出多种方法,如非单调推理、定性推理就是从不同角度来表达常识和处理常识的。

(2) 问题求解中的自动推理是知识的使用过程,由于有多种知识表示方法,相应地有多种推理方法。推理过程一般分为演绎推理和非演绎推理。谓词逻辑是演绎推理的基础。结构化表示下的继承性推理是非演绎性的。由于知识处理的需要,近几年提出了多种非演绎的推理方法,如连接机制推理、类比推理、基于实例的推理、反绎推理和受限推理等。

搜索方法是人工智能的一种问题求解方法,搜索策略决定着问题求解的一个推理步骤中知识被使用的优先关系。搜索可分为无信息导引的盲目搜索和利用经验知识导引的启发式搜索。启发式知识常由启发式函数来表示,启发式知识利用得越充分,求解问题的搜索空间就越小。典型的启发式搜索方法有 A*、AO*算法等。近几年搜索方法研究开始注意那些具有百万节点的超大规模的搜索问题。

(3) 机器学习是人工智能的另一重要课题。机器学习是指在一定的知识表示意义下获取新知识的过程,按照学习机制的不同,主要有归纳学习、分析学习、连接机制学习和遗传学习等。机器学习是一门多领域交叉学科,涉及概率论、统计学、逼近论、凸分析、算法复杂度理论等多门学科。它专门研究计算机怎样模拟或实现人类的学习行为,以获取新的知识或技能,重新组织已有的知识结构使之不断改善自身的性能。

(4) 知识获取是指在人工智能和知识工程系统中,机器(计算机或智能机)如何获取知识的问题。

狭义知识获取指人们通过系统设计、程序编制和人机交互,使机器获取知识。例如,知识工程师利用知识表示技术,建立知识库,使专家系统获取知识。也就是通过人工移植的方法,将人们的知识存储到机器中去。

广义知识获取是指除了人工知识获取之外,机器还可以自动或半自动地获取知识。例如,在系统调试和运行过程中,通过机器学习进行知识积累,或者通过机器感知直接从外部环境获取知识,对知识库进行增删、修改、扩充和更新。

(5) 知识处理系统主要由知识库和推理机组成。知识库存储系统所需要的知识,当知识量较大而又有多种表示方法时,知识的合理组织与管理是重要的。推理机在问题求解时,规定使用知识的基本方法和策略,推理过程中为记录结果或通信需设数据库或采用黑板机制。如果在知识库中存储的是某一领域(如医疗诊断)的专家知识,则这样的知识系统称为专家系统。为适应复杂问题的求解需要,单一的专家系统向多主体的分布式人工智能系统发展,这是知识共享、主体间的协作、矛盾的出现和处理将是研究的关键问题。

(6) 自然语言处理是使用自然语言同计算机进行通信的技术,因为处理自然语言的关键是要让计算机"理解"自然语言,所以自然语言处理又叫作自然语言理解,也称计算语言学。一方面它是语言信息处理的一个分支,另一方面它是人工智能的核心课题之一。

(7) 计算机视觉是一门研究如何使机器"看"的科学,更进一步地说,就是指用摄影机和电脑代替人眼对目标进行识别、跟踪和测量等机器视觉,并进一步做图形处理,使计算机处理成为更适合人眼观察或传送给仪器检测的图像。作为一个科学学科,计算机视觉研究相关的理论和技术,试图建立能够从图像或者多维数据中获取"信息"的人工智能系统。这里所指的信息是 Shannon 定义的,可以用来帮助做一个"决定"的信息。因为感知可以看作从感官信号中提取信息,所以计算机视觉也可以看作是研究如何使人工系统从图像或多维数据中"感知"的科学。

(8) 智能机器人之所以"智能",是因为它有相当发达的"大脑"。在"大脑"中起作用的是中央处理器,这种机器人跟操作它的人有直接的联系。最主要的是,智能机器人可以执行按目的安排的动作。

(9) 自动程序设计是采用自动化手段进行程序设计的技术和过程,后引申为采用自动化手段进行软件开发的技术和过程,也称软件自动化。其目的是提高软件生产率和软件产品质量。从广义角度理解,自动程序设计是尽可能借助计算机系统(特别是自动程序设计系统)进行软件开发的过程。从狭义角度理解,自动程序设计是从形式的软件功能规格说明到可执行的程序代码这一过程的自动化。自动程序设计在软件工程、流水线控制等领域均有广泛的应用。

8.3.2 人工智能的发展历程

人工智能的发展主要经历了以下 6 个阶段。

(1) 1956 年至 20 世纪 60 年代初,人工智能的兴起和冷落。人工智能概念在 1956 年首次提出后,相继出现了一批显著的成果,如机器定理证明、跳棋程序、通用问题、求解程序、LISP 表处理语言等。但是由于消解法推理能力有限以及机器翻译等的失败,使人工智能走入了低谷。这一阶段的特点是重视问题求解的方法,而忽视了知识的重要性。

(2) 20 世纪 60 年代中到 70 年代初,专家系统的出现使人工智能的研究出现新高潮。DENDRAL 化学质谱分析系统、MYCIN 疾病诊断和治疗系统、PROSPECTIOR 探矿系统、Hearsay-Ⅱ语音理解系统等专家系统的研究和开发,将人工智能引入了实用化。1969 年召开了国际人工智能联合会议(International Joint Conference on Artificial Intelligence,IJCAI),是人工智能发展史上一个重要的里程碑,它标志着人工智能这门新兴学科得到了世界的肯定和认可。

(3) 20世纪70年代中至80年代中，随着第五代计算机的研制，人工智能得到了飞速发展。日本在1982年开始了"第五代计算机研制计划"，即"知识信息处理计算机系统KIPS"，其目的是使逻辑推理达到数值运算那么快。虽然此计划最终失败，但它的开展形成了一股研究人工智能的热潮。

(4) 20世纪80年代末至90年代中，神经网络飞速发展。1987年，美国召开第一次神经网络国际会议，宣告了这一新学科的诞生。此后，各国在神经网络方面的投资逐渐增加，神经网络迅速发展起来。

(5) 20世纪90年代末至2010年，人工智能出现新的研究高潮。由于网络技术特别是国际互联网技术的发展，人工智能开始由单个智能主体研究转向基于网络环境下的分布式人工智能研究。不仅研究基于同一目标的分布式问题求解，而且研究多个智能主体的多目标问题求解，使人工智能实用性增强。另外，Hopfield多层神经网络模型的提出，使人工神经网络研究与应用呈现了欣欣向荣的景象。

(6) 2011年至今，人工智能这个话题变得越来越热门，尤其是2016年3月，阿尔法围棋(AlphaGo)与围棋世界冠军、职业九段选手李世石进行人机大战，并以4：1的总比分获胜，人工智能这个话题在人们之间也越来越普遍地被谈论。

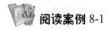
阅读案例8-1

人工智能发展史上的8个历史性事件

在人工智能的发展历程中，经历了以下8个历史性事件。

(1) 1943年，Warren S. McCulloch和Walter Pitts两位科学家提出了"神经网络"的概念，正式开启了AI的大门。虽然在当时仅是一个数学理论，但是这个理论让人们了解到计算机可以如人类大脑一样进行"深度学习"，描述了如何让人造神经元网络实现逻辑功能。

(2) 1955年8月31日，John McCarthy、Marvin Minsky、Nathaniel Rochester和Claude Shannon 4位科学家联名提交了一份《人工智能研究》的提案，首次提出了人工智能(AI)的概念，其中的John McCarthy被后人尊称为"人工智能之父"。

(3) 1969年，人类首次提出了反向传播算法(Back Propagation)，这是20世纪80年代的主流算法，同时也是机器学习历史上最重要的算法之一，奠定了人工智能的基础。这种算法的独特之处在于映射、非线性化，具有很强的函数发现能力，可以更好地训练人工智能的学习能力。

(4) 20世纪60年代，麻省理工学院的研究人员发明了一个名为ELIZA的计算机心理治疗师，可以帮助用户和机器对话，缓解压力和抑郁，这是语音助手的雏形。语音助手可以识别用户的语言，并进行简单的系统操作，比如苹果的Siri，语音助手赋予了人工智能"说话"和"交流"的能力。

(5) 1993年，作家兼计算机科学家Vernor Vinge发表了一篇文章，首次提到了人工智能的"奇点理论"。他认为未来某一天人工智能会超越人类，并且终结人类社会，主宰人类世界，被其称为"即将到来的技术奇点"。Vernor Vinge是最早的人工智能威胁论提出者，后来者还有霍金和特斯拉的CEO马斯克。

(6) 1997年，IBM的超级计算机"深蓝"战胜了当时的国际象棋冠军Garry Kasparov，引起了世界的轰动。虽然它还不能证明人工智能可以像人一样思考，但它证明了人工智能在推算及信息处理上要比人类更快。这是AI发展史上，人工智能首次战胜人类。

(7) 2012年6月，谷歌研究人员Jeff Dean和吴恩达从YouTube视频中提取了1000万个未标记的图像，训练一个由16000个计算机处理器组成的庞大神经网络。在没有给出任何识别信息的情况下，人工智能通过深度学习算法准确地从中识别出了猫科动物的照片。这是人工智能深度学习的首个案例，它意味着人工智能开始有了一定程度的"思考"能力。

(8) 2016 年，阿尔法围棋(AlphaGo)与围棋世界冠军、职业九段选手李世石进行人机大战，并以 4∶1 的总比分获胜。不少职业围棋选手认为，AlphaGo 的棋力已经达到甚至超过围棋职业九段水平。AlphaGo 是一款围棋人工智能程序，由谷歌公司旗下 DeepMind 公司的研究团队开发，其主要工作原理是"深度学习"，开启了人工智能的新纪元。

(资料来源：https://baijiahao.baidu.com/s?id=16717036676166867398&wfr=spider&for=pc.[2023-06-22].)

8.3.3 人工智能的应用领域

1. 问题求解

问题求解即解决管理活动中由于意外引起的非预期效应与预期效应之间的偏差。能够求解难题的下棋程序，是人工智能发展的成就之一。下棋程序应用的推理技术，如向前看几步，把困难的问题分解成一些较容易的子问题，逐渐发展成为搜索和问题归约这类人工智能的基本技术。搜索策略可分为无信息导引的盲目搜索和利用经验知识导引的启发式搜索，它决定了问题求解的推理步骤中，使用知识的优先关系。

另外，问题求解的程序，把各种数学公式符号汇编在一起，其程序的性能已达到非常高的水平，并被许多科学家和工程师所应用，甚至有些程序的性能还能够用经验来改善。例如，1993 年美国发布的一个名为 Macsyma 的软件，能够进行较复杂的数学公式符号运算。

2. 专家系统

专家系统是目前人工智能中最活跃、最有成效的一个研究领域，它是一种具有特定领域内大量知识与经验的程序系统，从一般思维方法的探讨转为运用专门知识求解专门问题。专家系统可看作一类具有专门知识的计算机智能程序系统，它运用特定领域专家提供的专门知识和经验，采用人工智能中的推理技术来求解和模拟通常由专家才能解决的复杂问题。它是一种启发式方法，经常需要在不完全、不精确或不确定的信息基础上得出结论，这点与传统计算机程序不同。

近年来，专家系统已出现有效应用人工智能技术的趋势，比如，用户与专家系统进行"咨询对话"，对话中，用户向专家系统询问以期得到有关解答，专家系统解释问题并建议进行某些实验，这如同用户与专家面对面对话。另外，当前的实验系统，如化学和地质数据分析、计算机系统结构、建筑工程以及医疗诊断等咨询任务方面，专家系统已达到很高的水平。

发展专家系统的关键在于表达和运用专家知识，即来自人类专家的且已被证明能够解决某领域典型问题的有用的事实和过程。不同领域与不同类型的专家系统，其体系结构和功能也有一定的差异，但它们的组成基本一致。专家系统基本结构主要由数据库、知识库、推理机、解释机制、知识获取和用户界面六部分组成，如图 8.3 所示。

3. 机器学习

机器学习(Machine Learning)是研究如何使用计算机模拟或实现人类的学习活动。学习是一个有特定目的的知识获取过程，它的内部主要表现为新知识结构的不断建立和修改，外部表现为性能的改善。学习是人类智能的重要特征，而机器学习也是使计算机具有智能的根本途径，如尚克所说："一台计算机若不会学习，就不能称为具有智能的。"除此之外，机器学习还有助于发现人类学习的机理并揭示人脑的奥秘。

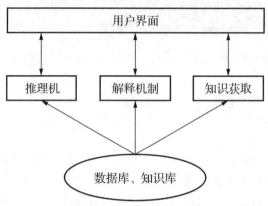

图 8.3　专家系统基本结构

从本质上讲，机器学习过程是学习系统把专家提供的信息转换成能被系统理解并应用的过程。按照系统对专家的依赖程度，学习方法分为机械式学习(Rote Learning)、讲授式学习(Learning from Instruction)、类比学习(Learning by Analogy)、归纳学习(Learning from Induction)、观察发现式学习(Learning by Observation and Discovery)等。

此外，近年来，研究人员又发展了基于解释、事例、概念、神经网络的学习和遗传学习等学习方法。

4. 人工神经网络

人工神经网络(artificial neural network，ANN)是一种由大量节点(或称神经元)相互连接构成的运算模型，是对人脑或自然神经网络一些基本特性的抽象和模拟，其目的是模拟人脑的某些机理与机制，从而实现某些方面的功能。通俗地讲，人工神经网络是仿真研究生物神经网络的结果。详细地说，人工神经网络是为获得某个特定问题的解，根据所掌握的生物神经网络机理，按照控制工程的思路及数学描述方法，建立相应的数学模型并采用适当的算法，有针对性地确定数学模型参数的技术。

人工神经网络的信息处理是由神经元之间的相互作用实现的，知识与信息的存储主要表现为网络元件互联间分布式的物理联系。神经网络具有很强的自学习能力，它可以不依赖于"专家"的大脑，自动从已有的实验数据中总结规律。由此，人工神经网络擅长处理复杂多维的非线性问题，它不但可以解决定性问题，也可以解决定量问题，同时还具有大规模并行处理和分布的信息存储能力，具有良好的自适应、自组织性以及很强的学习、联想、容错能力和较好的可靠性。

5. 模式识别

模式识别是指用计算机代替或帮助人类感知模式，主要研究对象是计算机模式识别系统，也就是让计算机系统能够模拟人类通过感知器官对外界产生各种感知能力。

较早的模式识别集中在对文字和二维图像的识别。自 20 世纪 60 年代中期，机器视觉方面开始转向解释和描述复杂的三维景物。Robest 于 1965 年发表的论文指明了借助计算机分析由棱柱体组成的景物的方向，迈出了计算机将三维图像解释成三维景物单眼视图的第一步，即所谓的积木世界。接着，机器识别由积木世界进入识别更复杂景物和在复杂环境中寻找目标以及室外景物分析等方面的研究。目前，研究的热点是活动目标的识别和分析，它是景物分析走向实用化的一个标志。语音识别技术始于 20 世纪 50 年代初期，到 20 世纪 70 年代，各种语音识别装置相继出现，目标性能良好的能识别单词的声音识别系统已进入实用阶段。

作为一门新兴学科，模式识别在不断发展，其理论基础和研究范围也在不断发展。随着其应用范围的逐渐扩大及计算机科学的发展，模式识别技术将在今后得到更大的发展，并且量子计算技术也将用于模式识别的研究。

6. 人工智能与大数据

人工智能方法包括人工神经网络、机器学习、知识表现、智能搜索、模糊逻辑等。要使这些方法具有优异的表现并非易事，需要足够多的数据样本和强大的计算机能力做支撑，这在人工智能出现的早期难以实现，而大数据时代的到来或许能给人工智能的发展提供新助力。

人工智能多年的研究成果可以促进大数据的发展。比如，自然语言语义分析、信息提取、知识表现、自动化推理、机器学习等，这些技术正在逐步应用于大数据技术的前沿领域，挖掘大数据蕴含的规律和价值，从而为人类决策提供支撑。除了常见的购物、视频推荐和社交图谱等，近年来火热的 Google Glass、无人机技术也都是人工智能在大数据领域的成功应用。

8.3.4 物流中的人工智能

在大数据环境下，人工智能技术在供应链物流中得到运用，为物流管理增加了智能识别与自动规划等功能，加快了物流行业的转型升级。人工智能技术在供应链物流各个环节中主要作用于物流仓储地址选择、物资管理、仓储作业、物流运输、物流数据追溯等层面。

【8-7 拓展视频】

1. 物流仓储地址选择

供应链物流仓储地址的选择，以往都是在地图或者地理数据上采用 GIS 软件确定，这种选址方法可能会受到自然环境、运输经济性等因素的影响，无法保证选址的合理性。当供应链物流与人工智能技术充分结合之后，按照生产商、供应商所在地理位置、实际运营成本、仓库建设情况等诸多元素，采取大数据展开综合分析，不仅能够避免主观因素对选址带来的影响，还能够按照长远性战略规划优化最终选址结果。立足于客观角度，提高物流仓储地址选择的准确性与合理性，减少物流仓储成本，提高供应链物流效率。

2. 物资管理

在物资管理方面，以往更多是采用纸本管理、人工管理的方式，要求管理人员必须保证电子档案管理的熟练度，但很难同时做到物资库存量、种类、所在位置、储存时间等所有数据的动态化管理。这种传统库存管理模式向人工智能管理模式转型期间，应用大数据、物联网、信息技术等,快速获取仓储数据信息,而且所有信息在网络作用下实时上传与分享,减少库存量与仓储成本,保证物资管理更为高效且安全。

3. 仓储作业

在实现智能仓储之后,货物储存管理逐渐具备了集装化、自动化特点。货物储运集装化应用人工智能技术,所有货物可利用托盘实现点到点运输。在运输过程中减少了中间流程,也使物资周转率得到提升。仓储自动化与智能化方面创建智能化仓库,运作流程均改用自动化机械设备,实现货物自动分拣、智能拆码垛以及智能安全巡检,降低对人工劳动力的需求,也能够保证作业安全。应用智能算法,仓库中所有自动化设备能够协调配合,按照实际情况展开作业,有效提升了仓储作业效率。

4. 物流运输

在实现智能化配送与运输之后,运输线路、设备具备人工智能化的特征,其中运输线路应用人工智能技术,主要是采取路径优化算法与调度算法,根据数据中心提供的信息优化最佳运输路径,加强运输路线合理性。创建实时数据库,通过智能数据分析平台可优化最佳运输路线,提高运作效率。一旦运输途中出现问题,也可以自动分析提出解决方案。采用配送设备,一般以智能物流无人配送车以及无人配送设备为主。例如,智能配送设备具有自动接收订单的功能,按照订单内容自动化配货,按照规划路线进行配送。这主要是凭借人工智能技术的感知系统,实现运输配送全过程自动化、智能化。

5. 物流数据追溯

应用物联网技术可实现供应链物流智能追溯,从生产环节开始直到售后的全部流程均能够实现有机结合,保证信息流、商流得到统一,而且构建完整信息链,了解运输物品来源、最终配送方向以及运输环节责任人等。所有完整信息链可构成信息网,从中获取供应链物流所需的历史数据,当物流运输过程中发生问题,利用智能追溯这一功能快速确定问题原因与直接责任人,将问题解决,从而提高供应链物流的效率,保证物流运输各个环节的安全性,也可为客户提供更加完整的物流供应链作为保障,为今后智能物流信息追溯的实现与创新打下基础。

8.4 云计算在物流中的应用

云计算(Cloud Computer)的概念是由谷歌公司提出的,是一种全新的领先信息技术,可实现超级计算和海量存储。推动云计算兴起的是高速互联网和虚拟化技术的发展。云计算作为下一代企业数据中心,可以为各行各业提供有效的计算与分析。本节主要介绍云计算概念与分类,体系结构以及云计算在物流中的应用。

8.4.1 云计算的概念和分类

1. 云计算的内涵

1983 年,Sun Microsystems 公司提出"网络是计算机"的概念;2006 年 3 月,Amazon

推出弹性计算云(Elastic Computer Cloud，EC2)服务；2006年8月9日，谷歌首席执行官埃里克·施密特在搜索引擎大会首次提出"云计算"的概念，该概念源于谷歌工程师克里斯托弗·比希利亚所做的"Google 101"项目中的"云端计算"。2008年年初，Cloud Computer 正式被翻译为"云计算"。

云计算是继20世纪80年代大型计算机到客户端—服务器的转变之后的又一次巨变。它是分布式计算、并行计算、效用计算、网络存储、虚拟化、负载均衡、热备份冗余等传统计算机和网络技术发展融合的产物。

云计算是一种能够通过网络以便利的、按需付费的方式获取计算资源(包括网络、服务器、存储、应用和服务等)并提高其可用性的模式。这些资源来自一个共享的、可配置的资源池，并能够以最省力和无人干预的方式获取和释放。

云计算的组成通常可以分为6个部分，分别是云基础设施、云存储、云平台、云应用、云服务和云客户端。

(1) 云基础设施：主要是指基础设施即服务(Infrastructure as a Service，IaaS)，包括计算机基础设施(如计算、网络等)和虚拟化的平台环境等。

(2) 云存储：即将数据存储作为一项服务(类似数据库的服务)，通常以使用的存储量为结算基础。它既可交付作为云计算服务，又可以交付给单纯的数据存储服务。

(3) 云平台：主要指平台即服务(Platform as a Service，PaaS)，即将直接提供计算平台和解决方案作为服务，以方便应用程序部署，从而帮助用户节省购买和管理底层硬件和软件的成本。

(4) 云应用：最终用户利用云软件架构获得软件服务，用户不再需要在自己的计算机上安装和运行该应用程序，从而减轻软件部署、维护和售后支持的负担。

(5) 云服务：云架构中的硬件、软件等各类资源都通过服务的形式提供。

(6) 云客户端：主要指为使用云服务的硬件设备(如台式机、笔记本电脑、手机、平板电脑等)和软件系统(如浏览器等)。

2. 云计算的特点

云计算具有以下特点。

(1) 可靠性强。

云计算技术主要是通过冗余方式进行数据处理服务。在大量计算机机组存在的情况下，系统中所出现的错误会越来越多，而通过采取冗余方式则能够降低错误出现的概率，同时保证了数据的可靠性。

(2) 服务型。

从广义的角度上来看，云计算本质上是一种数字化服务，同时这种服务较以往的计算机服务更具有便捷性，用户在不清楚云计算具体机制的情况下，就能够得到相应的服务。

(3) 可用性高。

云计算技术具有很高的可用性。在存储上和计算能力上，云计算技术相比以往的计算机技术具有更高的服务质量，同时在节点检测上也能做到智能检测，在排除问题的同时不会对系统造成任何影响。

(4) 经济性。

云计算平台的构建费用与超级计算机的构建费用相比要低很多,但是在性能上基本持平,这使得开发成本能够得到极大的节约。

(5) 多样性服务。

用户在服务选择上将具有更大的空间,通过缴纳不同的费用来获取不同层次的服务。

(6) 编程便利性。

云计算平台能够为用户提供良好的编程模型,用户可以根据自己的需要进行程序制作,这样便为用户提供了巨大的便利性,同时也节约了相应的开发资源。

3. 云计算的分类

本节将按服务方式和服务类型两种分类方法讲解云计算的分类。云计算按照服务方式可以分为公有云、私有云、混合云。

(1) 公有云。

公有云是指基础设施被一个销售云计算服务的组织所拥有。该组织将云计算服务销售给广泛群体。公有云被认为是云计算的主要形态,通常指第三方提供商为用户提供的能够使用的云,让具有权限的用户可通过 Internet 使用。公有云价格低廉,其核心属性是共享服务资源。目前,市场上公有云占据了较大的市场份额,在国内公有云可以分为以下几类。

① 传统的电信基础设施运营商建设的云计算平台,如中国移动、中国联通和中国电信等提供的公有云服务。

② 政府主导建设的地方性云计算平台,如贵州省建设的"云上贵州"等,这类云平台通常被称为政府云。

③ 国内知名互联网公司建设的公有云平台,如百度云、阿里云、腾讯云和华为云等。

④ 部分 IDC 运营商建设的云计算平台,如世纪互联云平台等。

⑤ 部分国外的云计算企业建设的公有云平台,比如 Microsoft Azure、Amazon AWS 等。

(2) 私有云。

私有云是云基础设施被一个单一的组织拥有或租用,该基础设施完全由该组织管理。私有云是企业内部建设和使用云计算的一种形态,私有云是在企业内部原有基础上部署应用程序的方式。由于私有云是为企业内部用户使用而构建的,因而在数据安全性以及服务质量上自己可以有效地管控,私有云可以部署在企业数据中心的防火墙内,其核心属性是专有资源。

私有云可以搭建在企业的局域网上,与企业内部的公司的监控系统、资产管理系统等相关系统进行打通,从而更有利于企业内部系统的集成管理。私有云虽然数据安全方面比公有云高,但是维护的成本也相对较大(对于中小企业而言),因此一般只有大型的企业会采用这类云平台。另外,一个企业尤其是互联网企业发展到一定程度之后,自身的运维人员以及基础设施都已经充足完善了,搭建私有云成本反而会比购买公有云服务来得低。

(3) 混合云。

混合云的基础设施由私有云和公有云组成,每种云仍然保持独立,但用标准的或专有的技术将它们组合起来,具有数据和应用程序的可移植性。混合云融合公有云与私有云的优势，近年来快速发展起来。混合云综合了数据安全性及资源共享性双重考虑，个性化的方案达到了节约成本的目的，从而获得越来越多企业的青睐。但在部署混合云时需要关注下面几个方面的问题。

① 数据冗余方面：对于企业数据而言，做好冗余以及容灾备份是非常有必要的。但混合云缺少数据冗余，因此实际上数据安全性也不能得到很好的保证。

② 法律方面：由于混合云是私有云和公有云的集合，因此必须确保公有云和私有云提供商符合法律规范的要求。

③ SLA(Service Level Agreement)方面：混合云相比于私有云而言，在标准统一性方面会有欠缺。

④ 成本方面：混合云虽然兼具私有云的安全性，但是由于应用程序接口(Application Programming Interface，API)带来的复杂网络配置使得传统系统管理员的知识、经验及能力受到挑战，随之带来的是高昂的学习成本或者系统管理员能力不足带来的额外风险。

⑤ 架构方面：基于混合云的私有网络(Virtual Private Cloud，VPC)要求对公有云的整体网络设计进行重构，这对企业来说是很大的挑战。

(4) 公有云、私有云和混合云比较。

公有云、私有云和混合云在建设地点、服务对象和数据安全等方面的比较见表 8-2。

表 8-2 公有云、私有云和混合云的比较

	属性	建设地点	服务对象	数据安全	功能拓展	服务质量	弹性扩容	成本	核心属性
云类型	私有云	企业内部	内部用户	高	高	强	差	维护成本高	专有
	公有云	互联网	外部用户	低	低	中	强	数据风险成本高	共享
	混合云	企业内部+互联网	内部用户外部用户	高	中	差	中	学习成本高	个性化配置

关于公有云和私有云，有专家打比喻说："私有云相当于自己建个水塔，塔里有多少水是固定的；而公有云就相当于自来水厂，可以应对波动的用水需求。"究竟哪种云才是云计算的最终形态，业界有很多争论：公有云阵营认为，混合云是国内用户从"购买服务器"到"购买云服务"的过渡阶段，用户未来会把所有资源放在云端，这是趋势；而私有云阵营则认为，公有云虽然实现弹性扩容，但无法满足定制化需求；私有云可提高资源利用率，但无法为突发业务长期租用资源；混合云阵营认为，私有云与公有云均有弊端，混合云才能融合两者的优势。2015 年至今，私有云厂商 VMware、IBM，公有云厂商 Amazon、Microsoft 都陆续推出自己的混合云方案——这至少是未来 5 年的主流方向。

因此，企业最终选择部署私有云、公有云还是混合云，一方面取决于企业内部业务及基础设施建设情况；另一方面取决于云计算技术的发展对数据安全、资源利用、弹性扩容等企业需求的满足情况。

云计算从服务类型角度分为 IaaS、PaaS、SaaS(Software as a Service，软件即服务)。可以这样理解：云计算是一栋大楼，而这栋大楼又可以分为顶层、中层、低层三大块，IaaS(基础设施)、PaaS(平台)、SaaS(软件)可以理解为这栋楼的 3 个部分，IaaS 在最下端，PaaS 在中间，SaaS 在顶端。

(1) IaaS。

基础设施即服务：服务提供商把计算基础(服务器、网络技术、存储和数据中心空间)作为一项服务提供给用户。它也包括提供操作系统和虚拟化技术等。

举例来说：几年前，如果企业想在办公室或者企业网站上运行一些新增的企业应用，就需要去买服务器或者别的高昂的硬件来控制本地应用，这样才能让业务正常运行。但现在可以租用云计算服务公司提供的场外服务器、存储和网络硬件而不用自己购买和维护，这样一来，企业便大大地节省了维护成本和办公场地。云计算服务公司提供的场外服务器、存储和网络硬件等基础设施就是为企业提供的服务，即 IaaS。

(2) PaaS。

平台即服务：服务提供商将软件开发环境和运行环境等以开发平台的形式提供给用户。举例来说：随着企业业务不断地发展，企业内部应用不断增多，复杂度也不断增加，通过 IaaS 公司提供的服务可以减少硬件的支出成本，但企业还需要构建和维护各种应用解决方案(如虚拟服务器、操作系统和开发环境等)，如果有特定的云计算服务公司可以直接在网上提供各种开发和分发应用的解决方案(应用开发平台)，企业通过购买服务的方式使用，这就是 PaaS。PaaS 既可以帮助企业节省硬件上的投资，也可以让分散的网页应用管理、应用设计、应用虚拟机和存储、安全以及应用开发协作工具等发挥更高效率。

(3) SaaS。

软件即服务：服务提供商将应用软件提供给用户。在这种模式下，应用作为一项服务托管，通过 Internet 提供给用户，可以帮助用户更好地管理他们的 IT 项目和服务，确保他们 IT 应用的质量和性能，监控他们的在线业务。

举例来说：随着移动互联网技术的快速发展和智能设备的不断推陈出新，在工作和生活中，随时会采集很多图像信息，也需要随时记录和查看个人的运动健康等信息，这些原来都需要通过本地的存储和应用来实现，现在可以通过"百度云"和"QQ 运动"等进行快捷操作。"百度云"和"QQ 运动"等基于云计算技术的"软件"为用户的服务就是 SaaS。

4. 云计算的演化和发展

从 1959 年克里斯托弗·斯特雷奇提出虚拟化的基本概念，2006 年谷歌首席执行官埃里克·施密特在搜索引擎大会上首次提出"云计算"的概念，2010 年工信部联合发改委联合印发《关于做好云计算服务创新发展试点示范工作的通知》，到 2015 年工信部印发《云计算综合标准化体系建设指南》，云计算由最初的美好愿景到最终的概念落地，目前已经进入广泛应用阶段。纵观云计算的发展过程，可以将云计算的发展分为云计算理论完善阶段(1959—2005 年)、云计算发展准备阶段(2006—2009 年)、云计算稳步成长阶段(2010—2012 年)和云计算高速发展阶段(2013—2016 年)4 个阶段。

(1) 云计算理论完善阶段(1959—2005 年)。

云计算的相关理论逐步发展，云计算概念逐渐清晰，部分企业开始发布初级云计算平台，提供简单的云服务。

(2) 云计算发展准备阶段(2006—2009 年)。

云计算概念正式提出，用户对云计算认知度仍然较低，云计算相关技术不断完善，云计算概念深入推广。国内外云计算厂商布局云计算市场，但解决方案和商业模式尚在尝试中,成功案例较少,初期以政府公有云建设为主。

(3) 云计算稳步成长阶段(2010—2012年)。

云计算产业稳步成长,云计算生态环境建设和商业模式构建成为这一时期的关键词,越来越多的厂商开始介入云计算领域,出现大量的应用解决方案,成功案例逐渐丰富。用户了解和认可程度不断提高,用户主动将自身业务融入云中。公有云、私有云、混合云建设齐头并进。

(4) 云计算高速发展阶段(2013—2016年)。

云计算产业链、行业生态环境基本稳定;各厂商解决方案更加成熟稳定,提供丰富的云计算产品。用户云计算应用取得良好的绩效,并成为IT系统不可或缺的组成部分,云计算成为一项基础设施。

8.4.2 云计算的体系结构

1. 云计算的基本原理

云计算是对分布式计算(Distributed Computing)、并行计算(Parallel Computing)和网格计算(Grid Computing)及分布式数据库的改进处理,其前身是利用并行计算解决大型问题的网格计算和将计算资源作为可计量的服务提供的公用计算,在互联网宽带技术和虚拟化技术高速发展后萌生出云计算。

许多云计算公司和研究人员对云计算采用各种方式进行描述和定义,基于云计算的发展和对云计算的理解,概括性给出云计算的基本原理为:利用非本地或远程服务器(集群)的分布式计算机为互联网用户提供服务(计算、存储、软/硬件等服务)。这使得用户可以将资源切换到需要的应用上,根据需求访问计算机和存储系统。云计算可以把普通的服务器或者PC连接起来以获得超级计算机的计算和存储等功能。云计算真正实现了按需计算,从而有效地提高了对软/硬件资源的利用效率。云计算的出现使高性能并行计算不再是科学家和专业人士的专利,普通的用户也能通过云计算享受高性能并行计算所带来的便利,使人人都有机会使用并行机,从而大大提高了工作效率和计算资源的利用率。云计算模式中,用户不需要了解服务器在哪里,不用关心内部如何运作,通过高速互联网就可以透明地使用各种资源。

云计算是全新的基于互联网的超级计算理念和模式,实现云计算需要多种技术结合,并且需要用软件实现将硬件资源进行虚拟化管理和调度,形成一个巨大的虚拟化资源池。把存储于个人计算机、移动设备和其他设备上的大量信息和处理器资源集中在一起协同工作。

按照大众化、通俗理解云计算就是把计算资源都放到互联网上,互联网即是云计算时代的云。计算资源则包括了计算机硬件资源(如计算机设备、存储设备、服务器集群、硬件服务等)和软件资源(如应用软件、集成开发环境和软件服务)。

2. 云计算的体系结构概述

云计算平台是一个强大的"云"网络,连接了大量并发的网络计算和服务。可利用虚拟化技术扩展每一个服务器的能力,将各自的资源通过云计算平台结合起来,提供超级计算和存储能力。通用的云计算体系结构如图8.4所示。

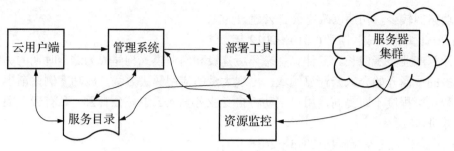

图 8.4 通用的云计算体系结构

(1) 云用户端。提供云用户请求服务的交互界面,也是用户使用云的入口,用户通过 Web 浏览器可以注册、登录及定制服务、配置和管理用户。

(2) 服务目录。云用户在取得相应权限(付费或其他限制)后可以选择或定制的服务目录,也可以对已有服务进行退订的操作,在云用户端界面生成相应的图标或列表的形式来展示相关的服务。

(3) 管理系统和部署工具。提供管理和服务,能管理云用户,能对用户的授权、认证、登录进行管理,并可以管理可用的计算资源和服务,接收用户发送的请求,根据用户请求并转发到相应的程序,调度资源并智能地部署资源和应用,动态地部署、配置和回收资源。

(4) 资源监控。监控和计量云系统资源的使用情况,以便作出迅速反应,完成节点同步配置、负载均衡配置和资源监控,确保资源能顺利分配给合适的用户。

(5) 服务器集群。虚拟的或物理的服务器,由管理系统管理,负责高并发量的用户请求处理、大运算量计算处理、用户 Web 应用服务,云数据存储时采用相应数据切割算法,采用并行方式上传和下载大容量数据。

用户可通过云用户端从列表中选择所需的服务,其请求通过管理系统调度相应的资源,并通过部署工具分发请求、配置 Web 应用。

3. 云计算的服务层次

在云计算中,根据其服务集合所提供的服务类型,整个云计算服务集合被划分成 4 个层次:应用层、平台层、基础设施层和虚拟化层。这 4 个层次每一层都对应着一个子服务集合,云计算服务层次如图 8.5 所示。

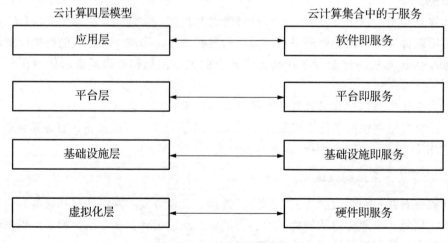

图 8.5 云计算服务层次

云计算的服务层次是根据服务类型即服务集合来划分,与大家熟悉的计算机网络体系结构中层次的划分不同。在计算机网络中,每个层次都实现一定的功能,层与层之间有一定关联。而云计算体系结构中的层次是可以分割的,即某一层次可以单独完成一项用户的请求而不需要其他层次为其提供必要的服务和支持。

在云计算服务体系结构中各层次与相关云产品对应。应用层对应 SaaS,如:Google Apps、SoftWare Services;平台层对应 PaaS,如:IBM IT Factory、Google AppEngine、Force.com;基础设施层对应 IaaS,如:Amazon EC2、IBM Blue Cloud、Sun Grid;虚拟化层对应 HaaS 结合 PaaS 提供硬件服务,包括服务器集群及硬件检测等服务。

4. 云计算的技术层次

云计算的技术层次和云计算的服务层次不是一个概念,后者从服务的角度来划分云的层次,主要突出了云服务能给用户带来什么。而云计算的技术层次主要从系统属性和设计思想角度来说明云,是对软/硬件资源在云计算技术中所充当角色的说明。从云计算技术角度来分,云计算由 4 部分构成:服务接口、服务管理中间件、虚拟化资源和物理资源,如图 8.6 所示。

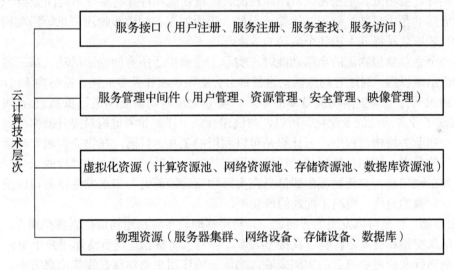

图 8.6　云计算技术层次

(1) 服务接口:统一规定了在云计算时代使用计算机的各种规范、云计算服务的各种标准等,用户端与云端交互操作的入口,可以完成用户或服务注册,对服务的定制和使用。

(2) 服务管理中间件:在云计算技术中,中间件位于服务和服务器集群之间,提供管理和服务即云计算体系结构中的管理系统。对标志、认证、授权、目录、安全性等服务进行标准化和操作。为应用提供统一的标准化程序接口和协议,隐藏底层硬件、操作系统和网络的异构性,统一管理网络资源。其用户管理包括用户身份验证、用户许可、用户定制管理;资源管理包括负载均衡、资源监控、故障检测等;安全管理包括身份验证、访问授权、安全审计、综合防护等;映像管理包括映像创建、部署、管理等。

(3) 虚拟化资源：指一些可以实现一定操作，具有一定功能，但其本身是虚拟的而不是真实的资源，如计算资源池、网络资源池、存储资源池和数据库资源池等，通过软件技术来实现相关的虚拟化功能，包括虚拟环境、虚拟系统、虚拟平台。

(4) 物理资源：主要指能支持计算机正常运行的一些硬件设备及技术，可以是价格低廉的 PC，也可以是价格昂贵的服务器及磁盘阵列等设备，可以通过现有网络计算和并行计算、分布式计算将分散的计算机组成一个能提供超强功能的集群用于计算和存储等云计算操作。在云计算时代，本地计算机可能不再像传统计算机那样需要空间足够的硬盘、大功率的处理器和大容量的内存，只需要一些必要的硬件设备如网络设备和基本的输入/输出设备等。

8.4.3 物流中的云计算

物流从经济层面上可以分为宏观物流和微观物流。宏观物流通常是指物流范围较广、工程量较大、具有带动经济作用的物流活动。宏观物流方式会影响社会流通方式，也会影响国民经济。相对于宏观物流而言，微观物流主要是指局部的、小范围的物流作业；除此之外，还有社会物流、企业物流、国际物流、区域物流和特殊物流等不同的分类。

物流活动是由包装、装卸、运输、存储、流通加工、配送和物流信息等活动构成的，提高物流效率就是提高上述各个活动的效率。

当一个企业承担物流的全部功能时，实际上是承担了所有的物流活动。第三方或是第四方物流出现以后，通过对物流活动进行细分，实现物流作业专业化，提高物流活动效率。第三方或第四方能够提高物流效率的本质，实际上是对物流活动进行重新组合(即业务重构)，实现了业务活动的专业化。所以，与快递行业一样，业务重构对提升效率起到了巨大的作用。在业务重构过程中，云计算是可以利用的工具。目前，在物流领域有些运作已经有"云"的身影，例如车辆配载、运输过程监控等。借助云计算中的"行业云"，多方收集货源和车辆信息，并使物流配载信息在实际物流运输能力与需求发生以前得以发布，加快了物流配载的速度，提高了配载的成功率。

"云存储"也是可以发展的方向之一，利用移动设备将在途物资作为虚拟库存，即时进行物资信息交换和交易，将物资直接出入库，并直接将货物运送到终端用户手中。

从快递行业应用物流云的实例来看，物流云的作用主要体现在物流信息方面。在实际运作中，首先，快递行业中的某个企业搭建一个"行业云"的平台，集中行业中的私有数据，即集中来自全球发货公司的海量货单；其次，对海量货单和货单的目的路径进行整理；再次，指定运输公司发送到快递公司；最后，送达收件人。在这一过程中，物流云对快递行业的收货、运输、终端配送的运作模式进行了整合，实现了批量运输，部分解决了我国运输行业长期存在的空驶(或是半载)问题，提高了运输公司的效率，降低了成本。

8.5 智慧物流

大数据、云计算、数据挖掘技术是近几年信息领域发展的新技术，在"智慧物流"中已经成为重要的支撑技术。这些前沿技术实现网络上的资源共享和信息交换，在物流行业中已经成为广泛应用的趋势。本节主要介绍智慧物流的概述以及前沿技术在物流中的应用。

8.5.1 智慧物流概述和发展现状

1. 智慧物流的起源与内涵

智慧物流的产生是物流业发展的必然结果，智慧物流理念的出现顺应历史潮流，也符合现代物流业发展的自动化、网络化、可视化、实时化跟踪和智能监控的新趋势，符合物联网、大数据、互联网和云计算等的发展趋势。智慧物流是在物联网、大数据、互联网和云计算等的发展背景下，满足物流业自身发展的内在要求而产生的物流智慧化结果。智慧物流本身的形成跟现代物流的发展有着密不可分的渊源。从现代物流的发展角度上看，智慧物流的起源可概括为 5 个阶段：粗放型物流、系统化物流、电子化物流、智能物流和智慧物流。粗放型物流属于现代物流的雏形阶段，系统化物流是现代物流的初级发展阶段，电子化物流是现代物流的成熟阶段，而现代物流的未来发展趋势是智能物流向智慧物流发展。

2. 智慧物流功能体系

智慧物流集多种功能于一身，体现了现代经济运作特征需求，即强调信息流与物流快速、高效、通畅地运转，从而降低社会物流成本，提高生产效率，整合社会物流资源。智慧物流从宏观、中观和微观的角度看，功能体系包括三个层面，即智慧物流商物管控功能、智慧物流供应链运营管理功能和智慧物流业务管理功能。智慧物流功能体系如图 8.7 所示。

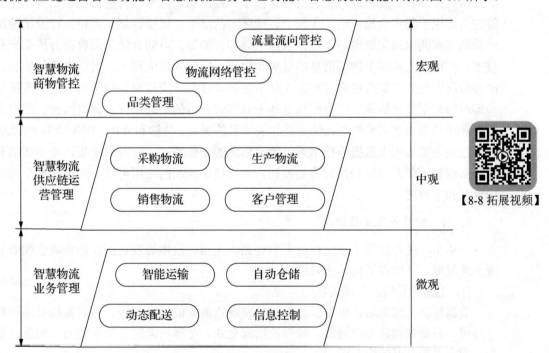

图 8.7 智慧物流功能体系

智慧物流功能体系具体内容包括以下 3 个方面。

(1) 智慧物流商物管控。

从智慧物流宏观层面分析，智慧物流商物管控包括流量流向管控、物流网络管控和品类管理三个功能。本部分提出的"商物"的概念是指物流中的"物","物"在一般物流的概念中指的是"物品",本书指的是"商物","商物"主要包括商品、物品、产品、货物及物资等。对于智慧物流中各品类商物的管理,如农产品物流、工业品物流等的管理,是保障供需平衡的基础;对物流网络的节点和通道的管控,是供需衔接的关键;流量流向管控是把握物流动态情况,以预测、规划和调整各类商物的供需。

(2) 智慧物流供应链运营管理。

从智慧物流中观层面分析,智慧物流供应链运营管理包括采购物流、生产物流、销售物流和客户管理。具体来说包括将技术和管理进行综合集成:从供应链上游的需求管理、生产计划、供应商管理和相应的采购作业、生产控制追踪和订单管理;再到下游的分销商、销售订单管理、库存控制及运输配送,直到终端客户的管理各项功能,通过对采购量、采购对象、渠道、流量流向、生产量、生产环节、生产周期、销售量、销售对象、渠道、客户类型及分布等相关数据采集和分析,对采购物流、生产物流、销售物流和客户管理进行管理及优化。智慧物流供应链运营管理将采购物流系统、生产物流系统与销售物流系统、客户管理系统智能融合,而网络的融合产生智慧生产与智慧供应链的融合,物流完全智慧地融入供应链运营管理之中,打破了工序、流程的界限,完善智慧物流。

(3) 智慧物流业务管理。

从智慧物流微观层面分析,智慧物流业务管理功能包括智能运输、自动仓储、动态配送和信息控制。智能运输将先进的信息技术、数据通信技术、传感器技术、自动控制技术等综合运用于物流运输系统,实现了运输环节的运单、运输计划、运输执行及运输结算这一系列过程的自动化管理、监控、信息采集和传输等。自动仓储运用自动分拣系统和信息技术,实现对入库环节物流信息的采集和收集、安排入库流程等,对库内货位信息、实时动态情况监管和定期盘点等,对出库环节备货、理货、交接和存档等自动化和智能化处理和即时信息采集传输等。动态配送是基于对即时获得的交通条件、价格因素、用户数量及分布和用户需求等因素的变化情况及相关信息的采集、传输和分析,制定动态的配送方案。信息控制主要运用大数据等技术通过物流信息的全面感知、针对性采集、安全传输和智能控制实现物流信息控制和物对物的控制,智能信息控制的应用可进一步提高整个物流的反应速度和准确度。

3. 国外智慧物流发展现状

近年来,随着物流信息化程度不断提高,美国、日本等发达国家的物流业朝着智慧物流不断发展,并取得了良好的效果。

(1) 美国智慧物流发展现状。

美国经济高度发达,也是世界上最早发展物流业的国家之一。有着宽松有序的物流发展环境、良好的物流基础设施、较强的物流企业、全球物流服务管理能力、先进的物流技术、职业素养良好的职工等。

智慧物流是先进物流技术的应用,代表性企业应用突出,主要包括沃尔玛、联邦快递(FedEx)和UPS等。

零售巨头沃尔玛采用的基于RFID的智能物流系统,使其配送成本仅占销售额的2%,远低于同行业水平,同时利用专用卫星实现全球店铺的信息传送与运输车辆的定位及联络,同时在公司几千辆运输卡车上装备全球定位系统,每辆车位置、装载货物、目的地皆可实时查询,可合理安排运量和路程,最大限度地发挥运输潜力。

FedEx 应用实时跟踪系统,每日处理全球 200 多个国家的近 250 万件包裹,确保 JIT-D 成功率能够达到 99%。而 UPS 创建的全国无线通信网络,可把实时跟踪的信息从卡车传送到公司中央计算机中,将每天上百万笔递送业务存储为电子数据,其开发的供应商管理系统,可以使客户通过 UPS 信息系统对国外供应商的订单履行状态进行在线跟踪,其建立的网站,可为顾客提供全方位的服务。

(2) 日本智慧物流发展现状。

日本物流业几十年的发展过程,经历了开始的以生产为出发点,后来以市场营销为出发点,再后来从消费者的角度推进物流发展。在当今信息化时代,日本物流充分发挥第三方物流的作用,以现代物流技术为支撑,重视精细化物流的发展,物流配送社会化程度高,物流信息系统发达。

现代技术装备是日本物流企业占据制高点的关键所在,主要包括:物流系统的信息化,如进出口报单无纸化、一条龙服务;物流电子数据交换技术;物流系统的标准化。软件技术和物流服务的高度融合,物流业充分利用电子信息化手段来实现物流全过程的协调、管理和控制,实现从网络前端到最终客户端的所有中间服务的过程管理,通过实现企业之间、管理信息系统之间及资金流、物流和信息流之间的无缝连接,为供应链的上下游企业提供一种透明的可视化功能,帮助企业最大限度地控制和管理物流的全过程,实现物流低成本、高效率的目标。

在日本,几乎所有的物流企业都充分利用当今最新的物流技术来开展物流服务业务。比如,日本大型物流企业或从事长途运输的货运车辆都安装了全球定位系统,不仅便于企业实时掌握车辆所处位置,随时调度就近车辆应对客户的紧急需求,还有利于客户及时了解服务的进展和动态。除此之外,近年来日本大规模物流设施增幅明显,与传统设施只具有保管功能不同,其具备了高效率的分拣功能,能够实现快速配送。

4. 国内智慧物流发展现状

以物联网、云计算、大数据等为代表的智慧技术也已经在我国得到了广泛的应用,并已初见成效。但由于各种因素的影响,物流产业目前在我国仍然是智慧技术应用的"洼地",中国物联网应用市场结构调查显示,物流应用仅占相关产业规模的 3.4%,智慧技术在智慧物流领域的应用还有巨大的发展空间。

我国智慧物流发展的具体体现主要集中在以下 4 个方面。

(1) 产品的智能可追溯系统。如食品的可追溯系统、药品的可追溯系统等,这些产品的智能可追溯系统为保障食品安全、药品安全提供了坚实的物流保障。目前,在医药领域、农业领域、制造领域,智能可追溯体系都发挥着货物追踪、识别、查询、信息等方面的巨大作用。

(2) 物流过程的可视化智能管理网络系统。这是基于 GPS 卫星导航定位技术、RFID 技术、传感技术等多种技术,在物流过程中可实时实现车辆定位、运输物品监控,在线调度与配送可视化与管理系统。

(3) 智能化的企业配送中心。这是基于传感、RFID、声、光、机、电、移动计算等各项先进技术,建立全自动化的物流配送中心,建立物流作业的智能控制、自动化操作的网络，实现物流与制造联动，实现商流、物流、信息流、资金流的全面协同。

（4）智慧供应链。利用计算机信息技术、传感技术、EDI 技术、RFID 技术、条码技术、视频监控技术、移动计算机技术、无线网络传感技术、基础通信网络技术、物联网技术等现代技术，构建完善的采购需求计划系统、物料需求计划系统、运输管理系统、仓储管理系统、配送管理系统，实现产品生产供应全流程可追溯；构建数据交换平台、物流信息共享平台、财务管理和结算系统、物流分析系统、决策支持系统，实现整体供应链的信息共享，打造智慧供应链体系。

8.5.2 云计算和大数据在智慧物流中的应用

1. 基于卫星导航的智能集装箱监控管理服务平台

基于卫星导航的智能集装箱监控管理服务平台，是利用卫星导航技术、云技术和大数据技术对分布在全球的集装箱进行监控管理，以满足集装箱可视、可控、可追溯的管理。在平台处理集装箱信息容量达到 10 万标准集装箱甚至更高时，平台将不得不面对存储和管理海量数据，处理大量用户无法访问，保证平台的稳定性等诸多问题，如何在这种情况下保证位置服务平台的服务质量，使用户获得与使用小容量位置服务平台时相同的用户体验，该平台采用云技术和大数据技术较好地解决了这个问题。

云计算技术能够实现对海量数据的存储与分析，有效管理大规模的并行计算服务器集群，并能够容忍部分计算节点的失效，因此云计算技术是保证大容量位置服务综合平台服务质量的主要支撑技术。

通过建立信息采集、传输、应用一体化的敏捷智能集装箱监控管理系统（图 8.8）。该系统利用大数据、云平台为集装箱运输各环节的服务对象提供实时的集装箱动态、安全和物流信息的查询服务，实现集装箱供应链的全程可视化跟踪和管理，实现卫星导航集装箱运输在国内和亚太地区应用。

2. 以京东为例，大数据技术实现"京东 1 小时达"

【8-9 拓展案例】

在大数据时代，数据被看作一种资源和财富，尤其对于电子商务和物流快递行业来说，对数据挖掘、处理和分析，对于企业满足日趋个性化的顾客需求、动态适应多变的市场环境、应对激烈的市场竞争都具有重要意义。

京东的飞速发展积累了海量的交易数据和大量的用户群体，同时搭建了全国高效的仓储配送网络。依赖京东海量的交易数据实现精准营销，再通过庞大的自营物流资源将库存前置进而离顾客更近，形成前置的"移动商店"，从而实现物流费用更低、时效更快。

"京东 1 小时达"的系统方案内容如下。

(1) 小区画像实现精准营销。

【8-10 拓展知识】

在京东的大数据平台上，通过生产数据（包括主数据与交易数据）可以产生 4 种派生数据：用户画像、小区画像、商品画像和商家画像，通过分析与预测为销售、运营等业务提供服务。"小区画像"是京东派生数据中

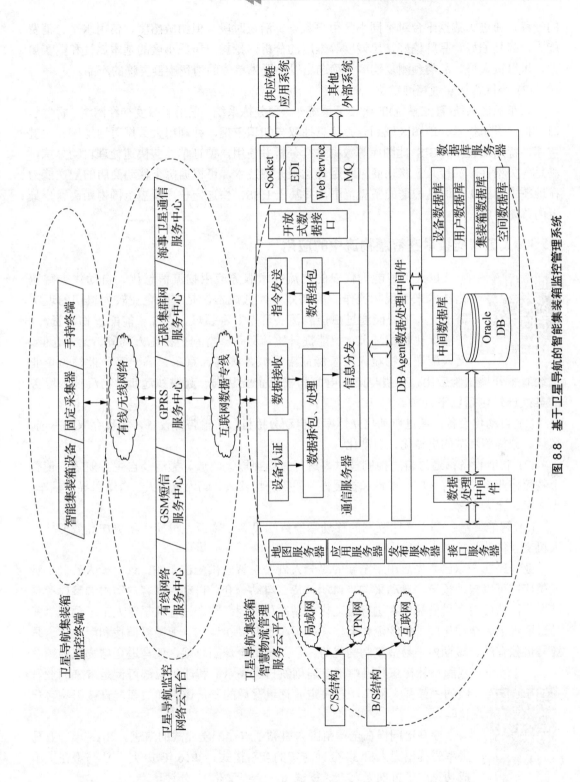

图 8.8 基于卫星导航的智能集装箱监控管理系统

的一种,通过大数据平台对不同小区用户数量、活跃时段、促销敏感度、信用水平、消费能力、商品偏好、品牌偏好、忠诚度等维度的分析,挖掘出居民小区的基本属性和购买属性,可以按人群、品类预测复购率,筛选出以小区为单位的消费族群青睐的产品。

(2) 小区雷达实现精准定位。

京东配送系统(青龙系统)的核心子系统——预分拣系统,采用了深度神经网络、机器学习、搜索引擎技术、地图区域划分、信息抽取与知识挖掘,并利用大数据对地址库、关键字库、特殊配置库、GIS 地图库等数据进行分析并使用,使订单能够快速处理自动分拣,满足各类型订单的接入。移动商店利用青龙预分拣技术,可根据每个移动商店的配送能力在地图中画出 1 小时达配送的覆盖范围,并基于 LBS,快速定位出覆盖范围内距离客户最近的移动商店。

8.5.3 人工智能技术在智慧物流中的应用

【8-11 拓展视频】

以人工智能为代表的物流技术服务应用物流信息化、自动化、智能化技术来实现物流作业的高效率、低成本,是物流企业较为迫切的现实需求。人工智能通过赋能物流各环节、各领域,实现智能配置物流资源、智能优化物流环节、智能提升物流效率。特别是在无人驾驶、无人仓储、无人配送、物流人工智能前沿领域,菜鸟、京东、苏宁等一批领先企业已经着手开展试验应用,有望与国际电商和物流企业从同一起跑线起步。物流技术服务的典型场景包括以下几种。

(1) 自动化设备:通过自动化立体库、自动分拣机、传输带等设备,实现存取、拣选、搬运、分拣等环节的机械化、自动化。

(2) 智能设备:通过自主控制技术,进行智能抓取、码放、搬运及自主导航等,使整个物流作业系统具有高度的柔性和扩展性,如拣选机器人、码垛机器人、自动引导运输车、无人机、无人车等。

(3) 智能终端:基于高速联网的移动智能终端设备,物流人员操作将更加高效便捷,人机交互作业将更加人性化。

亚马逊在全球已率先启用了全新的"无人驾驶"智能供应链系统。该"无人驾驶"智能供应链可以自动预测、自动采购、自动补货、自动分仓、自动根据客户需求调整库存精准发货,从而对海量商品库存进行自动化、精准化管理。整个过程几乎零人工干预。"亚马逊通过部署全球化的智能物流体系,实现了海量商品跨地域、无国界调拨和配送。这是亚马逊独有的、短期内不易被复制的优势。"亚马逊全球副总裁、亚马逊全球物流中国总裁薛小林在亚马逊中国首届创新日上表示,智能供应链可谓是未来商业升级的"最强大脑",它决定着订单背后的发货逻辑和效率,直接影响客户体验。

【8-12 拓展视频】

亚马逊同样在全球范围内引领了末端配送模式的演进。2013 年,亚马逊率先提出无人机 30 分钟送货的全新模式。2016 年 12 月,亚马逊在英国成功完成了首次无人机送货试飞,全程仅花 13 分钟。

本 章 小 结

本章主要研究物流信息的新技术及新进展。对物流行业中广泛应用的数据挖掘技术、大数据、云计算以及智慧物流进行介绍。新技术的出现，往往伴随着行业的新的革命，这个社会的治理结构与规则也许会产生质的变化，这是社会发展的必然。利用数据挖掘技术以大数据技术为基础，以云计算为平台将各种资源紧密联系在一起，这些技术之间的联系会越来越紧密，这正是智慧物流时代发展所必需的，也是智慧物流时代的必然。智慧物流离不开大数据，而大数据又离不开云计算。智慧物流是未来物流的发展目标，而大数据能够支撑智慧物流的发展，物流行业将会在大数据等前沿技术的变革中受益。

 关键术语

(1) 数据挖掘　　(2) 大数据　　(3) 云计算　　(4) 公有云　　(5) 私有云
(6) 人工智能　　(7) 问题求解　　(8) 智慧物流

习　题

1. 选择题

(1) 大数据的本质是(　　)。
　　A．联系　　　　B．挖掘　　　　C．洞察　　　　D．搜集
(2) 下列关于聚类挖掘技术的说法中，错误的是(　　)。
　　A．不预先设定数据归类类目，完全根据数据本身性质将数据聚合成不同类别
　　B．要求同类数据的内容相似度尽可能小
　　C．要求不同类数据的内容相似度尽可能小
　　D．与分类挖掘技术相似的是，都要对数据进行分类处理
(3) 当前大数据技术的基础是由(　　)首先提出的。
　　A．微软　　　　B．百度　　　　C．谷歌　　　　D．阿里巴巴
(4) 以下(　　)服务把开发环境或者运行平台也作为一种服务给用户提供。
　　A．软件即服务　　　　　　　　B．基于平台服务
　　C．基于 Web 服务　　　　　　D．基于管理服务
(5) 将平台作为服务的云计算服务类型是(　　)。
　　A．IaaS　　　　B．PaaS　　　　C．SaaS　　　　D．三个选项都不是
(6) 一般认为，我国云计算产业链主要分为 4 个层面，其中包含底层元器件和云基础设施的是(　　)。
　　A．基础设施层　　　　　　　　B．平台与软件层
　　C．运行支撑层　　　　　　　　D．应用服务层

(7) 在云存储系统的结构模型中，将不同类型的存储设备互连起来，实现海量数据的统一管理的层次是(　　)。
　　A．存储层　　　　　　　　B．基础管理层
　　C．应用接口层　　　　　　D．访问层
(8) 物流是指物品从供应地向接受地的实体流动过程，根据实际需要，将(　　)、储存、装卸、搬运、(　　)、流通加工、配送、信息处理等基本功能有机结合。
　　A．运输　　　　　　　　　B．生产制造
　　C．增值服务　　　　　　　D．包装
(9) 目前人工智能中最活跃、最有成效的一个研究领域是(　　)。
　　A．问题求解　　　　　　　B．专家系统
　　C．机器学习　　　　　　　D．神经网络

2. 判断题

(1) 基于 Web 服务同 PaaS 类似，服务提供者利用 Web 服务，通过 Internet 给软件开发者提供 API 应用接口，而不是整个应用程序。　　　　　　　　　　　　　　(　　)
(2) 大数据技术和云计算技术是两种完全不相关的技术。　　　　　　　　(　　)
(3) 智慧物流的起源可概括为：粗放型物流、系统化物流、电子化物流、智能物流、智慧物流。　　　　　　　　　　　　　　　　　　　　　　　　　　　　(　　)
(4) 大数据的 4V 特征分别是大量化、多样化、快速化、价值密度低。　　(　　)
(5) 智能物流的首要特征是智能化，其理论基础是无线传感器网络技术。　(　　)
(6) 云计算提供了最可靠、最安全的数据存储中心，用户不用再担心数据丢失，病毒入侵个人电脑，用户也不用进行安全防护。　　　　　　　　　　　　　(　　)
(7) MapReduce 编程模型只适合非结构化的海量数据搜索、挖掘、分析与机器智能学习等。　　　　　　　　　　　　　　　　　　　　　　　　　　　　　　　(　　)
(8) 并行计算是指同时使用多种计算资源解决计算问题的过程，其主要目的是快速解决大型且复杂的计算问题。　　　　　　　　　　　　　　　　　　　　　(　　)

3. 简答题

(1) 简述数据挖掘技术在物流选址中是如何运用的。
(2) 大数据与传统数据的区别是什么？
(3) 简述云计算的技术层次和每个层次的主要内容。
(4) 简述云计算的服务层次。
(5) 简述 MapReduce 模型操作的过程。
(6) 智慧物流使用到哪些技术？选择一到两种进行描述。
(7) 人工智能发展经历了哪些阶段？
(8) 简述人工智能技术在物流管理中的应用。

前沿物流信息技术　第8章

案例分析

基于宝象智慧供应链云平台的仓配一体服务

云南宝象物流集团有限公司(以下简称"宝象物流"),是昆明钢铁控股有限公司(以下简称"昆钢")旗下云南省物流投资集团下属全资子公司。其业务涵盖第三方物流、园区投资管理、供应链管理、大宗商品贸易、电子商务、物流科技信息等领域,依托昆钢产业优势,确定了物流带动商贸流通、科技信息、金融保险等协同发展的供应链服务模式。宝象物流深耕大宗工业品物流领域近十年,以供应链"四流合一"为指导,形成了运输、仓储、贸易、供应链金融四大业务板块,具备专业的端到端一体化物流服务能力,创造了物流带动电子商务、信息技术、金融产品、成品油贸易、大宗物资贸易等协同发展的产业供应链模式。

在渠道升级及消费升级的双重驱动下,能够使物流各个环节无缝对接的仓配一体化服务需求越来越大。宝象物流以智慧物流为发展方向,线下不断完善物流网点布局,线上基于宝象智慧供应链云平台不断提升数据能力,并应用智能物流设备,满足客户全渠道、全网络、全链条、高效率的物流服务需求。

一、宝象智慧供应链云平台

宝象物流打造宝象智慧供应链云平台,致力于解决物流行业痛点,提升仓储管理以及资源的利用率,提高运输服务质量,推动物流信息化水平建设,提升物流资源配置率,加速物流行业高速发展。平台立足为生产、贸易和流通供应链上下游企业提供代理采购、代理销售、全供应链融资、仓储质押、运费保理等供应链金融服务,线上线下有机结合,实现交易、仓储、运输、增值配套、结算支付、融资等全流程一体化服务,实现物流核心业务及配套增值服务一体化集成,形成一个融合全业务、全流程、全信息的大集成互联网云平台,提升整个供应链用户价值。

1. 宝象智慧云仓

为保障仓配一体服务仓储资源配置,宝象物流打造了宝象智慧云仓。宝象智慧云仓是一个基于物联网、云计算等技术应用的平台体系,主要包含云仓管理、云仓监管、云助设备等方面内容。

(1) 云仓管理。宝象智慧云仓致力于打造数字化仓储物流管理系统,提供高标准、高质量数字化仓储服务。通过智慧云仓业务平台、客户远程协同两大平台,为货主方、仓储方提供合同管理、库内管理、出入库管理、过户管理、结算、报表结算等全流程服务,实现数据共享、动态跟踪、实时对比、及时纠错,形成货权管理和实物管理系统平行运营,相辅相成,共同服务于宝象智慧云仓管理体系,同时结合科学的生产调度系统、多层次的物资监控功能、先进的现代条码识别技术,提高实物管理过程的可控制性和可查性,使仓储管理更专业。

① 货权管理与实物管理的分离管理。宝象智慧云仓专注于物流行业仓储全面解决方案,关注仓储企业货权管理与实物管理之间的关联和差异,将仓储管理工作做了进一步专业化细分,实现货权与实物分离的管理模式,形成货权管理系统和实物管理系统平行运行,服务于一个仓储管理体系,使仓储管理更专业、更科学。

② 全面的信息采集与统计分析。宝象智慧云仓将生产过程中产生的各类信息进行了全面的采集、分类、汇总,能为企业管理决策积累大量真实的、细节化的、全面化的企业生产活动的第一手数据。

③ 防伪功能。宝象智慧云仓将客户系统、短信、电子签章等验证手段,与电子提单以及二代身份证识别结合的技术手段作为保证货主货物安全第一道屏障,再结合对提货车辆的跟踪和管理,将客户和仓库货物安全水平提高到一个全新的高度。

(2) 云仓监管。宝象智慧云仓致力于为客户提供高标准、高质量服务,基于云仓管理系统,结合视频监控、定时监控预警等手段,实现仓储物资动态、静态全流程可视化监管。

① 可视化监控。通过摄像头、RFID(自动传输货物出入库数据)、智能锁(控制货物进出)等物联网设备

实现货物实时的可视化监管。

② 库存监控。通过物联网设备对物资实现实时影像信息采集，同时自动匹配运仓系统库存数据，实现数据与影像的双重管理，实现库存安全、精准监控。

③ BI展示。实现对宝象智慧供应链云平台运营情况实时报表统计和分析，灵活实用的查询过滤条件、简洁的数据表单和图表结合的直观展示方式，为决策分析提供支持。

(3) 智助设备。物流设施与设备是物流系统的物质技术基础，宝象物流根据自身业务形态(大宗物资、快消品、快递)，积极开发、引进物流设施设备，实现数字化仓储现代化、科学化、自动化，同时实现物流各个环节之间的相互衔接及设备之间的通用性，促进相关产业高效、协调发展，提高经济运行质量。

① AGV智能叉车。其是一种无线导航自动导航车，结合了条码技术、无线局域网技术和数据采集技术，并使用电磁感应作为导航方法来协助路径复杂的多个站点可循迹的RFID识别。宝象物流根据自身仓储区域及功能不同，应用AGV智能叉车，基于AGV智能叉车定位精度高，具有可靠性、稳定性、灵活性、环境适应性、成本优越性等特点，通过中央控制系统进行数据分析和远程控制，合理利用仓库地板空间，改善仓库物流管理，减少货物损坏，最终实现流程的优化、成本的控制。

② 数字化监管仓。宝象物流通过物联网、大数据、人工智能和信用画像技术等科学技术手段，打造具有"数字化+可视化+合规化+智能化"特点的数字化仓储监管体系，解决传统货押监管风险难题，加强货物监管与管理规范，提升对大宗商品的货押监管风险管控能力，为监管方、资金方及货主方等提供安全有效的监管服务。

2. 宝象运网

宝象运网集在线交易、运输、支付结算、诚信服务评价、在线融资及配套服务于一体，提供多种运力交易模式，实现运力高效配置、运输资源充分共享，满足仓配一体全流程运输可视化管理，凭借与第四方物流服务平台的信息整合能力优化供应链各环节的资源分配，促进货源、车源和物流服务等信息的高效匹配，有效降低车辆空载率，为供应链上下游企业和客户提供智能、高效的一体化物流服务，使物流、信息流和资金流在整条供应链上高效的流转，从而有效降低物流成本，为优化社会物流资源配置提供支撑。

(1) 运输全流程可视化管理。满足客户全程物流动态跟踪的需求，实现运输全流程可视化管理，提供了覆盖物流全流程的追踪服务，可向用户展示车辆的实时定位和运输历史轨迹追踪，通过可视化管理进而优化路径，为物流企业提升物流效率、降低物流成本，对动态货物做到实时监管、风险控制。

(2) BI报表。BI报表是对物流电商平台的运营情况进行报表统计和分析，如会员注册情况、车辆注册情况、运力交易情况、运费结算情况、出入资金统计情况、运营保理金融统计、保险业务统计、商城销售统计等相关报表统计，报表应有灵活实用的查询过滤条件、简洁的数据表单和图表结合的直观展示方式。

二、仓配一体服务应用

宝象物流通过线下物流网络节点的布局及优化，线上推进宝象智慧供应链云平台建设，实现线下仓储资源和线上智慧供应链云平台全链路无缝连接，实现全流程可视化，当仓配一体服务全流程任何环节出现问题时，都能够快速地在系统中得到反馈，同时通过宝象智慧供应链云平台相应的功能，提供数据分析、供应链金融、配套商城等供应链延伸服务。

1. 仓储服务

货主通过客户协同向仓储方下达出库、入库、移库、盘点等指令，云仓系统接受相应指令，并按照分工将指令信息匹配到对应的工作人员，通过自动分拣、AGV智能叉车、PDA等物流设备，完成仓储全流程。

2. 运输管理

(1) 电子单据。宝象运网接收宝象智慧云仓运输任务信息，生成对应的电子单据，取代传统纸质单据的，不仅加快信息传递效率，而且单据流转全流程可视可控。

(2) 运输管控。宝象运网通过多种运力交易模式完成宝象智慧云仓运力订单的配置，并且自运输任务开始，宝象运网通过依靠云计算、大数据等信息基础，结合GIS、GPS、北斗定位等技术的应用，对运输全流程进行透明化监控、管理，确保货物的安全到达并反馈至平台。目前宝象运网综合定位成功率达到100%。

三、供应链延伸服务

随着仓配一体化对服务延展性、整体物流能力要求的提高,单纯的做好运输与配送服务已无法满足客户多样化的需求,宝象物流基于宝象智慧供应链云平台物流大数据、供应链金融、配套商城等服务板块,为客户提供个性化和多样化的供应链延伸服务。

1. 大数据分析预测

宝象大数据中心将交易环节、物流环节中涉及数据及信息进行采集、分析处理与优化,通过"加工"实现数据的"增值",将物流数据业务化,深入挖掘物流价值,优化资源配置,在路径优化、智能调度与配载、企业画像、运力分层、数据征信与物流互联网金融、需求供应链预测,以及公路货运与交通的宏观分析等方面发挥巨大作用,进而推动宝象仓配一体服务由粗放式服务到个性化服务的转变,给客户提供更加优质的个性化服务。

2. 供应链金融服务

宝象金融基于宝象智慧供应链云平台各板块发生的真实业务,通过与中信银行合作搭建稳定、可靠的支付结算体系,同时基于核心企业的应收应付账款,推出应收应付账款管理的产品"宝通",打造以"宝通"为结算中心的融资体系,通过引入银行等金融机构,为供应链全链条上中小企业或客户提供更为便捷、安全、高效的融资服务,解决中小企业客户融资难、成本高等问题。

(资料来源:http://www.chinawuliu.com.cn/xsyj/202107/09/554263.shtml. [2023-06-27].)

讨论题

(1) 结合案例,分析宝象仓配一体服务平台应用的前沿技术。

(2) 根据该案例,请阐述宝象仓配一体服务平台解决的问题。

参 考 文 献

蔡思静，2012．物联网原理与应用[M]．重庆：重庆大学出版社．
陈文，2017．物流信息技术[M]．2版．北京：北京理工大学出版社．
崔逊学，左从菊，高浩珉，2013．物联网技术案例教程[M]．北京：北京大学出版社．
桂小林，安健，2016．物联网技术原理[M]．北京：高等教育出版社．
侯安才，张强化，郑静，等，2013．物流信息技术实用教程[M]．北京：人民邮电出版社．
胡荣，2016．智慧物流与电子商务[M]．北京：电子工业出版社．
黄有方，2010．物流信息系统[M]．北京：高等教育出版社．
黄玉兰，2016．物联网射频识别(RFID)核心技术教程[M]．北京：人民邮电出版社．
霍姆佩尔，瑞霍夫，沃尔夫，2016．云计算在物流体系中的应用研究[M]．李顺喜，吴超仲，刘冬梅，译．北京：北京理工大学出版社．
李明阳，王子，钱春花，2017．GIS导论与科研基本方法[M]．北京：中国林业出版社．
李蔚田，2013．智能物流[M]．北京：北京大学出版社．
刘丙午，李俊韬，朱杰，等，2013．现代物流信息技术及应用[M]．北京：机械工业出版社．
刘光，唐建智，苏怀洪，2017．企业GIS案例分析与应用[M]．北京：清华大学出版社．
刘湘南，王平，关丽，等，2017．GIS空间分析[M]．3版．北京：科学出版社．
彭力，2011．物联网技术概论[M]．北京：北京航空航天大学出版社．
邵长恒，孙更新，2013．物联网原理与行业应用[M]．北京：清华大学出版社．
施先亮，2020．智慧物流与现代供应链[M]．北京：机械工业出版社．
覃兆祥，2017．物流信息技术[M]．北京：中国书籍出版社．
王道平，丁琨，2017．物流信息技术与应用[M]．北京：科学出版社．
王道平，霍玮，2019．现代物流信息技术[M]．3版．北京：北京大学出版社．
王洪泊，2013．物联网射频识别技术[M]．北京：清华大学出版社．
王晓平，2017．物流信息技术[M]．2版．北京：清华大学出版社．
王鑫，史纪元，2007．EDI实务与操作[M]．北京：对外经济贸易大学出版社．
吴学伟，伊晓东，2010．GPS定位技术与应用[M]．北京：科学出版社．
谢钢，2017．GPS原理与接收机设计[M]．北京：电子工业出版社．
熊赟，朱扬勇，陈志渊，2016．大数据挖掘[M]．上海：上海科学技术出版社．
徐雪慧，2015．物联网射频识别技术与应用[M]．北京：电子工业出版社．
阎光伟，2008．物流与信息技术[M]．北京：中国经济出版社．
杨希玲，易正江，2014．物流信息技术[M]．北京：中国轻工业出版社．
詹国华，2016．物联网概论[M]．北京：清华大学出版社．
张福荣，田倩，2017．GPS测量技术与应用[M]．2版．成都：西南交通大学出版社．
张磊，吴忠，2015．物流信息技术[M]．2版．北京：清华大学出版社．
张宇，2016．智慧物流与供应链[M]．北京：电子工业出版社．
周苏，孙曙迎，王文，等，2017．大数据时代供应链物流管理[M]．北京：中国铁道出版社．
朱耀勤，2017．现代物流信息技术及应用[M]．北京：北京理工大学出版社．
朱长征，2014．物流信息技术[M]．北京：清华大学出版社．